61FMG1247(3)+2

Thematischer Wortschatz
Spanisch – Deutsch

Aufbauwortschatz
Phraseologie
Übersetzung
Konversation

Von
José María Domínguez
und
Miguel Valle

3., neu bearbeitete und erweiterte Auflage

ERICH SCHMIDT VERLAG

Bibliografische Information der Deutschen Bibliothek
Die Deutsche Bibliothek verzeichnet diese Publikation in der Deutschen Nationalbibliografie; detaillierte bibliografische Daten sind im Internet über http://dnb.de abrufbar

Weitere Informationen zu diesem Titel
finden Sie im Internet unter
esv.info/978 3 503 09831 6

1. Auflage: 1996
2. Auflage: 2000
3. Auflage: 2008

ISBN 978 3 503 09831 6

Alle Rechte vorbehalten
© Erich Schmidt Verlag GmbH & Co., Berlin 2008
www.ESV.info

Dieses Papier erfüllt die Frankfurter Forderungen der Deutschen Bibliothek und der Gesellschaft für das Buch bezüglich der Alterungsbeständigkeit und entspricht sowohl den strengen Bestimmungen der US Norm Ansi/Niso Z 39.48-1992 als auch der ISO Norm 9706

Gesetzt aus der 9 Punkt Swift Light/Bold

Satz: Danuvia, Neuburg a.d. Donau
Druck und Bindung: Hubert, Göttingen

Presentación

Hasta el presente se ha prestado escasa atención a la enseñanza del VOCABULARIO; por lo general - tratándose concretamente del español -, solía dejarse en manos del azar o a merced de los textos acompañantes de la gramática o elegidos como dictado o lectura. Sólo existen algunos manuales de vocabulario básico que, obviamente, sirven para dar los primeros pasos en el aprendizaje de la lengua. Afortunadamente, parece que más de uno se ha dado cuenta de esta precaria situación, y hasta constituye materia de discusión en publicaciones y congresos sobre metodología lingüística. Algo es algo, y ya iba siendo hora de poner cierto orden en un ámbito fundamental de la enseñanza de una lengua extranjera.

De lo dicho se han de exceptuar ciertas especializaciones impuestas por los programas de exámenes oficiales - sobre todo, economía, derecho y técnica -, para las que ya existen manuales muy recomendables de la terminología respectiva a nivel superior. Ahora bien, al igual que en otros ámbitos de formación, también en el de los idiomas es poco recomendable una especialización excesivamente rígida, pues la práctica exige cada vez más una gran flexibilidad y conocimientos casi enciclopédicos. Se ha dado el caso, por ejemplo, de que el primer trabajo encomendado por la firma a una traductora "técnica" no tenía nada que ver con su especialidad: fue un magnífico calendario de arte, con textos - especializados también - sobre las pinturas reproducidas y sus respectivos autores; y no es raro que un traductor de economía tenga que enfrentarse con una conferencia sobre "Progreso técnico y Ecología" bien aderezada con citas bíblicas y culturales. Si alguien no puede permitirse la pobreza de vocabulario que actualmente se lamenta, es quien - como el traductor o intérprete - vive del intercambio idiomático en sus más variados ámbitos y niveles. La urgente necesidad de ampliar el caudal lingüístico ha dictado este manual, que viene a constituir el fruto de largos años de práctica docente.

La experiencia demuestra que los estudiantes aborrecen las largas listas de vocablos a veces sin nexo temático o a lo sumo relacionados con una escena o lectura casuales, y más, si se sirven en riguroso orden alfabético. Por lo mismo, hemos elegido aquí un sistema que nos atreveríamos a denominar "inmersión temática", empleando un término conocido de la actual política lingüística española. El material ofrecido para cada uno de los temas, aun sin pretender ser completo, constituye una base sobre la cual se puede ampliar el vocabulario de acuerdo con los gustos personales del usuario o las exigencias que imponga, por ejemplo, el profesor para preparar una traducción o un ejercicio de conversación o redacción.

Para facilitar el uso, se ofrece el GLOSARIO siempre con el mismo esquema: primero los **sustantivos**, generalmente en agrupaciones lógicas; a continuación **adjetivos** importantes referentes al tema, y luego, **verbos** igualmente específicos. Finalmente, se ha prestado mucha atención a **expresiones coloquiales** referentes al tema respectivo, que tanto gustan a los estudiantes y que confieren a los ejercicios de conversación y discusión una simpática animación y plasticidad. En casos determinados - Geografía e Historia sobre todo - se ha creído conveniente ampliar el GLOSARIO general con nombres propios o expresiones no siempre accesibles al usuario o que exigen una búsqueda dificultosa con la consiguiente pérdida de tiempo.

Como las palabras se aprenden para emplearlas en la práctica, siguen ejercicios de TRADUCCIÓN del español al alemán y viceversa, que ayudan a entender mejor el significado de los vocablos en su contexto y a distinguir entre el vocabulario que se ha de aprender activamente y el que sólo exige un conocimiento pasivo; con la misma finalidad se añaden sugerencias para desarrollar una animada CONVERSACIÓN o DISCUSIÓN.

No es necesario hacer observar que las sugerencias pueden ser elegidas o ampliadas a discreción. Lo mismo vale para las frases de traducción, tomadas de la prensa actual y de obras didácticas de uso general, que pueden completarse con textos de mayor actualidad.

Naturalmente, la selección - de temas y vocabulario - que aquí se presenta es subjetiva; cabe la posibilidad de ampliar o eliminar según el propio criterio. Tampoco se pretende hacer la competencia a los diccionarios de uso, que constituirán una excelente ayuda para completar los glosarios, sobre todo teniendo en cuenta que aquí se presupone el dominio del vocabulario básico. Y no por último, los autores se han tenido que ceñir - a veces muy a su pesar - a un número más bien reducido de páginas.

Un par de observaciones de carácter técnico. En el GLOSARIO la coma separa meros sinónimos; con punto y coma se separan significados distintos de una palabra: "el cometa - der Komet, der Schweifstern"; "el vapor - der Dampf; der Dunst". En casos determinados se ha distinguido con el artículo correspondiente la forma masculina y femenina: "el/ la artista - der/ die Künstler(in)", "el asistente - la asistente/ asistenta". Se prescinde de la distinción cuando rige la regla gramatical, que se presupone conocida: "el médico, el pintor" - "la médica, la pintora". En algunos casos se ha prescindido del artículo, por emplearse el sustantivo con carácter predicativo: "carne de cañón - Kanonenfutter". En tales expresiones no es usual el empleo del artículo. Finalmente, el paréntesis se utiliza para añadir una explicación no absolutamente necesaria: "rayos (de luz) - (Licht-)Strahlen"; un adjetivo: "West (westlich)"; una acepción determinada: "podar - beschneiden (Bäume)"; una explicación adicional: "la pampa *(Am.)* - die Pampa (baumlose Grasebene)", "el (árbol) frutal - der Obstbaum" y otros casos similares.

En la presente edición se han hecho algunos cambios. Para facilitar la búsqueda de algunos términos que aparecían en bloque, por ejemplo los términos históricos, se ha elegido la disposición general en columnas. Como novedad, hemos añadido a la lista de los países los respectivos adjetivos (**gentilicios**). Por otra parte, se han introducido términos nuevos, especialmente en el glosario de **Informática**.

Esperamos ofrecer un instrumento didáctico del que hasta ahora se carecía, para que los estudiosos puedan ampliar su vocabulario también fuera de los campos tradicionales, a los que, por ser ya más conocidos, aquí se presta menos atención de la que merecerían. La variada temática colmará sin duda los deseos e intereses de muchos y ayudará a completar las lagunas que con mucha frecuencia se notan incluso en estudiantes aventajados, que son capaces de traducir textos económicos o técnicos complicadísimos, pero ignoran la terminología más elemental de temas tan generales como los deportes, el cine o hasta el parte meteorológico, por citar sólo unos ejemplos.

Los autores agradecen al colega Rudolf Köstler su valioso asesoramiento y su amabilidad en leer críticamente el manuscrito. Nuestra gratitud también a Gina Beitscher por su gran ayuda. Igualmente se dan las gracias anticipadas a quienes nos hagan llegar críticas constructivas y sugerencias para completar y mejorar esta obra, que - nos consta - muchos esperan con verdadera ilusión. Ojalá colme sus deseos.

Los Autores

Abreviaturas / Abkürzungen

a.	también/ auch
alg.	alguien, alguno/ jemand
Am.	Hispanoamérica/ Amerika
And.	Andalucía/ Andalusien
Arg.	Argentina/ Argentinien
Cat.	Cataluña/ Katalonien
desp.	(lenguaje) despectivo/ verächtlich
f.	femenino/ weiblich, Femininum
fam.	(lenguaje) familiar/ vertraulich, familiär
fig.	(lenguaje) figurado/ figürlich
hist.	histórico, historia/ historisch
inf.	(lenguaje) infantil/ Kindersprache
iron.	irónico/ ironisch
Jgd.	caza/ Jagd
jmd.	alguien/ jemand
jur.	(lenguaje) jurídico/ Recht(swesen)
lit.	(lenguaje) literario/ literarisch, Literatur
m.	masculino/ männlich, Maskulinum
med.	medicina/ Medizin
n.	neutro/ Neutrum
neg.	negativo/ negativ
pej	peyorativo, pejorativ/ abschätzig
pl.	plural/ Plural, Mehrzahl
poet.	poético/ poetisch
pol.	política/ Politik, politisch
pop.	(lenguaje) popular/ populär
reg.	regionalismo, regional/ regional
Sp.	España/ Spanien
tel.	teléfono/ Telefon
umg.	(lenguaje) coloquial/ umgangssprachlich
vi.	verbo intransitivo/ intransitives Verb
vt.	verbo transitivo/ transitives Verb
vulg.	(lenguaje) vulgar/ vulgär, gemein

Índice

1. El universo 13
   Glosario
   Traducción
   Conversación
2. La Tierra. Geografía descriptiva 17
   Glosario
   Traducción
   Conversación
3. El clima, el tiempo, cambio climático 28
   Glosario
   Traducción
   Conversación
4. La vida 34
   Glosario
   Traducción
   Conversación
5. Las plantas 39
   Glosario
   Traducción
   Conversación
6. Los animales 44
   Glosario
   Traducción
   Conversación
7. Metales, materiales, energía . 51
   Glosario
   Traducción
   Conversación
8. La ecología 58
   Glosario
   Traducción
   Conversación
9. El cuerpo humano 63
   Glosario
   Traducción
   Conversación
10. La salud y la enfermedad ... 69
    Glosario
    Traducción
    Conversación
11. Asistencia médica, terapia .. 75
    Glosario
    Traducción
    Conversación
12. La vida psíquica. La salud mental 82
    Glosario
    Traducción
    Conversación
13. Las drogas 86
    Glosario
    Traducción
    Conversación
14. Población. Migraciones. Lenguas 89
    Glosario
    Traducción
    Conversación
15. Las religiones. Las sectas 94
    Glosario
    Traducción
    Conversación
16. El hombre y la sociedad 103
    Glosario
    Traducción
    Conversación
17. La familia 109
    Glosario
    Traducción
    Conversación
18. La enseñanza. La formación 115
    Glosario
    Traducción
    Conversación
19. La vida laboral 119
    Glosario
    Traducción
    Conversación
20. La organización política 124
    Glosario
    Traducción
    Conversación

21. **La administración pública** .. 131
    Glosario
    Traducción
    Conversación
22. **Los derechos humanos. Conflictos sociales y políticos** 134
    Glosario
    Traducción
    Conversación
23. **La delincuencia** 139
    Glosario
    Traducción
    Conversación
24. **Conflictos armados** 144
    Glosario
    Traducción
    Conversación
25. **Servicios. Medios de pago** ... 150
    Glosario
    Traducción
    Conversación
26. **Comunicaciones y transportes** 154
    Glosario
    Traducción
    Conversación
27. **Hostelería y gastronomía** ... 160
    Glosario
    Traducción
    Conversación
28. **Medios de comunicación e Informática** 165
    Glosario
    Traducción
    Conversación
29. **El ocio, el turismo, los viajes** 174
    Glosario
    Traducción
    Conversación
30. **Fiestas, moda, joyas** 178
    Glosario
    Traducción
    Conversación
31. **Espectáculos, juegos y pasatiempos** 182
    Glosario
    Traducción
    Conversación
32. **El deporte y los toros** 188
    Glosario
    Traducción
    Conversación
33. **La ciencia. Libros y bibliotecas** 193
    Glosario
    Traducción
    Conversación
34. **Lengua y literatura** 197
    Glosario
    Traducción
    Conversación
35. **La historia** 201
    Glosario
    Traducción
    Conversación
36. **El reino de la fantasía** 210
    Glosario
    Traducción
    Conversación
37. **Las artes plásticas** 213
    Glosario
    Traducción
    Conversación
38. **La música y su reproducción** 218
    Glosario
    Traducción
    Conversación

1. El universo

Glosario

el Universo	das Universum, das (Welt-)All
el mundo	die Welt
el orbe	der Erdkreis
el espacio (sideral)	das Weltall, der Weltraum
el cosmos	der Kosmos, das Weltall
el macrocosmo/ microcosmo	der Makrokosmos/ Mikrokosmos
el espacio cósmico/ extraterrestre	der Weltraum
el espacio sideral/ interplanetario	der Weltraum
el cielo	der Himmel
el firmamento, el cielo estrellado	der Sternenhimmel, das Firmament
la cosmogonía	die Weltentstehungslehre, die Kosmogonie
la Creación	die Schöpfung
la Gran Explosión, el Big Bang	der Urknall
la astronomía	die Astronomie
la cosmografía	die Weltbeschreibung
el observatorio astronómico	die Sternwarte
el planisferio, el mapa celeste	die Sternkarte
la astrología	die Astrologie
el fenómeno natural	die Naturerscheinung
el cuerpo celeste	der Himmelskörper
la galaxia	die Galaxie, das Stern(en)system
el astro	das Gestirn, der Stern
la estrella	der Stern
la constelación	das Sternbild
la estrella fija	der Fixstern
la estrella errante	der Wandelstern
la estrella fugaz	die Sternschnuppe
el meteorito	der Meteorit, der Meteorstein
la estrella matutina/ vespertina	der Morgen-/ Abendstern
la estrella polar/ del Norte	der Polarstern, der Nordstern
la Osa Mayor/ Menor	der Große/ Kleine Bär
el Gran Carro	der Große Wagen
Orión	Orion
Andrómeda	Andromeda
las Pléyades	die Plejaden *pl*
la Vía Láctea	die Milchstrasse
el sistema solar	das Sonnensystem
el Sol	die Sonne
la salida/ puesta del sol	der Sonnenaufgang/ -untergang
el sol naciente/ poniente	die aufgehende/ untergehende Sonne
los rayos solares	die Sonnenstrahlen *mpl*

el periodo solar	der Sonnenumlauf
el año solar	das Sonnenjahr
las protuberancias (solares)	die Protuberanzen *fpl*
las manchas solares	die Sonnenflecken *mpl*
el cenit	der Zenit
el solsticio	die Sonnenwende
el equinoccio	das Äquinoktium, die Tagundnachtgleiche
las cuatro estaciones	die vier Jahreszeiten *fpl*
la órbita de los astros	die Sternenbahn, der Sternenumlauf
el campo magnético	das Magnetfeld
la gravitación	die Gravitation, die Anziehungskraft
la fuerza de gravedad	die Schwerkraft
la rotación	die Drehung; die Kreisbewegung
la luz sideral/ sidérea	das Sternenlicht
el año luz	das Lichtjahr
el espectro	das Spektrum

el planeta/ der Planet: Mercurio/ Merkur, **Venus/** Venus, **la Tierra/** die Erde, **Marte/** Mars, **Júpiter/** Jupiter, **Saturno/** Saturn, **Urano/** Uranus, **Neptuno/** Neptun, **Plutón/** Pluto

los puntos cardinales/ die Himmelsrichtungen: **Norte (septentrional)/** Nord (nördlich), **Sur (meridional)/** Süd (südlich), **Este/ Levante (oriental)/** Ost (östlich), **Oeste/ Poniente (occidental)/** West (westlich)

el satélite	der Trabant
el satélite artificial	der (künstliche) Satellit
las caras de la luna	die Seiten *fpl* des Mondes
las fases lunares	die Mondphasen *fpl*
la luna llena/ nueva	der Voll-/ Neumond
cuarto creciente/ menguante	das erste/ letzte Mondviertel
el plenilunio	der Vollmond
un paisaje lunar	eine Mondlandschaft
el cráter	der Krater
el eclipse de sol/ luna	die Sonnen-/ Mondfinsternis
la penumbra	der Halbschatten
la sombra/ oscuridad total	der Kernschatten
el halo	der Hof *(um Sonne, Mond usw.)*
la corona	die Korona
el cometa	der Komet, der Schweifstern
la cola del cometa	der Kometenschweif
el OVNI (Objeto Volante No Identificado)	das UFO
el átomo	das Atom
la partícula	das Teilchen
el núcleo	der Kern
el protón	das Proton
el electrón	das Elektron

la órbita	die Bahn, die Kreisbahn
la radiación	die Strahlung
la fisión	die Spaltung
el ciclotrón	das Zyklotron
la trayectoria de los rayos (de luz)	der (Licht-)Strahlengang

astronómico – astronomisch, **espacial** – (Welt-)Raum-, **estelar** - Stern(en)-, **ilimitado** – unbegrenzt; unendlich, **infinito** – unendlich, **interestelar** – interstellar, **limitado** – begrenzt; beschränkt, **marciano** – Mars-, **terrícola** – erdbewohnend

el Viejo Mundo – die Alte Welt (Europa)
el Nuevo Mundo – die Neue Welt (Amerika)
el Mundo Antiguo – das Altertum
el gran mundo – die vornehme Welt
las siete maravillas del mundo – die Sieben Weltwunder
por nada del mundo – um nichts in der Welt
todo el mundo lo sabe – es ist allgemein bekannt
lo sabe medio mundo – fast jeder weiß es
allí había medio mundo – dort hat sich die halbe Welt getroffen
venir al mundo – geboren werden, zur Welt kommen
ver mundo – sich in der Welt umsehen
tener (mucho) mundo – Welterfahrung haben
así va el mundo – so ist der Lauf der Welt
desde que el mundo es mundo – solange die Welt besteht
retirarse del mundo – sich von der Welt zurückziehen
es el mundo al revés – das ist eine verkehrte Welt
dejar el mundo – der Welt entsagen
mandar al otro mundo – ins Jenseits befördern
levantarse con las estrellas – mit den Hühnern aufstehen
ver las estrellas – Sterne sehen; die Engel im Himmel singen hören
la Estrella de David – der Davidstern
haber nacido con mala/ buena estrella – unter einem (un)günstigen Stern geboren sein
tener estrella – Glück haben; ein Glückskind sein
unos nacen con estrella y otros estrellados *(refrán)* – Die einen haben (immer) Glück, die anderen (immer) Pech.
arrimarse al sol que más calienta – ein Opportunist sein
estar en la luna – in den Wolken schweben
dejar a la luna de Valencia – in seinen Erwartungen enttäuschen; leer ausgehen lassen
la Media Luna – der Islam
el astro de la noche *(poét.)* – der Mond
el astro rey *(poét.)* – die Sonne

Ejercicios de traducción

A. 1. Las estrellas parecen ser los centros o soles de otros tantos sistemas planetarios. Las estrellas más próximas tardan tres o cuatro años en mandarnos su luz, a pesar de que ésta recorre 300.000 km por segundo; otras estrellas tardan 36.000 años, y la luz de algunas de ellas no ha llegado aún a la Tierra. **2.** El Sol es 1.300.000 veces mayor que la Tierra. La distancia del Sol a la Tierra es de unos 150 millones de kilómetros. **3.** Los astrónomos atribuyen al Sol un núcleo oscuro rodeado de una atmósfera luminosa. **4.** Los planetas giran o gravitan alrededor del Sol. **5.** Además de los planetas hay satélites, o planetas secundarios, que giran alrededor de uno de los planetas principales. **6.** Los agujeros negros que se encuentran en el núcleo de cada galaxia absorben gran cantidad de materia interestelar, generando intensos chorros de radiación perceptible desde la Tierra. **7.** El Sol saldrá hoy a las 7.24 y se pondrá a las 21.14. La Luna, en fase menguante, saldrá a las 23.12 y se pondrá a las 11.28. **8.** En las enormes nebulosidades que abundan en el espacio, la concentración de la materia da lugar a la formación de astros que, agrupados en gran número, forman las galaxias. **9.** En 2007, los astrónomos encontraron un planeta fuera del Sistema Solar que cumpliría todos los requisitos para albergar vida. El planeta, cuya masa es cinco veces mayor que la de la Tierra, gira alrededor de la estrella "Gliese 581", que se encuentra a "sólo" 20,4 años luz de la Tierra.

B. 1. Die Sonne ist ein Stern, genauer gesagt ein glühender Gasball, chemisch aus etwa 75% Wasserstoff, 23% Helium und 2% schweren Elementen zusammengesetzt. **2.** Im Zentrum der Sonne herrschen eine Temperatur von etwas 15 Mio Grad und ein Druck von 200 Mrd Atmosphären. **3.** Größere fleckige Gebilde auf der Sonnenscheibe sind die Sonnenflecken von etwa 2000-50000 km Durchmesser. Es sind Gebiete, in denen ein starkes Magnetfeld herrscht. **4.** Das Himmelsgewölbe mit seinen leuchtenden Sternen erregte schon immer die menschliche Phantasie. Astronomen verfolgten den Lauf der Gestirne, und sie entdeckten dabei, dass es zwei verschiedene Arten von Himmelskörpern gibt: die Fixsterne, die jeden Abend wieder in der gleichen Stellung zueinander am Himmel erscheinen und die Wandelsterne oder Planeten, die ihre Stellung innerhalb weniger Stunden sichtbar verändern. Sterne sind Himmelskörper wie die Sonne, die durch ihr eigenes Licht leuchten; Planeten sind Himmelskörper wie die Erde, die nicht selbst leuchten, sondern das Licht eines Sternes reflektieren. **5.** Der uns nächste Stern, von dem wir ungleich mehr wissen als von den anderen, ist die Sonne; der nach der Sonne nächstgelegene Stern ist Proxima Centauri.

Conversación y discusión

1. ¿Cuál es la teoría más aceptada acerca del origen del universo? **2.** ¿Conoce Vd. alguna otra explicación religiosa del origen del universo, además de la bíblica? **3.** ¿Cree Vd. que la mayor parte de las personas tienen sólidos conocimientos de astronomía? **4.** ¿Cuáles son los observatorios astronómicos más conocidos? **5.** ¿Cree Vd. que los viajes interplanetarios aportan beneficios tan transcendentales que justifican los enormes gastos? **6.** ¿Piensa Vd. en la posibilidad de que exista vida en otros planetas? **7.** ¿Qué opinión tiene sobre los OVNIS?

2. La Tierra. Geografía descriptiva

Glosario

la órbita terrestre	die Erdbahn
la rotación terrestre	die Erddrehung
el globo terráqueo/ terrestre	der Erdball, die Erdkugel
el eje terrestre	die Erdachse
el diámetro terrestre	der Erddurchmesser
la circunferencia de la Tierra	der Erdumfang
la curvatura de la Tierra	die Erdkrümmung
la corteza terrestre	die Erdrinde, die Erdkruste
la hidrosfera, la zona fluida	die Fließzone
el manto	der Mantel
el magnetismo terrestre	der Erdmagnetismus
la corriente telúrica	der Erdstrom
el apogeo/ perigeo	die Erdferne/ -nähe
la era geológica	das Erdzeitalter
el terciario/ cuaternario	das Tertiär/ Quaternär
la época glacial	die Eiszeit
las coordenadas geográficas	das Gradnetz der Erde
el ecuador	der Äquator
el paralelo	der Breitengrad; der Breitenkreis
el meridiano	der Meridian
el meridiano cero/ de Greenwich	der Nullmeridian
la latitud/ longitud geográfica	die geographische Breite/ Länge
el grado de longitud	der Längengrad
los trópicos	die Wendekreise *mpl*
el trópico de Cáncer/ Capricornio	der Wendekreis des Krebses/ Steinbocks
los círculos polares	die Polarkreise *mpl*
la aurora boreal	das Polarlicht
el mapamundi	die Erdkarte
la escala	der Maßstab
la agrimensura	die Vermessung
la topografía	die Ortskunde, die Topographie
la toponimia	die Ortsnamen *mpl*; die Ortsnamenkunde
las olas (rompientes)	die Brandung, die Wellen *fpl*
la marea	die Gezeiten *pl*
la marea alta, la pleamar	die Flut
la marea baja, la bajamar	die Ebbe
mar de fondo	die (Grund-)Dünung
la resaca	die Dünung; der Sog; *umg* der Kater
la corriente marina	die Meeresströmung
sobre el nivel del mar	über dem Meeresspiegel, über Normalnull
a orillas *fpl* del mar	am Ufer des Meeres

el rompeolas	der Wellenbrecher
el escollo	die Klippe
el malecón	der Damm; der Deich; der Kai
el remolino	der Wirbel
el agua salobre	das Brackwasser
la hidrovía	der Wasserweg
a orillas *fpl* del Ebro	am Ebro
el río navegable	der schiffbare Strom/ Fluss
las aguas navegables	das Fahrwasser
el lecho, el cauce	das Flussbett
el afluente	der Nebenfluss
el meandro	der Mäander
la desembocadura	die Mündung
el fiordo	der Fjord
la ría	die (fjordähnliche) Flussmündung
el delta	das Delta
el estuario	die (breite) Flussmündung
el caudal	die Wassermenge; das Vermögen
la fuente	die Quelle
el arroyo	der Bach
el torrente	der Wildbach
el surtidor termal, el géiser	die Springquelle, der Geysir
la cascada	der Wasserfall, die Kaskade
la catarata	der Wasserfall, der Katarakt
el salto (de agua)	der Wasserfall
el rápido	die Stromschnelle
el canal	der Kanal; der Bewässerungsgraben
el fluviómetro	der Wasserstandsmesser; der Pegel
el lago	der See
la laguna	die Lagune
el estanque	der Teich
el pantano	das Moor, der Sumpf
la ciénaga	der Morast
la marisma	sumpfiges Küstengebiet
la erosión	die Erosion
la tierra firme	das Festland
el litoral	das Küstengebiet
el fondo oceánico	die Tiefseetafel
la fosa submarina	der Tiefseegraben
la plataforma continental	der Festlandsockel, die Kontinentalplatte
la placa	die Platte
la orogénesis	die Orogenese, die Gebirgsbildung
la falla	die Verwerfung, der Bruch
el foso	der Graben; die Grube
las aguas freáticas	das Grundwasser
la capa freática	die wasserführende Schicht

la fisura	die Erdspalte
el iceberg	der Eisberg |//

el istmo	die Landenge, der Isthmus
el estrecho	die Meerenge
el golfo	der Golf
la bahía	die Bucht
el cabo	das Kap, das Vorgebirge
la ensenada	die Bucht, die Bai
la cala	die kleine Bucht
la rada	die Reede

la isla	die Insel
el islote	das Felseneiland
el archipiélago	die Inselgruppe, der Archipel
el atolón	das Atoll
el arrecife (coralino)	das (Korallen-)Riff

la campiña	das Feld, das Gefilde, die Flur
el valle (fluvial)	das (Fluss-)Tal
la vega	die Aue
la ribera	die Ufer-/ Tallandschaft
la llanura	die Ebene
el llano	die Ebene; das Flachland
la meseta, la altiplanicie	die Hochebene
la estepa	die Steppe
la sabana	die Savanne
la pampa *Am*	die Pampa *(baumlose Grasebene)*
el prado	die Wiese
la pradera	die (große) Wiese; die Prärie *(USA)*
la pradera pantanosa	die nasse Wiese, die Sumpfwiese
el desierto	die Wüste
el oasis	die Oase
la duna	die Düne
la depresión	die Senke, die Senkung
la tierra baja	die Niederung; das Tiefland
la tierra cultivable	das Ackerland, der Ackerboden
la tierra de regadío	das Bewässerungsland
la tierra de secano	das unbewässerte Land, der Trockenboden
la tierra baldía	das Ödland, das unbebaute Land
la tierra de barbecho	das Brachland
la tierra de pastos	das Weideland, das Grünland
la tierra de pan llevar	sehr fruchtbares Getreidegebiet
la tierra arcillosa	der Tonboden
la salina	die Saline, die Salzgrube

la cima (de la **montaña**)	die Bergkuppe, die Bergspitze
la cresta (de la montaña)	der Bergrücken, der Kamm

el pico	der Gipfel
la pendiente	der Berghang
la pendiente escarpada	die Wand, die Steilwand
el desnivel	das Gefälle
el declive	der Abhang; das Gefälle
el collado	der Bergsattel
el barranco	der Steilhang
la quebrada	die (Berg-)Schlucht
la alta montaña	das Hochgebirge
la sierra	die Bergkette, das Kammgebirge
la cordillera	die Bergkette
la cadena montañosa	die Bergkette
el macizo	das Bergmassiv
la morena	die Moräne
la colina	der Hügel
el cerro	der Hügel, *Am* der Berg
la elevación	die Anhöhe; der Hügel
el altozano	die Anhöhe
la loma	der Bergrücken, der (kleine) Bergkamm
la cuesta	der (Berg-)Abhang
la ladera	der Abhang; die Berglehne
la vertiente	der Abfall (eines Gebirges)
el cañón	der Cañon
el puerto de montaña	der (Berg-)Pass
el desfiladero	der Engpass, der Hohlweg
la garganta	die Schlucht
la cañada	der Hohlweg; die (Vieh-)Trift
el acantilado, el farallón	die Steilküste, das Kliff
el abismo	der Abgrund *a. fig*
el precipicio	der Abgrund
la sima	der Abgrund; das Erdloch
el talud	die Böschung; die Abdachung
el despeñadero	der jähe Abhang; die Felswand
la escarpa, el escarpe	die Böschung, der Steilhang
la roca	der Fels(en)
el peñasco	der Felsblock
el peñón	die Felskuppe
los cantos rodados	das Geröll
la grieta	die Kluft
la raja	die Ritze, die Spalte
la hendidura, la hendedura	der Spalt, der Riss; die Kluft
el desprendimiento de tierras	der Erdrutsch
la caída de bloques (de piedra)	der Steinschlag
la avenida	das Hochwasser *(Fluss)*
el alud	die Lawine
la avalancha	die Lawine; *fig* die Flut

el aluvión	die Wasserflut, die Überschwemmung
el banco de arena	die Sandbank
la cueva	die Höhle
la caverna	die Höhle, die Grotte
la gruta	die Grotte
el río subterráneo	der Höhlenfluss, unterirdischer Fluss
la estalactita	der Stalaktit
la estalagmita	der Stalagmit
la espeleología	die Speläologie, die Höhlenkunde
el **volcán** activo/ apagado	der tätige/ erloschene Vulkan
el cráter	der Krater
el cono	der Wallberg, der Vulkankegel
la chimenea volcánica	der Schlot, der Eruptionskanal
la erupción	der Ausbruch
la lava	die Lava
el río de lava	der Lavastrom
las nubes de ceniza	die Aschenwolken *fpl*
la columna de humo	die Rauchwolke
el seísmo, el sismo	das Erdbeben
el terremoto	das Erdbeben
el temblor de tierra	der Erdstoß
la sacudida sísmica	die Erderschütterung
el cataclismo	die Erdumwälzung, der Kataclysmus
el maremoto	das Seebeben
la ola sísmica, el tsunami	die Flutwelle
el epicentro	das Epizentrum
el hipocentro	das Hypozentrum, der Erdbebenherd
las ondas sísmicas	die Erdbebenwellen *fpl*
la propagación de la onda	der Stoßstrahl
la sismología	die Erdbebenkunde, die Seismologie
el sismógrafo	der Seismograph
la **catástrofe natural**	die Naturkatastrophe
la sequía	die Dürre, die Trockenheit
la inundación	die Überschwemmung
la subida/ crecida de las aguas	das Hochwasser
la riada	das Hochwasser
la plaga de langostas	die Heuschreckenplage
la hambruna	die Hungersnot

Países del mundo y sus gentilicios

(el) **Afganistán**/ afgano, **Albania**/ albanés, **Alemania**/ alemán *(Deutschland/ deutsch)*, **Andorra**/ andorrano, **Angola**/ angoleño, **Antigua y Barbuda**/ antiguano, **Arabia Saudí, Arabia Saudita**/ saudí o saudita, **Argelia**/ argelino, (la) **Argentina**/ argentino, **Armenia**/ armenio, **Australia**/ australiano, **Austria**/ austriaco o austríaco *(Österreich, österreichisch)*, **Azerbaiyán**/ azerbaiyano (las) **Bahamas**/ bahameño, **Bahréin**/ bahreiní, **Bangladés**/ bangladesí, **Barbados**/ barbadense, **Bélgica**/ belga, **Belice**/ beliceño, **Benín**/ beninés, **Bielorrusia**/ bielorruso *(Weißrussland/ weißrussisch)*, **Birmania**/ birmano *(Myanmar)*, **Bolivia**/ boliviano, **Bosnia-Herzegovina**/ bosnio o bosnioherzegovino, **Botsuana**/ botsuano, (el) **Brasil**/ brasileño o brasilero *Am*, **Brunéi**/ bruneano, **Bulgaria**/ búlgaro, **Burkina Faso**, **Burundi**/ burundés, **Bután**/ butanés

Cabo Verde/ caboverdiano *(Kap Verde)*, **Camboya**/ camboyano *(Kambodscha)*, (el) **Camerún**/ camerunés, (el) **Canadá**/ canadiense, (el) **Chad**/ chadiano, **Chile**/ chileno, **China**/ chino, **Chipre**/ chipriota *(Zypern)*, **Ciudad del Vaticano**/ vaticano, **Colombia**/ colombiano, (las) **Comoras**/ comorense *(Komoren)*, (el) **Congo**/ congoleño, **Corea del Norte**/ norcoreano, **Corea del Sur**/ surcoreano, **Costa de Marfil**/ marfileño *(Elfenbeinküste)*, **Costa Rica**/ costarricense, **Croacia**/ croata, **Cuba**/ cubano

Dinamarca/ danés *(Dänemark)*, **Dominica**/ dominiqués

(el) **Ecuador**/ ecuatoriano, **Egipto**/ egipcio, **El Salvador**/ salvadoreño, (los) **Emiratos Árabes Unidos** *(Vereinigte Arabische Emirate)*, **Eritrea**/ eritreo, **Eslovaquia**/ eslovaco, **Eslovenia**/ esloveno, **España**/ español, (los) **Estados Unidos de América**/ estadounidense, **Estonia**/ estonio *(Estland)*, **Etiopía**/ etíope

Filipinas/ filipino, **Finlandia**/ finlandés, **Fiyi**/ fiyiano, **Francia**/ francés (el) **Gabón**/ gabonés, **Gambia**/ gambiano, **Georgia**/ georgiano, **Ghana**/ ghanés, **Granada**/ granadino *(Grenada)*, **Grecia**/ griego *(Griechenland)*, **Guatemala**/ guatemalteco, (la) **Guinea**/ guineano, **Guinea-Bissau**/ guineano, (la) **Guinea Ecuatorial**/ ecuatoguineano, **Guyana**/ guyanés

Haití/ haitiano, **Honduras**/ hondureño, **Hungría**/ húngaro *(Ungarn)*

(la) **India**/ indio, **Indonesia**/ indonesiano, **Irán**/ iraní, **Iraq**/ iraquí, **Irlanda**/ irlandés, **Islandia**/ islandés, (las) **Islas Marshall**/ marshalés, (las) **Islas Salomón**/ salomonense, **Israel**/ israelí, **Italia**/ italiano

Jamaica/ jamaicano o jamaiquino *Am*, **Japón**/ japonés, **Jordania**/ jordano

Kazajistán/ kazajo, **Kenia**/ keniano o keniata, **Kirguistán**/ kirguís o kirguiso, **Kiribati**/ kiribatiano, **Kuwait**/ kuwaití

Laos/ laosiano, **Lesoto**/ lesotense, **Letonia**/ letón *(Lettland)*, (el) **Líbano**/ libanés, **Liberia**/ liberiano, **Libia**/ libio, **Liechtenstein**/ liechtensteiniano, **Lituania**/ lituano *(Litauen)*, **Luxemburgo**/ luxemburgués

Macedonia/ macedonio, **Madagascar**/ malgache, **Malasia**/ malasio, **Malaui**/ malauí, (las) **Maldivas**/ maldivo, **Mali, Malí**/ maliense o malí, **Malta**/ maltés, **Marruecos**/ marroquí *(Marokko)*, **Mauricio**/ mauriciano, **Mauritania**/ mauritano, **México**/ mexicano, **Micronesia**/ micronesio, **Moldavia**/ moldavo, **Mónaco**/ monegasco, **Mongolia**/ mongol, **Montenegro**/ montenegrino, **Mozambique**/ mozambiqueño

Namibia/ namibio, **Nauru**/ nauruano, **Nepal**/ nepalés o nepalí, **Nicaragua**/ nicaragüense, **Níger**/ nigerino, **Nigeria**/ nigeriano, **Noruega**/ noruego, **Nueva Zeland(i)a**/ neozelandés *(Neuseeland)*

Omán/ omaní

(los) **Países Bajos**/ neerlandés *(Niederlande)*, (el) **Pakistán**/ pakistaní, **Palaos**/ palauano, **Panamá**/ panameño, **Papúa Nueva Guinea**/ papú, (el) **Paraguay**/ paraguayo, (el) **Perú**/ peruano, **Polonia**/ polaco *(Polen)*, **Portugal**/ portugués

Qatar/ catarí o qatarí

(el) **Reino Unido de Gran Bretaña e Irlanda del Norte**/ británico *(Großbritannien)*, (la) **República Centroafricana**/ centroafricano, (la) **República Checa**/ checo, (la) **República Democrática del Congo**/ congoleño, (la) **República Dominicana**/ dominicano, **Ruanda**/ ruandés, **Rumania, Rumanía**/ rumano, **Rusia**/ ruso *(Russland)*

Samoa/ samoano, **San Cristóbal y Nieves**/ sancristobaleño *(Saint Kitts und Nevis)*, **San Marino**/ sanmarinense, **Santa Lucía**/ santalucense, **Santo Tomé y Príncipe**/ santotomense, **San Vicente y las Granadinas**/ sanvicentino, (el) **Senegal**/ senegalés, **Serbia**/ serbio, (las) **Seychelles**/ seychellense, **Sierra Leona**/ sierraleonés, **Singapur**/ singapurense, **Siria**/ sirio, **Somalia**/ somalí, **Sri Lanka**/ ceilanés, ceilandés o esrilanqués, **Suazilandia**/ suazi, **Sudáfrica**/ sudafricano, (el) **Sudán**/ sudanés, **Suecia**/ sueco *(Schweden)*, **Suiza**/ suizo *(Schweiz)*, **Surinam**/ surinamés

Tailandia/ tailandés, **Tanzania**/ tanzano, **Tayikistán**/ tayiko, **Timor Oriental**/ timorense, (el) **Togo**/ togolés, **Tonga**/ tongano, **Trinidad y Tobago**/ trinitense, **Túnez**/ tunecino, **Turkmenistán**/ turkmeno o turcomano, **Turquía**/ turco, **Tuvalu**/ tuvaluano

Ucrania/ ucraniano, **Uganda**/ ugandés, (el) **Uruguay**/ uruguayo, **Uzbekistán**/ uzbeko

Vanuatu/ vanuatuense, **Venezuela**/ venezolano, **Vietnam**/ vietnamita, (el) **Yemen**/ yemení, **Yibuti**/ yibutiano, **Zambia**/ zambiano, **Zimbabue**/ zimbabuense

Puerto Rico *(Estado libre asociado a los Estados Unidos de América)*/ puertorriqueño

Ciudades

Abiyán – Abidjan, **Abu Dabi** – Abu Dhabi, **Achman** – Ajman, **Aquisgrán** – Aachen, **Alejandría** – Alexandria, **Amberes** – Antwerpen, **Antioquía** – Antakya, **Argel** – Algier, **Asís** – Assisi, **Atenas** – Athen, **Augsburgo** – Augsburg, **Aviñón** – Avignon, **Bangkok** – Bangkok, **Basilea** – Basel, **Belén** – Bethlehem, **Belgrado** – Belgrad, **Berlín** – Berlin, **Berna** – Bern, **Bizancio** – Byzanz, **Bolonia** – Bologna, **Bratislava** – Preßburg, **Brujas** – Brügge, **Bucarest** – Bukarest, **Burdeos** –

Bordeaux, **Calcuta** – Kalkutta, **Ciudad del Cabo (El Cabo)** – Kapstadt, **Ciudad del Vaticano** – Vatikanstadt, **Coblenza** – Koblenz, **Colonia** – Köln, **Constantinopla** – Konstantinopel, **Copenhague** – Kopenhagen, **Corinto** – Korinth, **Cracovia** – Krakau, **Damasco** – Damaskus, **Dresde** – Dresden, **Dublín** – Dublin, **Duina** – Dwina, **Edimburgo** – Edinburgh, **El Cairo** – Kairo, **Esmirna** – Izmir, **Espira** – Speyer, **Estambul** – Istanbul, **Estocolmo** – Stockholm, **Estrasburgo** – Straßburg, **Filadelfia** – Philadelphia, **Florencia** - Florenz, **Fráncfort** – Frankfurt, **Friburgo** – Freiburg, **Gante** – Gent, **Génova** – Genua, **Ginebra** – Genf, **Gotemburgo** – Göteborg, **Gotinga** – Göttingen, **Hong Kong** – Hong-Kong, **Honolulú** – Honolulu, **Jartum** – Khartum, **Jerusalén** – Jerusalem, **Johanesburgo** – Johannesburg, **La Habana** – Havanna, **La Haya** – Den Haag, **La Meca** – Mekka, **La Valeta** – Valletta, **Lausana** – Lausanne, **Lieja** – Liège, **Lila** – Lille, **Lisboa** – Lissabon, **Londres** – London, **Lovaina** – Löwen, **Lucerna** – Luzern, **Luxemburgo** – Luxemburg, **Lyón** – Lyon, **Magdeburgo** – Magdeburg, **Maguncia** – Mainz, **Marraquech** – Marrakech, **Marsella** – Marseille, **Mascat** – Maskat, **Mazalquibir** – Mers el Kebib, **Mequinez** – Meknes, **Milán** – Mailand, **Moscú** – Moskau, **Múnich** – München, **Nápoles** – Neapel, **Narbona** – Narbonne, **Nimega** – Nimwegen, **Nueva Delhi** – New Delhi, **Nueva York** – New Work, **Nueva Orleans** – New Orleans, **Núremberg** – Nürnberg, **Pekín** – Peking, **Perpiñán** – Perpignan, **Porto** – Oporto, **Praga** – Prag, **Ratisbona** – Regensburg, **Riad** – Riad, **Roma** – Rom, **Salónica** – Thessaloniki, **Salzburgo** – Salzburg, **San Petersburgo** – St. Petersburg, **Tananarivo** – Antananarivo, **Tokio** – Tokio, **Tolosa** – Toulouse, **Tréveris** – Trier, **Tubinga** – Tübingen, **Túnez** – Tunis, **Turín** – Turin, **Varsovia** – Warschau, **Venecia** – Venedig, **Viena** – Wien, **Volgogrado** – Wolgograd, **Wurzburgo** – Würzburg, **Yakarta** – Djakarta, **Yedda** – Djidda, **Yibuti** – Djibuti, **Zaragoza** – Saragossa, **Zúrich** – Zürich

Regiones

Andalucía – Andalusien, **Aragón** – Aragonien, **Asturias** – Asturien, **Cantabria** – Kantabrien, **Castilla** – Kastilien, **Cataluña** – Katalonien, **Galicia** – Galicien, **País Vasco** – Euskadi/ Baskenland

Baden-Wurtemberg – Baden-Würtemberg, **Baja Sajonia** – Niedersachsen, **Baviera** – Bayern, **Berlín** – Berlin, **Brandemburgo** – Brandenburg, **Brema/ Bremen** – Bremen, **Hamburgo** – Hamburg, **Hesse** – Hessen, **Mecklemburgo-Antepomerania** – Mecklenburg-Vorpommern, **Renania del Norte-Westfalia** – Nordrhein-Westfalen, **Renania-Palatinado** – Rheinland-Pfalz, **Sajonia-Anhalt** – Sachsen-Anhalt, **Sajonia** – Sachsen, **el Sarre** – Saarland, **Schleswig-Holstein** – Schleswig-Holstein, **Turingia** – Thüringen

Algovia – Allgäu, **Franconia** – Franken, **Frisia** – Friesland, **las Landas de Luneburgo** – die Lüneburger Heide, **Suabia** - Schwaben

Alsacia – Elsaß, **Auvernia** – Auvergne, **Borgoña** – Burgund, **Bretaña** – Bretagne, **Camarga** – Camargue, **Champaña** – Champagne, **Córcega** – Korsika, **Delfinado** – Dauphiné, **Franco-Condado** – Franche-Comté, **Lorena** – Lothringen, **Normandía** – Normandie, **Picardía** – Picardie, **Provenza** – Provence, **Rosellón** – Rousillon, **Saboya** – Savoyen

Cornualles – Cornwall, **Escocia** – Schottland, **Gales** – Wales, **Inglaterra** – England, **Irlanda del Norte** – Nordirland

Abruzos – Abruzzen, **Apulia** – Apulien, **Basilicata** – Basilikata, **Calabria** – Kalabrien, **Campania** – Kampanien, **Cerdeña** – Sardinien, **Emilia-Romaña** – Emilia-Romagna, **Friuli-Venecia Julia** – Friaul-Julisch Venetien, **Lacio** – Latium, **Liguria** – Ligurien, **Lombardía** – Lombardei, **Marcas** – Marken, **Molise** – Molise, **Piamonte** – Piemont, **Sicilia** – Sizilien, **Toscana** – Toskana, **Trentino-Alto Adigio** – Trentino-Südtirol, **Umbría** – Umbrien, **Valle de Aosta** – Aostatal, **Véneto** – Venetien

Ardenas – Ardennen, **Brabante** – Brabant, **Flandes** – Flandern, **Grisones** – Graubünden, **Groenlandia** – Grönland, **Groninga** – Groningen, **Walonia** – Walonien

Bohemia – Böhmen, **Carintia** – Kärnten, **Estiria** – Steiermark, **los Sudetes** – Sudetenland, **Moravia** – Mähren, **Silesia** – Schlesien, **Transilvania** – Siebenbürgen, **Cáucaso** – Kaukasus, **Laponia** – Lapland

Arcadia – Arkadien, **Cícladas** – Kykladen, **Creta** – Kreta, **Dodecaneso** – Dodekanes, **Egeo** – Ägäis, **Epiro** – Epirus, **Eubea** – Euböa, **Macedonia** – Makedonien, **Peloponeso** – Peloponnes, **Tesalia** – Thessalien, **Tracia** – Thrakien

Oriente Próximo, Próximo Oriente, Oriente Medio – Nahost, Vorderer Osten, Naher Osten

Extremo Oriente, Lejano Oriente – Fernost, Ferner Osten

Antártida – Antarktis, **California** – Kalifornien, **Carolina del Norte** – North Carolina, **Carolina del Sur** – South Carolina, **Nuevo México** – New Mexico, **Patagonia** – Patagonien, **Tejas** – Texas, **Tierra del Fuego** – Feuerland

Nombres geográficos

el océano Glacial Ártico	das Nördliche Eismeer
el océano Glacial Antártico	das Südliche Eismeer
el océano Pacífico	der Stille Ozean
el océano Atlántico	der Atlantische Ozean
el océano Índico	der Indische Ozean
el mar Cantábrico, el golfo de Vizcaya	der Golf von Biscaya
el mar del Norte	die Nordsee
el mar Báltico	die Ostsee
el mar Caspio	das Kaspische Meer
el mar Negro	das Schwarze Meer
el (mar) Mediterráneo	das Mittelmeer
el (mar) Adriático	das Adriatische Meer, die Adria
el mar Tirreno/ Jónico	das Tyrrhenische/ Ionische Meer

el mar Egeo	das Ägäische Meer, die Ägäis
el Mar Muerto/ Rojo	das Tote/ Rote Meer
el mar de Irlanda	die Irische See
el Mar de las Antillas	das Karibische Meer
el estrecho de Gibraltar	die Straße von Gibraltar
el estrecho de Magallanes	die Magellanstraße
el estrecho de los Dardanelos	die Dardanellen *pl*
el Canal de la Mancha	der Ärmelkanal
el canal de Panamá	der Panamakanal
el canal de Suez	der Suezkanal
el canal de Corinto	der Kanal von Korinth
el golfo Pérsico	der Persische Golf
el golfo Arábico	der Arabische Meerbusen
la Corriente del Golfo/ de Humboldt	der Golf-/ Humboldtstrom
el cabo de Buena Esperanza	das Kap der Guten Hoffnung
el cabo de Hornos	Kap Hoorn
los Alpes	die Alpen *pl*
los Pirineos	die Pyrenäen *pl*
los Apeninos	der Apennin
los montes Dolomitas	die Dolomiten *pl*
los Urales	die Uralen *pl*
los Montes Cárpatos	die Karpaten *pl*
los Andes	die Anden *pl*
las Montañas Rocosas	die Rocky Mountains *pl*
los Apalaches	die Appalachen *pl*
los Montes Metálicos	das Erzgebirge
los Montes Gigantes	das Riesengebirge
la Selva Negra	der Schwarzwald
la Selva Bávara/ de Bohemia	der Bayerische/ Böhmer Wald
los Vosgos	die Vogesen *pl*
los Balcanes	der Balkan

Ríos

el **Adigio** – die Etsch, el **Danubio** – die Donau, el **Elba** – die Elbe, el **Escalda** – die Schelte, el **Garona** – die Garonne, el **Loire** – die Loire, el **Meno** – der Main, el **Mosela** – die Mosel, el **Nilo** – der Nil, el **Rin/ Rhin** – der Rhein, el **Ródano/** die Rhone, el **Sena** – die Seine, el **Támesis** – die Themse, el **Vístula** – die Weichsel, el **Volga** – die Wolga

Islas

Islas Baleares – Balearische Inseln, **Islas Canarias** – Kanarische Inseln, **Tenerife** – Teneriffa, **Azores** – Azoren, **isla de Pascua** – Osterinsel, **Islas Malvinas** – Falklandinseln, **Islas Carolinas** – Karolinen, **Tasmania** – Tasmanien, **Terranova** – Neufundland

a prueba de terremotos – erdbebensicher, **asísmico** – erdbebensicher, **desértico** – Wüsten-, **escarpado** – steil, abschüssig, **fluvial** – Fluss-, **lacustre** – See-, Teich-, Sumpf-, **marítimo** – See-, Meer-, **palustre** – Sumpf-, **serrano** – Berg-, Gebirgs-, **sísmico** – seismisch, Erdbeben-, **sismológico** – seismologisch, **subtropical** – subtropisch, **tectónico** – tektonisch, **telúrico** – tellurisch, die Erde betreffend, **terrestre** – irdisch, Erd-, **tropical** – tropisch, Tropen-, **volcánico** – vulkanisch

la Tierra Prometida – das Gelobte Land
(la) Tierra Santa – das Heilige Land
perder tierra – den Boden unter den Füßen verlieren
besar la tierra – hinfallen, auf die Nase fallen
morder la tierra – ins Gras beißen
se lo tragó la tierra – ist wie vom Erdboden verschluckt
río arriba/ abajo – flussaufwärts/ flussabwärts
pescar en río revuelto – im Trüben fischen
cuando el río suena agua lleva *(refrán)* – An jedem Gerücht ist etwas Wahres dran.
no llegará la sangre al río – es wird halb so schlimm werden
(él/ ella) tiene la mar de libros – er/ sie hat eine Unmenge Bücher
a mares – in Strömen; reichlich

Ejercicios de traducción

A. 1. La Tierra es un planeta que tiene la figura de una esfera ligeramente aplastada por los polos. 2. El radio medio tiene 6.731 km y la circunferencia ecuatorial mide 40.076 km. 3. La Tierra tiene dos movimientos principales: de rotación sobre su eje y de traslación alrededor del Sol. 4. Está constituida de una capa gaseosa, o atmósfera, de una capa líquida, o hidrosfera, y de una corteza externa sólida, o litosfera. 5. La Tierra está dividida en dos hemisferios, separados por el ecuador. 6. Gran Canaria y Gomera tienen forma regular redondeada, porque deben su origen a volcanes; las demás islas canarias son alargadas y están constituidas por macizos montañosos. El clima del archipiélago es subtropical, con temperaturas suaves todo el año. Las lluvias son escasas. 7. Un terremoto de magnitud ocho en la escala de Richter o mayor libera a pocos kilómetros de profundidad una fuerza destructora equivalente a unas mil bombas atómicas como la de Hiroshima. 8. La cuenca del océano Pacífico ha sido siempre la más castigada por los terremotos. 9. Los acantilados son el resultado de la erosión de la roca por el embate de las olas. Éstas socavan la base hasta que se produce el desplome de la roca saleciza. 10. Los meandros abundan en los llanos, en los que suelen sucederse por series.

B. 1. Aufgrund von Analysen radioaktiver Gesteine ist ein Mindestalter der Erde von 4,3 Mrd. Jahren bestimmt worden. 2. Die Alpen sind das höchste Gebirge in Mitteleuropa. 3. Die Funktion der Alpen als Trinkwasserspeicher, Klimaregulator und Erholungsgebiet ist durch verschiedene Faktoren bedroht. 4. Der Tourismus ist der größte Belastungsfaktor für die Alpen. Für die rd. 140000 km Skipisten wurden Hänge gerodet und planiert, so dass der Regen den Boden abtragen kann. 5. Im antarktischen Meer bilden sich die Grundlagen für die

Nahrungskette in den Ozeanen. **6.** Vulkanausbrüche und Erdbeben haben vieles gemeinsam: Ihre Hauptursache sind Bewegungen der Erdkruste; sie kommen in denselben Regionen vor; sie haben für die Menschen manchmal katastrophale Folgen. **7.** Die meisten Beben liegen auf der nach ihrem Erfinder benannten „Richter-Skala" unter 2,5. Das verheerende Erdbeben in Mexico City von 1958 hatte die Stärke 7,8.

Conversación y discusión

1. ¿Cuáles son las zonas de la Tierra más golpeadas por catástrofes naturales? **2.** Describa a grandes rasgos el relieve de Alemania, de España y del continente americano. **3.** ¿De qué manera influyen el relieve, la altura media y la disposición de las montañas o cordilleras en la actividad económica de un país? **4.** Muchas catástrofes naturales se deben a la manipulación de la Naturaleza por parte del ser humano. ¿Conoce ejemplos de inundaciones, sequías, corrimientos de tierras, etc.?

3. El clima, el tiempo, cambio climático

Glosario

la **atmósfera**	die Atmosphäre
la estratosfera	die Stratosphäre
la troposfera	die Troposphäre
la mesosfera	die Mesosphäre
la termosfera	die Thermosphäre
la ionosfera	die Ionosphäre
la radiación solar	die Sonneneinstrahlung
los rayos cósmicos	die kosmischen Strahlen *mpl*
los rayos infrarrojos	die Infrarotstrahlen *mpl*
los rayos ultravioletas	die Ultraviolettstrahlen *mpl*
la capa de ozono	die Ozonschicht
el agujero de la capa de ozono	das Ozonloch
el efecto invernadero	der Treibhauseffekt
las emisiones CO2	die CO2-Emissionen *fpl*
el **tipo climático**	der Klimatypus
el microclima	das Mikroklima
las zonas/ provincias climáticas	die Klimazonen, die Klimaprovinzen *fpl*
el clima continental	das Kontinentalklima
el clima marítimo/ oceánico	das Seeklima
el clima mediterráneo	mediterranes Klima
el clima de altura/ de montaña	das Höhenklima, das Gebirgsklima

el clima monzónico	das Monsunklima
el clima desértico	das Wüstenklima
el clima artificial	das künstliche Klima
el clima reinante	das herrschende Klima
el cambio climático	der Klimawandel
la altitud	die Höhe
la capa vegetal	die Pflanzendecke
las precipitaciones	die Niederschläge *mpl*
la humedad	die Feuchtigkeit
las temperaturas a mediodía	die Mittagstemperaturen *fpl*
las diferencias de temperatura	die Temperaturunterschiede *mpl*
la ola de frío	die Kältewelle
la canícula	die Hundstage *mpl*
la temperatura de congelación	der Gefrierpunkt
la temperatura de fusión	die Schmelztemperatur
los valores medios/ extremos	die Mittel-/ Extremwerte *mpl*
localmente	gebietsweise
el termómetro	das Thermometer
el barómetro	das Barometer
el higrómetro	das Hygrometer, der (Luft-)Feuchtigkeitsmesser
el higroscopio	das Hygroskop, der Luftfeuchtigkeitsmesser
las perturbaciones atmosféricas	die atmosphärischen Störungen *fpl*
la ventilación, la aireación	die (Be-)Lüftung
el **estado del tiempo**	die Wetterlage
la situación meteorológica	die Wetterlage
la previsión meteorológica	die Wettervorhersage
el pronóstico del tiempo	die Wettervorhersage
el servicio (radio)meteorológico	der (Funk-)Wetterdienst
la estación de observación	die Beobachtungsstation
la foto por satélite	das Satellitenbild
el mapa meteorológico	die Wetterkarte
la carta meteorológica	die Wetterkarte
el parte/ boletín meteorológico	der Wetterbericht
la hora de la Europa Central	die Mitteleuropäische Zeit (MEZ)
la presión atmosférica/ del aire	der Luftdruck
la cuña de alta presión	der Hoch(druck)keil
el frente cálido	die Warmfront
el frente frío	die Kalt(luft)front
el cambio de tiempo	der Wetterumschlag
las **nubes**, la nubosidad	die Bewölkung
cielo despejado/ cubierto	heiterer/ bewölkter Himmel
la nubosidad abundante/ escasa	die starke/ schwache/ geringe Bewölkung
la nubosidad con aguaceros	die Schauerbewölkung
la niebla	der Nebel

el rocío	der Tau
la escarcha	der (Rau-)Reif
la llovizna	der Sprühregen, der Nieselregen
la lluvia ácida	der saure Regen
el chubasco	der Platzregen
chubascos aislados	einzelne Regenschauer *mpl*
el chubasquero	der Regenmantel
el chaparrón	der Platzregen
a chaparrones	in Strömen
lluvias persistentes	länger anhaltende Regenfälle *mpl*
el diluvio	die Sintflut
una tromba de agua	eine Wasserhose
el calabobos/ sirimiri/ orvallo *reg*	der Sprühregen
la **nieve**	der Schnee
la nevada	der Schneefall
nevadas ocasionales	gelegentliche Schneefälle *mpl*
el límite de las nevadas	die Schneefallgrenze
la aguanieve	der Schneeregen
el hielo	das Eis; der Frost
las heladas persistentes	der Dauerfrost
el granizo	der Hagel
la granizada	der Hagelschauer, der Hagelschlag
el glaciar, el helero	der Gletscher
el carámbano, el chuzo	der Eiszapfen
(la época d)el deshielo	das Tauwetter
el **viento**	der Wind
el movimiento del aire	die Luftbewegung
la corriente del aire	die Luftbewegung, der Luftstrom
en dirección este	ostwärts, in östliche Richtung
vientos de componente este	östliche Winde *mpl*
la brisa	die Brise; der Landwind, der Seewind
la veleta	die Wetterfahne
los monzones	der Monsun
los (vientos) alisios	die Passatwinde *mpl*
la tramontana	Nordwind *(Nordspanien)*
la galerna	starker Nordwind *(nordspanische Küste)*
una ráfaga de viento	ein Windstoß
la ráfaga, la racha, el ventarrón	die Bö(e)
el vendaval	starker Wind; (West-)Strom
el ciclón	der Zyklon, der Wirbelsturm
el anticiclón	die Antizyklone, das Hochdruckgebiet
el remolino	der (Wind-)Wirbel; der Wasserstrudel
el huracán	der Orkan
vientos huracanados	orkanartige Winde *mpl*
el tornado	der Tornado, der Wirbelsturm
la tromba de agua/ viento	die Wasser-/ Windhose

la tormenta	das Gewitter
la tempestad	der Sturm
la ventisca	der Schneesturm; heftiges Schneegestöber
el remolino/ torbellino de nieve	das Schneegestöber
la borrasca	der Sturm
mar rizada/ agitada	bewegte See
marejada/ marejadilla	hoher/ leichter Seegang
mar gruesa/ llana	raue/ ruhige See
el rayo, el relámpago	der Blitz
el pararrayos	der Blitzableiter
el trueno	der Donner
la bonanza	die Meeresstille; heiteres Wetter
el arco iris	der Regenbogen
al abrigo de, al socaire de	im Schutz von, geschützt gegen

árido – dürr, **atmosférico** – atmosphärisch, **bochornoso** – schwül, **bonancible** – mild; *(Meer)* ruhig, **cálido** – warm, **caluroso** – heiß *(Klima)*, **claro** – hell, **continental** – Festland-, **cubierto** – bedeckt, **desértico** – Wüsten-, wüstenartig, **despejado** – wolkenlos, **estable** – beständig, **fresco** – frisch, **frío** – kalt, **glacial** – eisig, kalt, Eis-, **húmedo** – feucht, **inestable** – unbeständig, **lluvioso** – regnerisch, **marítimo** – maritim, See-, **monzónico** – Monsun-, **nublado** – bewölkt, **nuboso** – wolkig, **polar** – Polar-, **seco** – trocken, **semiárido, semiseco** – mitteltrocken, **sereno** – heiter, **soleado** – sonnig, **subtropical** – subtropisch, **templado** – gemäßigt, mild, **tórrido** – heiß, **tropical** – Tropen-, **variable** – veränderlich, **yermo** – öde, wüst

aclimatar(se)	(sich) akklimatisieren
ventilar	auslüften, entlüften, belüften
airear	lüften
desecar	trocknen
predecir, pronosticar	voraussagen
sopla el viento sur	der Südwind bläst/ weht
amaina el viento	der Wind lässt nach
el cielo se encapota	der Himmel bedeckt sich
lloviznar	nieseln
diluviar	sehr stark regnen
dispersarse (las nubes)	(sich) auflockern
escampar, despejarse, aclarar	aufklären; aufhören zu regnen
ocasionalmente nevó	zeitweise fiel Schnee
ocasionalmente hizo sol	zeitweise schien die Sonne
¡Hace un calorazo!	Es ist verdammt/ irrsinnig heiß!
hace un calor sofocante	es ist drückend heiß
hace un calor canicular/ de canícula	es ist sehr heiß

dejar a alguien en el aire – jemanden prellen, hintergehen
hacer castillos en el aire – Luftschlösser bauen
hablar al aire – tauben Ohren predigen; auf taube Ohren stoßen

mudar de aires – das Klima wechseln
cambiar de aires – eine Luftveränderung vornehmen
tomar el aire – frische Luft schöpfen
beber los aires por alguien – nach jemandem schmachten
darse aires de grandeza – großtun, sich wichtig machen; eingebildet sein
todo marcha viento en popa – es geht bestens/ prächtig
a los cuatro vientos – nach allen Himmelsrichtungen
corren malos vientos – die Zeiten sind ungünstig
quien siembra vientos, recoge tempestades – wer Wind sät, wird Sturm ernten
contra viento y marea – allen Widerständen zum Trotz
moverse a todos los vientos; moverse como la veleta – sich mit dem Wind drehen, sich wie ein Fähnchen im Wind drehen
año de nieves, año de bienes – viel Schnee bringt gute Ernte
a mal tiempo, buena cara – gute Miene zum bösen Spiel (machen)
de sol a sol – von früh bis spät
a pleno sol – in der prallen Sonne
tomar el sol – sich sonnen
más claro que el sol – sonnenklar, klar wie Kloßbrühe
más hermoso que el sol; como un sol – bildhübsch; prächtig
nada nuevo bajo el Sol – nichts Neues auf der Welt/ unter der Sonne
arrimarse al sol que más calienta – ein Opportunist sein, seine Vorteile überall suchen
llueve a cántaros/ a cubos/ a chorros/ a mares/ a torrentes – es regnet in Strömen, es gießt
(oír, escuchar) como quien oye llover – nicht reagieren
llueve sobre mojado – schon Altbekanntes, nichts Neues
nunca llueve a gusto de todos – man kann es nicht allen recht machen
llover cuatro gotas – ein paar Tropfen, kaum Regen
(viene) como agua de mayo – sehr gelegen
(rápido) como un rayo – blitzschnell
echar rayos y centellas – vor Wut schäumen, Gift und Galle speien
¡que te/ le parta un rayo! – der Teufel soll dich/ ihn holen!
tronar contra alguien – jemanden beschimpfen
hablar con voz de trueno *fig* – brüllen

Ejercicios de traducción

A. 1. Se llama clima el conjunto de las condiciones meteorológicas que suelen darse en una región más o menos extensa del Globo. 2. La climatización permite crear y mantener una atmósfera ambiente de características perfectamente determinadas y constantes. Se obtiene mediante una serie de aparatos que filtran el aire aspirado en el exterior, lo humedecen o desecan, conforme sea su estado higrométrico, lo calientan o refrigeran, según el caso, y lo insuflan en el local climatizado. 3. Los monzones más característicos soplan en el Sur y el Este asiáticos. Son vientos periódicos cuya dirección general cambia de una estación a otra. Sobre todo en verano producen lluvias catastróficas. 4. Se denomina tiempo reinante el conjunto de circunstancias meteorológicas (presión, temperatura, humedad, precipitaciones, viento, etc.) que concurren momentáneamente en un lugar determinado. **5.** Parte meteorológico: cielos despejados en casi todo el archipiélago canario. Cielo nuboso en el Pirineo y norte de la zona con chubascos aislados, ocasionalmente tormentosos. **6.** Descenso de las temperaturas. Hay borrasca débil en el litoral gallego y moderada en el Cantábrico.

B. 1. Unter Klima versteht man die Gesamtheit der meteorologischen Erscheinungen in einem bestimmten Gebiet. Die Erde ist in verschiedene Klimazonen eingeteilt. **2.** Zur Beschreibung des Klimas dienen Mittelwerte sowie Lage und Häufigkeit der Extremwerte der Klimaelemente (Temperatur, Niederschlag, Wind, Bewölkung, Feuchtigkeit, Strahlung usw.), aber auch die Einwirkungen des betreffenden Klimas auf Landschaft, Tier- und Pflanzenwelt. **3.** Ein besonderes Lüftlein weht in Oberbayern vor allem im Frühling und im Herbst: der Föhn. Obwohl er als Verursacher von Kopfschmerzen, Mattigkeit und Gereiztheit gilt, sorgt er doch auch für eine rasche Schneeschmelze und die berühmte Fernsicht auf die Alpen. **4.** Die Wettervorhersage beruht auf Wetterbeobachtungen, die in einem möglichst ausgedehnten Gebiet gemacht werden. Der Wetterdienst sagt die wahrscheinliche Entwicklung des Wetters für eine bestimmte Zeit voraus. **5.** Aufgrund täglicher Beobachtungen zahlreicher Stationen entsteht die Wetterkarte, die den Wetterzustand eines bestimmten Augenblicks nach Luftdruck, Temperatur, Niederschlag, Bewölkung usw. enthält. **6.** Wettervorhersage bis Freitag: Überwiegend stark bewölkt und zeitweise Regen oder einzelne Schauer. Höchsttemperaturen 14 bis 18 Grad. Schwacher westlicher Wind. **7.** Weitere Aussichten bis Montag: Heiter bis wolkig mit einzelnen Schauern oder Gewittern. Höchstwerte um oder etwas über 20 Grad.

Conversación y discusión

1. ¿En qué zona climática nos encontramos? **2.** ¿Qué influencias ejerce el mar sobre el clima? **3.** ¿Qué tipos de clima pueden notarse en España y en Alemania? **4.** ¿Qué diferencias climáticas pueden citarse entre el Mediterráneo y el Mar del Norte? **5.** ¿Existe a su parecer un "clima ideal"? ¿Cuál sería su parte meteorológico ideal? ¿Y cuál odia? **6.** ¿Le gusta trabajar en locales climatizados? **7.** ¿Qué indicios ve Vd. de cambio climático en el mundo? **8.** ¿Cómo podría evitarse o reducirse el cambio climático? **9.** ¿Le afectan a Vd. los cambios bruscos del tiempo? **10.** ¿Cómo explicaría a un español lo que es el „Föhn"?

4. La vida

Glosario

los **seres vivientes**/ vivos/ animados	die Lebewesen *npl*
las funciones elementales	die elementaren Funktionen *fpl*
la nutrición	die Ernährung
la reproducción, la procreación	die Fortpflanzung
la biomasa	die Biomasse
la biosfera	die Biosphäre
la simbiosis	die Symbiose
la biogeografía	die Biogeographie
la biocibernética	die Biokybernetik
el ciclo vital	der Lebenszyklus
la barrera biológica	die biologische Schranke
la lucha biológica	der biologische Kampf
la lucha por la vida	der Kampf ums Leben
el fototropismo	der Phototropismus
la **molécula**	das Molekül
la macromolécula	das Makromolekül
la dispersión molecular	die molekulare Dispersion
la célula	die Zelle
el cromosoma	das Chromosom
el protoplasma	das Protoplasma
la célula plasmática, el plasmocito	die Plasmazelle
la ameba, la amiba	die Amöbe
la espora	die Spore
el virus	das Virus
la bacteria	die Bakterie
el microbio	die Mikrobe, das Mikrobion
los cocos	die Kokken *fpl*, die Kugelbakterien *fpl*
los bacilos	die Bazillen *mpl*
el coloide	das Kolloid
el plancton	das Plankton
el fitoplancton	das Phytoplankton
el zooplancton	das Zooplankton
los corales	die Korallen *fpl*
la madrépora	die Sternkoralle
los protozoos, los protozoarios	die Protozoen *npl*
la diálisis	die Dialyse
el dializador	der Dialysator
la difusión	die Streuung; die Verbreitung
la membrana (im)permeable	die (un)durchlässige Membran
la ósmosis	die Osmose

la exósmosis	die Exosmose
la presión osmótica	der osmotische Druck
la turgencia	die Anschwellung, die Turgeszenz
la filtración	das Durchsicken; das Filtrieren
la centrifugación	das Zentrifugieren
la destilación	die Destillation
la adsorción	die Adsorption
la electroforesis	die Elektrophorese
la cápsula	die Kapsel, die Hülse
la vaina	die Hülse, die Scheide
la vacuola	die Vakuole
la granulación	die Granulierung
la matriz	die Matrix
el flagelo	das Flagellum, die Geißel
la gemación	die Knospung
la bipartición	die Zweiteilung
la pasteurización	die Pasteurisierung
la esterilización	die Entkeimung, die Sterilisierung
la desecación	die Austrocknung
los antibióticos	die Antibiotika *npl*
el polimorfismo	der Polymorphismus
el parasitismo	der Parasitismus
la vida parasitaria	das Schmarotzerleben
los anticuerpos	die Antikörper *mpl*
los antígenos	die Antigene *npl*
los glúcidos, los hidratos de carbono	die Kohlehydrate *npl*
los monosacáridos	die Monosac(c)haride *npl*
la glucosa	die Glukose, der Traubenzucker
la fructosa	die Fruktose, der Fruchtzucker
las disacáridos	die Disac(c)haride *npl*
la sacarosa	die Sac(c)harose, der Rohrzucker
la maltosa	die Maltose
la lactosa	die Laktose, der Milchzucker
los polisacáridos	die Polysac(c)haride *npl*
el almidón	die Stärke
la dextrina	das Dextrin
el glucógeno	das Glukogen
la insulina	das Insulin
la celulosa	die Zellulose
el lípido	das Lipid
la sustancia soluble	der lösbare Stoff
los ácidos grasos	die Fettsäuren *fpl*
los ácidos (no) saturados	die (un)gesättigten Säuren *fpl*
la glicerina	das Glyzerin
la grasa	das Fett

el éster	der Ester
la proteína	das Protein, das Eiweiß
el aminoácido	die Aminosäure
la hemoglobina	das Hämoglobin
el biocatalizador	der Biokatalysator
la encima	das Enzym
la vitamina	das Vitamin
la hormona	das Hormon
los oligoelementos	die Spurenelemente *npl*
el metabolismo	der Stoffwechsel
el anabolismo	der Anabolismus
el catabolismo	der Katabolismus
la **herencia**	das Erbe; die Erbanlage
los caracteres hereditarios	die erblichen Merkmale *npl*
el patrimonio hereditario	das Erbgut
el gen	das Gen
el sustrato	das Substrat
el genotipo	der Genotyp
el fenotipo	der Phänotyp
el factor hereditario/ ambiental	der Erb-/ Umweltfaktor
el gen dominante/ recesivo	das dominante/ rezessive Gen
la recesividad/ dominancia	die Rezessivität/ Dominanz
el código genético	der Gencode, der genetische Code
el banco de genes	die Genbank
el genocentro	das Genzentrum
la homocigosis	die Homozygotie, die Reinerbigkeit
la heterocigosis	die Heterozygotie, die Mischerbigkeit
la mutación	die Mutation
la metamorfosis	die Metamorphose
el mendelismo	der Mendelismus
las leyes de Mendel	die Mendelschen Gesetze *npl*
los progenitores	die Ahnen *pl*; die Eltern *pl*
los descendientes	die Nachkommen *pl*
el gameto	die Fortpflanzungszelle
el acoplamiento	die Paarung
el entrecruzamiento	die Kreuzung
la fecundación	die Befruchtung
la evolución	die Evolution
la nucleoproteína	das Nukleoproteid
el ácido nucleico	die Nukleinsäure
el ácido desoxirribonucleico (ADN)	die Desoxyribonukleinsäure (DNS)
el ácido ribonucleico (ARN)	die Ribonukleinsäure (RNS)
los grupos sanguíneos	die Blutgruppen *fpl*
la consanguinidad	die Blutsverwandtschaft
la hemofilia	die Hämophilie, die Bluterkrankheit
el hemofílico	der Bluter

la **genética**	die Genetik, die Erbforschung
la ingeniería genética	die Gentechnologie/ -technik
la genética molecular	die Molekulargenetik
la genética humana	die Humangenetik
la célula madre	die Stammzelle
la genética verde	die grüne Genetik
la biotecnología	die Biotechnik
la manipulación genética	die Genmanipulation
los animales transgénicos	die transgenen Tiere *npl*
el investigador genético	der Genforscher
los medicamentos genéticamente manipulados	die Gentechnikmedikamente *npl*
los organismos genéticamente modificados/ manipulados	die genetisch modifizierten/ veränderte Organismen (GMO) *mpl*
el clon	der Klon
la clonación	das Klonen

biogenético – biogenetisch, **bioquímico** – biochemisch, **biótico** – biotisch, **congénito** – angeboren, kongenital, **genético** – genetisch, **hereditario** – erblich, Erb-, **híbrido** – zwitterartig, hybrid, **hidrófilo** – hydrophil, wasserliebend, wasseranziehend, **hidrófobo** – hydrophob, wassermeidend, wasserabstoßend, **inanimado** – leblos, **inmunológico** – immunologisch, **innato** – angeboren, **inorgánico** – anorganisch, **materno** – mütterlich(erseits), Mutter-, **paterno** – väterlich(erseits), Vater-, **Rh negativo/ positivo** – Rh-positiv/ negativ, **transgénico** – genetisch verändert

nacer	geboren werden
dar a luz	gebären
parir *(animales)*	werfen
crecer	wachsen; aufwachsen
desarrollarse	sich entwickeln
reproducirse	sich fortpflanzen
morir, perecer	sterben
clonificar	klonen
descodificar, descifrar	entschlüsseln

poner a parir a alguien – jemanden durch den Kakao ziehen

Ejercicios de traducción

A. 1. Las especies biológicas del planeta se exponen a perecer si la que está dotada de mayor capacidad intelectual persiste en sus errores. **2.** El hombre destruye ecosistemas complejos del reino animal como son los arrecifes coralinos, formados en los mares cálidos. **3.** Parásito es un organismo que reside sobre o dentro del cuerpo de otro organismo viviente de mayor tamaño, obteniendo alimento de sus tejidos. **4.** La genética ha sido definida como la ciencia que estudia las características hereditarias, físicas y mentales, normales y patológicas, de los seres humanos. **5.** Nadie sabe cuántos genes componen un genoma. Día tras día la ciencia va censando genes, y meses más adelante va descubriendo cuáles son sus funciones. **6.** Con la manipulación genética se pueden curar enfermedades y llegar a prevenirlas: se puede potenciar la esperanza de vida. **7.** "La manipulación genética de los animales es amoral", afirman grupos de defensa de los animales para reclamar que las administraciones frenen la experimentación genética. **8.** La presencia de insulina es indispensable para asimilar la glucosa, nutriente esencial de todos los órganos. Sin la insulina, la glucosa circula por la sangre sin que el cuerpo la absorba.

B. 1. Stammzellen sind Körperzellen, die noch nicht ausdifferenziert sind. Sie sind in der Lage, ständig neue, organspezifische Tochterzellen zu erzeugen und sich dabei selbst zu erhalten. **2.** Vitamine sind lebenswichtig. Mangel an Vitaminen verursacht häufig Krankheiten. Der Mensch wird anfällig gegen Infektionen oder bekommt Vitaminmangelerkrankungen (wie z.B. Augenkrankheiten aus Mangel an Vitamin A). **3.** Ein großer Teil der Angst vor der Gentechnik mag daher kommen, dass noch niemand weiß, welche Eigenschaften wirklich von Genen gesteuert werden. **4.** Mit Hilfe der Gentechnik können z.B. neue Arzneimittel hergestellt oder Nutzpflanzen ertragreicher gemacht werden. In der Humanmedizin erschließt die Gentechnik Möglichkeiten zur Heilung von Erbkrankheiten. Gegner befürchten unkontrollierbare Folgen der Genversuche sowie den Missbrauch der Gentechnik zur Menschenzüchtung. **5.** Anfang 1999 warnte der britische Ärzteverband BMA vor einem Missbrauch der Gentechnik für militärische Zwecke. Durch die Entschlüsselung des menschlichen Erbgutes würden Unterschiede zwischen Rassen sichtbar, so dass auf der Grundlage dieses Wissens ethnische Biowaffen entwickelt werden könnten. **6.** Die Frage, ob genetisch veränderte Nahrungsmittel angemessen versichert seien, muss schlicht mit nein beantwortet werden. Die Industrie und ihre Experten sagen: „Kein Risiko" – aber die Versicherungsbranche, die für dieses „Nullrisiko" mit ihrem eigenen Kapital geradestehen müsste, sagt: zu riskant, nicht (billig) versicherbar!

Conversación y discusión

1. Exponga algunas metas positivas de la ingeniería genética. **2.** ¿A qué se debe la general aversión contra la manipulación genética? **3.** En la ciencia-ficción hay ejemplos espeluznantes sobre el futuro de la humanidad en el caso de que se impongan incontrolados experimentos genéticos: exponga su opinión. **4.** ¿Cree que el desarrollo de la ciencia ha desbordado el código ético vigente? ¿Qué casos conflictivos puede Vd. citar? **5.** Para la investigación en genética son imprescindibles animales de laboratorio. ¿Qué limitaciones cree Vd. necesarias?

5. Las plantas

Glosario

la botánica	die Botanik, die Pflanzenkunde
la fitogeografía	die Phytogeographie
el arbusto	der Strauch; die Staude
la mata	der Busch; der Strauch
la planta en flor	die blühende Pflanze
las plantas acuáticas	die Wasserpflanzen *fpl*
las plantas de pantano	die Sumpfpflanzen *fpl*
la planta parásita	die Schmarotzerpflanze
la planta carnívora	die fleischfressende Pflanze
la planta tropical	die Tropenpflanze
la planta ornamental/ de interior	die Zier-/ Zimmerpflanze
las plantas industriales	die Industriepflanzen *fpl*
las hierbas medicinales	die Heilkräuter *npl*
el árbol de hoja caduca	der Laubbaum
el árbol de hoja perenne	der immergrüne Baum
las coníferas	die Nadelbäume *mpl*, die Koniferen *fpl*
el (árbol) frutal	der Obstbaum
el fruto de hueso	die Steinfrucht
la fruta de pepita	das Kernobst
la jungla	der Dschungel
la selva virgen/ tropical	der Ur-/ Tropenwald
la pluviselva	der Regenwald
el bosque	der Wald, der Forst
el bosque mixto	der Mischwald
el monte alto	der Hochwald
el monte bajo, la maleza	das Buschwerk
el matorral	das Gebüsch; das Gestrüpp
el soto	das Gehölz, das Wäldchen
el claro	die Lichtung
el desmonte	der Hohlweg
el plantío, la arboleda	die Pflanzung; der Baumbestand
la raíz	die Wurzel
el tallo	der Stengel; der Stiel
el tronco	der Baumstamm
la corteza	die Rinde
la copa	die Baumkrone
la rama	der Zweig; der Ast
la hoja	das Blatt
la espina	der Dorn
la flor	die Blume
la floración	die Blüte(zeit)

el botón, la yema, el capullo	die Knospe
el retoño	der Schößling
el vástago	der Sproß; *fig* der Sprößling
la savia	der Pflanzensaft, der Baumsaft
la clorofila	das Chlorophyll
la propagación de las plantas	die Pflanzenvermehrung
el injerto	die Veredlung
el acodo	das Veredeln, das Pfropfen
la **inflorescencia**	der Blütenstand, die Infloreszenz
el polen	der Pollen, der Blütenstaub
la polinización	die Bestäubung
la fertilización	die Befruchtung
el ovario	der Fruchtknoten
el estigma	das Stigma, die Narbe
el estambre	das Staubgefäss, das Staubblatt
el filamento	der Staubfaden
el pétalo	das Blütenblatt
el sépalo	das Kelchblatt
el pistilo	der Stempel, das Pistill
el estilo	der Griffel (des Stempels)
el carpelo	das Fruchtblatt, das Karpell
el pedicelo	der Stengel (für eine einzige Blüte)
la antera	der Staubbeutel
la manzanilla	die Kamille
la hierbabuena	die Minze
la menta	die Pfefferminze
el mate	der Matestrauch
el diente de león	der Löwenzahn
la retama	der Ginster
el ajenjo	der Wermut
la valeriana	der Baldrian
el hinojo	der Fenchel
el espliego	der Lavendel
la adormidera	der Schlafmohn
el quino	der Chinarindenbaum
el mijo	die Hirse
la batata, el boniato/ *Am* camote	die Süßkartoffel
la seta, el hongo comestible	der Speisepilz
el champiñón silvestre	der Feldchampignon
el boleto comestible	der Steinpilz
la cantarela	der Pfifferling
la chufa	die Erdmandel
el helecho	das Farnkraut, der Farn
el musgo	das Moos
la hiedra	der Efeu

la enredadera	die Schlingpflanze, die Kletterpflanze
la madreselva	das Geißblatt
la malva	die Malve
el malvavisco	der Eibisch
la agave, el agave, la pita	die Agave
la alfalfa	die Luzerne
el trébol	der Klee; das Kleeblatt
el arándano	die Heidelbeere, die Blaubeere
el arrayán	die Myrte
las **plantas textiles**	die Textilpflanzen *fpl*
el algodón	die Baumwolle
el cáñamo	der Hanf
el lino	das Leinen; der Flachs
el yute	die Jute
el mimbre, la mimbrera	die Korbweide
las **plantas venenosas**	die Giftpflanzen *fpl*
el acónito	der Eisenhut
el digital	der Fingerhut
la belladona	die Tollkirsche

las flores – die Blumen: el **alhelí** – die Levkoje, la **amapola** – der Mohn, la **anémona** – die Anemone, el **azahar** – die Orangenblüte, la **azalea** – die Azalee, la **azucena** – die weiße Lilie, la **camelia** – die Kamelie, el **ciclamen** – das Alpenveilchen, el **clavel** – die Nelke, el **crisantemo** – die Chrysantheme, la **fucsia** – die Fuchsie, la **gardenia** – die Gardenie, el **girasol** – die Sonnenblume, el **gladíolo** – die Gladiole, el **jacinto** – die Hyazinthe, el **jazmín** – der Jasmin, el **lirio** – die Schwertlilie, la **magnolia** – die Magnolie, la **margarita** – die Margerite, la **margarita menor** – das Gänseblümchen, la **mimosa** – die Mimose, el **narciso** – die Narzisse, el **nenúfar** – die Seerose, el **nomeolvides** – das Vergissmeinnicht, la **orquídea** – die Orchidee, el **pensamiento** – das Stiefmütterchen, la **peonia** – die Pfingstrose, la **rosa** – die Rose, la **siempreviva** – das Immergrün, el **tulipán** – die Tulpe, la **violeta** – das Veilchen, la **zarzarrosa** – die wilde Rose, die Heckenrose

árboles y arbustos – Bäume und Sträuche: el **abedul** – die Birke, el **abeto** – die Tanne, la **acacia** – die Akazie, la **adelfa** – der Oleander, el **álamo** – die Pappel, el **álamo temblón** – die Zitterpappel, die Espe, el **albaricoquero** – der Aprikosenbaum, el **alcornoque** – die Korkeiche; *fig* der Dussel, der Dummkopf, el **alerce** – die Lärche, el **algarrobo** – der Johannisbrotbaum, el **algodonero** – die Baumwollstaude, die Baumwollpflanze, el **árbol del caucho** – der Gummibaum, el **arce real** – der Ahorn, el **avellano** – der Haselnussstrauch, el **bambú** – das Bambusrohr, el **banano** – der Bananenbaum, el **cacao** – der Kakaostrauch, el **cafeto** – der Kaffeebaum, la **caña de azúcar** – das Zuckerrohr, la **caoba** – der Mahagonibaum, el **castaño** – die Edelkastanie, la **cauchera** – der Gummibaum, el **cedro** – die Zeder, el **cerezo** – der Kirschbaum, el **chopo** – die Pappel, el **ciprés** – die Zypresse, el **ciruelo** – der Pflaumenbaum, el **cocotero** – die Kokospalme, la

encina – die Steineiche, el **enebro** – der Wacholder, el **eucalipto** – der Eukalyptus, el **ficus** – der Gummibaum, el **fresal** – die Erdbeerstaude, el **fresno** – die Esche, el **haya** – die Buche, el **laurel** – der Lorbeer, el **limonero** – der Zitronenbaum, el **madroño** – der Erdbeerbaum, el **manzano** – der Apfelbaum, el **melocotonero** – der Pfirsichbaum, el **mirto** – die Myrte, el **moral** – der Maulbeerbaum, la **morera** – der *(weiße)* Maulbeerbaum, el **naranjo** – der Orangenbaum, el **nogal** – der Walnussbaum, el **olivo** – der Olivenbaum, el **olmo/negrillo** – die Ulme, el **palisandro** – der Palisander, la **palmera** – die Palme, la (palmera) **datilera** – die Dattelpalme, el **peral** – der Birnbaum, el **pino** – die Pinie; die Kiefer, el **pino carrasco** – die Latsche, die Zwergkiefer, el **pino piñonero** – die Pinie, el **pino resinero** – die Harzkiefer, el **roble** – die Eiche, el **rododendro** – der Rhododendron, el **rosal** – der Rosenstrauch; der Rosenstock; el **sauce** – die Weide, el **sauce llorón** – die Trauerweide, el **saúco** – der Holunder, la **secoya** – die Sequoie, der Mammutbaum, el **tilo** – die Linde, la **tuya** – der Lebensbaum, die Thuja, la **zarza** – der Dornbusch

arbóreo	Baum-
arbustivo	strauchartig, staudenartig
arborescente	baumartig verästelt
silvestre	Wild-
aclimatar	akklimatisieren
aclimatarse	sich eingewöhnen
marchitarse	verwelken
podar	beschneiden (Bäume)
injertar	veredeln, pfropfen, okulieren

no hay rosa sin espinas – keine Rose ohne Dornen
de tal palo tal astilla – der Apfel fällt nicht weit vom Stamm
del árbol caído todos hacen leña – wenn der Baum fällt, bricht jedermann Holz
dormirse sobre los laureles – sich auf seinen Lorbeeren ausruhen
dar calabazas – einen Korb geben
coger el rábano por las hojas – das Pferd vom Schwanz her aufzäumen
eso me importa un rábano – das ist mir schnuppe
en todas partes cuecen habas – es wird überall nur mit Wasser gekocht
la manzana de la discordia – der Zankapfel
pedir peras al olmo – Unmögliches verlangen
estar como una uva – sternhagelvoll sein
tener mala uva – schlechte Laune haben; boshaft sein

Ejercicios de traducción

A. **1.** Directa o indirectamente, los vegetales constituyen la base de toda cadena alimenticia terrestre y marina. **2.** Parece que las primeras formas de vida vegetal se remontan a unos 3 millones de años, como testimonian ciertos fósiles encontrados en sedimentos precámbricos en Sudáfrica y Canadá. **3.** La longevidad de los vegetales y de los animales varía según las distintas especies, como es natural. Muchas plantas mueren después de fructificar. **4.** Las especies arbóreas más representativas de la cubierta vegetal española son, entre las coníferas, varias especies de pino (silvestre, resinero, piñonero, carrasco) y, entre las frondosas, encinas, robles, alcornoques, hayas y castaños. **5.** Según la NASA, las plantas son un método efectivo y barato de combatir los contaminantes en el interior de las construcciones modernas. Este descubrimiento de la agencia espacial norteamericana viene a confirmar la costumbre extendida en todo el mundo de ornamentar las viviendas con plantas más o menos vistosas y exóticas. **6.** La flora de Centroamérica es rica y variada, tanto en las islas como en las tierras continentales. Se dan todas las plantas tropicales. Las maderas preciosas son abundantes, así como las llamadas maderas duras del trópico.

B. 1. Ohne Pflanzen könnten wir nicht leben. Ohne sie gäbe es auf der Erde nicht genug Sauerstoff, den wir zum Atmen brauchen. **2.** Pflanzen wurzeln in der Erde, ernähren sich aus den Bestandteilen des Bodens und gedeihen durch Licht, Luft und Wasser. Sie leben auf dem Land und im Meer, in Wüsten und im Sumpf, auf Bergen und in Tälern. **3.** So richtig wohnlich wird ein Raum erst durch Pflanzen. Bewusst ausgesucht und geschickt plaziert, schaffen sie eine wohltuende Atmosphäre, setzen mit interessanten Blattformen und leuchtenden Blüten dekorative Akzente und verbessern darüber hinaus das Raumklima. **4.** Zimmerpflanzen können Schadstoffe aus der Raumluft aufnehmen und in ungiftige Stoffe umwandeln. In den Blättern der zehn meistgekauften Pflanzen haben Forscher den Biokatalysator (Enzym) nachgewiesen, der Formaldehyd zersetzt. **5.** Seit Ende 1995 liegt erstmals eine umfassende, globale Einschätzung der biologischen Vielfalt vor. Der im Auftrag von UNEP (Umweltprogramm der Vereinten Nationen) erarbeitete Bericht geht für 1995 von 1,75 Mio beschriebenen und wissenschaftlich benannten Arten aus. Jährlich kommen etwa 12000 neue Arten hinzu. Am vielfältigsten sind die Insekten mit ca. 950000 Arten, gefolgt von den Pflanzen mit 250000 Arten.

Conversación y discusión

1. ¿Por qué motivos se extinguen muchas especies vegetales y animales? **2.** ¿Por qué es tan importante conservar el mayor número de especies vegetales y animales? **3.** ¿Cuál es la importancia de las plantas en la medicina y en la farmacología? **4.** Explique qué es un biotopo y cuál es su finalidad. **5.** ¿A qué se deben los incendios forestales? **6.** ¿Cuál es la influencia de la vegetación sobre el clima? **7.** Explique el simbolismo de algunas flores, en Alemania o en otros países. **8.** ¿Sabe Vd. cuál es la flor nacional española?

6. Los animales

Glosario

el animal acuático/ terrestre	das Wasser-/ Landtier
el anfibio	die Amphibie, der Lurch
el volátil, el ave *f*	der Vogel
el animal de sangre caliente/ fría	der Warm-/ Kaltblüter
el animal salvaje	das wilde Tier, das Wildtier
el animal doméstico/ de compañía	das Haus-/ Heimtier
el animal dañino	der Schädling
el animal de carga/ de tiro	das Last-/ Zugtier
el animal de presa	das Raubtier
el animal de raza	das reinrassige Tier
el animal de reproducción, el reproductor	das Zuchttier
el semental	das Zuchttier; der (Zucht-)Hengst
la hembra	das Weibchen
el macho	das Männchen
las crías	die Jungen *pl*
el cachorro	junger Hund/ Löwe/ Wolf/ Bär
el apareamiento	die Paarung
la cópula	die Begattung
el embrión	der Embryo
el feto	der Fetus, der Fötus
el huevo	das Ei
el capullo	der Kokon
la larva	die Larve
la crisálida	die (Schmetterlings-)Puppe
los vertebrados	die Wirbeltiere *npl*
los invertebrados	die wirbellosen Tiere *npl*
los mamíferos	die Säugetiere *npl*
los primates	die Primaten *pl*
los rumiantes	die Wiederkäuer *mpl*
los ungulados	die Huftiere *npl*
los roedores	die Nagetiere *npl*
los marsupiales	die Beuteltiere *npl*
los peces	die Fische *mpl*
los moluscos	die Weichtiere *npl*
los crustáceos	die Krustentiere *npl*, die Krebstiere *npl*
los insectos	die Insekten *npl*
el gusano	der Wurm
la lombriz de tierra	der Regenwurm
el bicho	das Tier, das Vieh *(i.ü.S.)*
los bichos	das Ungeziefer
la alimaña	das Ungeziefer; *(Jagd)* kleines Raubzeug

el (mono) antropoide	der Menschenaffe
el gorila	der Gorilla
el orangután	der Orang-Utan
el chimpancé	der Schimpanse
el macaco	der Makake
el mandril	der Mandrill
el caballo blanco	der Schimmel
el caballo negro	der Rappe
el alazán	der Fuchs (Pferd)
el caballo de carreras	das Rennpferd
el burro de carga	der Packesel
el mulo	das Maultier
el bisonte	der Bison
el bisonte europeo	der Wisent
el alce	der Elch
la gamuza	die Gämse
el antílope	die Antilope
el camello	das Kamel
el dromedario	das Dromedar
la llama	das Lama
la vicuña	die Vikunja *(Lama-Art)*
la alpaca	das Alpaka; die Alpakawolle
el guanaco	das Guanako, das wilde Lama
la cabra montés	der Steinbock
el macho cabrío	der Ziegenbock
el elefante	der Elefant
los felinos	die Katzen *fpl*, katzenartige Tiere *npl*
los cánidos	hundeartige Tiere *npl*
el lince	der Luchs
el chacal	der Schakal
el coyote	der Kojote
los úrsidos	die Bären *mpl*
el oso pardo/ polar	der Braun-/ Eisbär
la pata	die Pfote
la garra, la zarpa	die Tatze
la melena	die Mähne
el colmillo	der Reißzahn
la marmota	das Murmeltier
el lirón	der Siebenschläfer
la ardilla	das Eichhörnchen
el castor	der Biber
la nutria	der Fischotter
el visón	der Nerz

el armiño	das Hermelin
la comadreja	das Wiesel
la marta	der Marder
el puercoespín	das Stachelschwein
el murciélago	die Fledermaus
el vampiro	der Vampir

las **aves** corredoras	die Laufvögel *mpl*
las aves canoras	die Singvögel *mpl*
el pájaro canoro/ cantor	der Singvogel
el ave *f* de paso, el ave migratoria	der Zugvogel
las aves de corral *m*	das Geflügel
el capón	der Kapaun
la paloma mensajera	die Brieftaube
el ave *f* rapaz/ de rapiña	der Raubvogel
las aves rapaces diurnas	die Greifvögel *mpl*
las aves rapaces nocturnas	die Nachtvögel *mpl*

el **águila** *f* – der Adler, la **alondra** – die Lerche, el **avestruz** – der Strauß, la **avutarda** – die Trappe, la **becada** – die Schnepfe, el **búho** – der Uhu, el **buitre** – der Geier, la **chocha** – die Schnepfe, la **codorniz** – die Wachtel, el **cóndor** – der Kondor, el **flamenco** – der Flamingo, la **garza (cenicienta)** – der Fischreiher, el **gavilán** – der Sperber, la **golondrina** – die Schwalbe, el **gorrión** – der Sperling, der Spatz, el **halcón** – der Falke, el **jilguero** – der Stieglitz, der Distelfink, la **lechuza** – die Eule, la **perdiz** – das Reb-/ Feldhuhn, el **ruiseñor** – die Nachtigall

los cetáceos	die Wale *mpl*
la ballena (azul)	der (Blau-)Wal
el cachalote	der Pottwal
el delfín	der Delphin
la foca	der Seehund, die Robbe
el lobo marino	der Seelöwe
el caballito de mar	das Seepferdchen
el camarón	die Sandgarnele
el cangrejo (de río)	der (Fluss-)Krebs
el pez volador	der fliegende Fisch
el pez espada/ sierra	der Schwert-/ Sägefisch
el pez martillo	der Hammerhai
la raya	der Rochen
la aleta	die Flosse
las branquias	die Kiemen *fpl*

los **reptiles** – die Reptilien *npl*, los **saurios** – die Echsen *fpl*: la **serpiente**, la **culebra**, *lit* la **sierpe** – die Schlange, la **víbora** – die Viper, el **áspid** – die Natter, la **cobra** – die Kobra, die Brillenschlange, la **serpiente de cascabel** – die Klapperschlange, la **lagartija** – die Eidechse, la **iguana** – der Leguan, la **salaman-**

dra – der Salamander, el **camaleón** – das Chamäleon, el **caimán** – der Kaiman, el **cocodrilo** – das Krokodil

el caracol	die Schnecke
la abeja	die Biene
el zángano	die Drohne; *fig* der Faulenzer
el escorpión, el alacrán	der Skorpion
la avispa	die Wespe
el avispón	die Hornisse
el ciempiés	der Tausendfüßler
la cigarra	die Zikade
la hormiga	die Ameise
la luciérnaga	das Glühwürmchen
la mariquita	der Marienkäfer
el escarabajo	der Käfer
la garrapata	die Zecke
el mosquito	die (Stech-)Mücke
el zancudo *Am*	die Stechmücke
la polilla	die Motte
la pulga	der Floh
el pulgón	die Blattlaus
el saltamontes	die Heuschrecke
la araña	die Spinne
la tarántula	die Tarantel
un rebaño de ovejas	eine Schafherde
una recua de mulas	ein Zug/ eine Koppel Lasttiere
una jauría de perros	eine Meute Jagdhunde
una manada de lobos	ein Rudel Wölfe
una bandada de pájaros	ein Schwarm Vögel
un enjambre de abejas	ein Bienenschwarm
el perro ladra/ aúlla	der Hund bellt/ heult
el ladrido	das Bellen, das Gebell
el gato maúlla, el maullido	die Katze miaut, das Miauen
la vaca muge	die Kuh muht
el mugido	das Muhen, das Brüllen, das Gebrüll
el toro brama, el bramido	der Stier brüllt, das Gebrüll
el cerdo gruñe, el gruñido	das Schwein grunzt, das Grunzen
el caballo relincha, el relincho	das Pferd wiehert, das Wiehern/ Gewieher
el asno rebuzna, el rebuzno	der Esel macht Ia, das Eselsgeschrei/ Ia
la cabra bala, el balido	die Ziege meckert, das Meckern
la gallina cacarea, el cacareo	das Huhn gackert, das Gackern
el gallo canta, el quiquiriquí	der Hahn kräht, das Kikeriki
los pollitos pían	die Küken piepen/ piepsen
los monos chillan, el chillido	die Affen kreischen, das Gekreisch
el jilguero canta	der Stieglitz singt
el cuervo grazna, el graznido	der Rabe krächzt, das Krächzen

el león ruge, el rugido	der Löwe brüllt, das Gebrüll
el lobo aúlla, el aullido	der Wolf heult, das Geheul
la hiena se ríe	die Hyäne lacht
el experimento con animales	der Tierversuch
el animal de laboratorio	das Versuchstier
el conejillo de Indias, el cobayo	das Versuchskaninchen *a. fig*
la guardería canina	das Tierheim
la sociedad protectora de animales	der Tierschutzverein
el maltrato de (los) animales	der Tiermissbrauch
la crueldad	die Grausamkeit
los animales exóticos	die exotischen Tiere *npl*

carnívoro – fleischfressend, **caudal** – Schwanz-, **herbívoro** – pflanzenfressend, **insectívoro** – insektenfressend, **omnívoro** – allesfressend, **ovíparo** – eierlegend, **vivíparo** – lebendgebärend

estar en celo	in der Brunst/ Brunft sein
aparear(se)	(sich) paaren
parir	gebären; werfen
empollar	brüten
salir del huevo	(aus)schlüpfen
criar	züchten; füttern; aufziehen
castrar	kastrieren
efectuar experimentos	(Tier-)Versuche vornehmen
abandonar	verlassen
sacrificar	schlachten; opfern

ser la oveja negra – das schwarze Schaf sein
dormir como una marmota/ un lirón – wie ein Murmeltier schlafen
ser un lince – äußerst klug sein
tener ojos de lince – Adleraugen haben
el caballo de batalla – das Lieblingsthema
a caballo regalado no hay que mirarle el diente – einem geschenkten Gaul schaut man nicht ins Maul
hacer el oso – sich dumm stellen; herumblödeln
apearse del burro – einen Irrtum einsehen
estar como una cabra – spinnen, verrückt sein
dar gato por liebre – übers Ohr hauen
andar buscando tres pies al gato – einen Streit vom Zaun(e) brechen
aquí hay gato encerrado – da steckt etwas dahinter
no había ni un gato – keine Menschenseele war da(bei)
jugar al ratón y al gato – Katz und Maus spielen
lavarse a lo gato – Katzenwäsche machen
llevarse como el perro y el gato – sich wie Hund und Katze vertragen
gato escaldado, del agua fría huye – ein gebranntes Kind scheut das Feuer
perro que ladra no muerde; el gato maullador, nunca buen cazador – Hunde, die bellen, beißen nicht

es el mismo perro con distinto collar – es ist dasselbe in Grün
muerto el perro, se acabó la rabia – ein toter Hund beißt nicht mehr
aquí tampoco atan los perros con longaniza – man hat es hier auch nicht so dick!; hier wird auch nur mit Wasser gekocht
llevar una vida perra – ein Hundeleben führen
ser perro viejo – ein alter Hase sein
a cada puerco le llega su San Martín – jedem schlägt einmal die Stunde; jeder kommt an die Reihe
subírsele a uno el pavo – erröten
pelar la pava – den Hof machen; „fensterln" *(And.)*
como el pez en el agua – wie ein Fisch im Wasser
estoy pez (en ello) – ich habe keinen blassen Schimmer (davon)
¡me río de los peces de colores! – Das lässt mich kalt!
en boca cerrada no entran moscas – Reden ist Silber, Schweigen ist Gold
es un mosca muerta – er ist ein Duckmäuser/ ein Schleicher
ser incapaz de matar una mosca – keiner Fliege etwas zuleide tun können
ser un mirlo blanco – ein weißer Rabe sein
¿qué mosca le ha picado? – Welche Laus ist ihm über die Leber gelaufen?
papar moscas – gaffen; gaffend dastehen
soltar/ aflojar la mosca – *umg* Kohle herausrücken
por si las moscas *fam* – für alle Fälle
tener malas pulgas – keinen Spaß verstehen
no decir ni pío – den Mund nicht aufmachen
matar dos pájaros de un tiro – zwei Fliegen mit einer Klappe schlagen
más vale pájaro en mano que ciento volando – besser ein Spatz in der Hand als eine Taube auf dem Dach
tener la cabeza llena de pájaros – Flausen im Kopf haben
meterse en la boca del lobo – sich in die Höhle des Löwen begeben
mandar a freír monos/ espárragos – jemanden zum Teufel schicken
ponerle los cuernos a alguien – jemandem Hörner aufsetzen

Ejercicios de traducción

A. **1.** Se llaman mamíferos los animales cuyas hembras dan de mamar a sus crías. Los mamíferos tienen generalmente la piel cubierta de pelo, y sus mandíbulas están provistas de dientes. **2.** Son animales de sangre caliente, y su aparato respiratorio está dotado siempre de pulmones, aun en los tipos enteramente acuáticos, como los cetáceos. Los mamíferos son los seres vivientes más completos y mejor organizados, y los primeros en la escala animal. **3.** Los gatos presentan dos épocas de celo; el período de gestación dura de 56 a 63 días y paren de 3 a 6 (por lo general 5) crías. **4.** En Sudamérica existe una fauna riquísima, distribuida según las diferentes regiones zoogeográficas. Típicos de la selva virgen son, entre otros: monos, loros, tucanes, tortugas, serpientes, puma, jaguar. En la sabana son comunes monos, tapires, jabalíes, ciervos, ñandúes, cigüeñas, flamencos. De las zonas altas son dignos de mención los camélidos (llama, alpaca, vicuña, guanaco), avestruces, flamencos y chinchilla. En cuanto a los peces, la reserva es única en el mundo: 2.200 especies de agua dulce; unas 1.500 amazónicas; truchas, unas 800. Algunas especies son autóctonas, como la anguila eléctrica o la piraña.

B. 1. Ärzte empfehlen in Fällen, in denen Kinder ohne Geschwister aufwachsen und häufig allein sind sowie bei Kindern mit Verhaltens- oder Entwicklungsstörungen, ein Haustier in die Familie aufzunehmen. **2.** Erwachsenen wird die Haustierhaltung als wirksame Prävention beispielsweise bei Erkrankungen des Herz-Kreislauf-Systems, des Bewegungsapparates, psychosomatischen Erkrankungen sowie Neurosen und Psychosen empfohlen. **3.** Ältere Menschen, die allein stehend sind, können über die Haltung eines Haustieres leicht neue Kontakte knüpfen. **4.** Seit September 1990 werden Tiere in der bürgerlichen Rechtsprechung nicht mehr als Sachen, sondern als Mitgeschöpfe des Menschen und Schmerz empfindende Lebewesen angesehen, denen gegenüber der Mensch zu Schutz und Fürsorge verpflichtet ist. **5.** Tierversuche im Sinne des Tierschutzgesetzes sind Eingriffe, die mit Schmerzen, Leiden oder Schäden verbunden sein können. **6.** Coto de Doñana ist das größte Winterquartier für Wasserzugvögel in Europa. Das Sumpfgebiet ist ein Paradies für seltene Vögel wie Flamingos, Fischreiher und bestimmte Gänse- und Entenarten sowie für Hirsche und Wildschweine.

Conversación y discusión

1. ¿Cuáles son las especies animales más conocidas en vías de extinción? **2.** ¿Qué parques nacionales son más conocidos? **3.** ¿Cree Vd. que los experimentos con animales son necesarios? ¿En qué medida y en qué condiciones? **4.** ¿Qué propondría Vd. para reducir el número de experimentos con animales? **5.** ¿Qué piensa Vd. de los sentimientos de los animales? **6.** ¿Cree Vd. que todos los animales – incluso los no domésticos – pueden ser tenidos en casa? **7.** ¿Cuáles son las condiciones mínimas de bienestar para los animales domésticos? Distinga los casos más importantes (perros, gatos, canarios, peces de colores ...). **8.** ¿Cuáles son los casos más frecuentes de maltrato de animales? **9.** ¿En qué argumentos se apoyan los defensores de las corridas de toros? **10.** ¿Le parecen convenientes a Vd. esos argumentos?

7. Metales, materiales, energía

Glosario

la materia	der Stoff; die Materie
el material	das Material, der Werkstoff
la sustancia	die Substanz, der Stoff
la materia prima	der Rohstoff
la materia básica	der Grundstoff
el mineral, la mena	das Erz
el metal ferroso	das eisenhaltige Metall
el metal no ferroso/ no férrico	das Nichteisenmetall
el metal ligero	das Leichtmetall
el metal precioso	das Edelmetall
el hierro bruto	das Roheisen
el alcaloide	das Alkaloid
el ácido	die Säure
el óxido	das Oxid

metales y metaloides – Metalle und Nichtmetalle: el **aluminio** – das Aluminium, el **antimonio** – das Antimonium, el **arsénico** – das Arsen, el **azogue** – das Quecksilber, el **azufre** – der Schwefel, el **bario** – das Barium, el **bromo** – das Brom, el **cadmio** – das Kadmium, el **calcio** – das Kalzium, el **carbono** – der Kohlenstoff, el **cinabrio** – der Zinnober, el **cinc** – das Zink, el **cloro** – das Chlor, el **cobalto** – das Kobalt, el **cobre** – das Kupfer, el **cromo** – das Chrom, el **estaño** – das Zinn, el **flúor** – das Fluor, el **fósforo** – das Phosphor, el **helio** – das Helium, el **hidrógeno** – der Wasserstoff, el **hierro** – das Eisen, el **magnesio** – das Magnesium, el **manganeso** – das Mangan, el **mercurio** – das Quecksilber, el **molibdeno** – das Molybdän, el **níquel** – das Nickel, el **nitrógeno** – der Stickstoff, el **oro** – das Gold, el **oxígeno** – der Sauerstoff, la **plata** – das Silber, el **platino** – das Platin, el **plomo** – das Blei, el **plutonio** – das Plutonium, el **polonio** – das Polonium, el **potasio** – das Kalium, el **radio** – das Radium, el **silicio** – das Silizium, el **sodio** – das Natrium, el **titanio** – das Titan, el **tungsteno** – das Wolfram, el **uranio** – das Uran, el **vanadio** – das Vanadium, el **wolframio** – das Wolfram

el combustible	der Brennstoff
el carburante	der Treibstoff, der Kraftstoff
el lubricante	der Schmierstoff
el gas propelente	das Treibgas
el anticongelante	das Frostschutzmittel
el anticorrosivo, el antioxidante	das Rostschutzmittel
las riquezas mineras	die Bodenschätze *mpl*
la explotación minera	der Bergbau
el carbón (vegetal)	die (Holz-)Kohle
la hulla	die Steinkohle

el lignito	die Braunkohle
la antracita	der Anthrazit
el bronce	die Bronze
el acero (fino)	der (Edel-)Stahl
la aleación	die Legierung
el elemento	das Element
la celulosa	die Zellulose
la madera	das Holz
la leña	das Brennholz
el corcho	der Kork
la caña de bambú	das Bambusrohr
la lana	die Wolle
el algodón	die Baumwolle
la seda	die Seide
la colza	der Raps
la resina	das Harz
la parafina	das Paraffin
la lejía	die (Bleich-)Lauge
el almidón	die Stärke; das Stärkemehl
la cera	das Wachs
la arena	der Sand
el barro (cocido)	der (gebrannte) Ton
la arcilla	der Ton, die Tonerde
el fango	der Schlamm; *med* der Fango
el lodo	der Schlamm
la piedra	der Stein
la cal	der Kalk
el yeso	der Gips
la escayola	der Modellgips; der Gipsverband
la sal (gema)	das (Stein-)Salz
la pizarra	der Schiefer; die Schiefertafel
el mármol	der Marmor
el diamante	der Diamant
el grafito	der Graphit
la loza	das Steingut
la porcelana	das Porzellan
el vidrio	das Glas
el cristal	der Kristall; die Fensterscheibe
la fibra (sintética/ de vidrio)	die (Chemie-/ Glas-)Faser
el cemento	der Zement
el fibrocemento	der Faserzement
la grava	der Kies
el hormigón (armado) *Sp*	der (Stahl-)Beton
el concreto (armado) *Am*	der (Stahl-)Beton
el amianto, el asbesto	der Asbest

el marfil	das Elfenbein
el plástico	der Kunststoff
el alambre	der Draht
la chapa	das Blech
la hojalata	das Weißblech
el latón	das Messing
el hule	das Wachstuch
el cartón	die Pappe
la cartulina	die Feinpappe
la piel	das Leder; der Pelz; die Haut
el cuero (artificial)	das (Kunst-)Leder
el ante	das Wildleder

los **hidrocarburos**	die Kohlenwasserstoffe *mpl*
el petróleo	das Erdöl
el crudo	das Rohöl
el gas natural	das Erdgas
el fuel(-oil)	das Heizöl
el gasoil	der Dieselkraftstoff
el queroseno, el keroseno	das Kerosin
los productos petroquímicos	die petrochemischen Produkte *npl*
el barril	das Barrel; das Fass, die Tonne
el gasómetro	der Gasbehälter; der Gasometer
el caucho	der Kautschuk
la goma	der Gummi, das Gummi
el nilón	das Nylon
la laca	der Lack
el aceite pesado	das Schweröl
la caldera	der Kessel
el gasoducto, el gaseoducto	die Erdgasleitung
el oleoducto	die Ölleitung, die Pipeline

la **energía**	die Energie
la energía motriz	die Antriebsenergie
la energía calorífica	die Wärmeenergie
la energía primaria/ secundaria	die primäre/ sekundäre Energie
la energía tradicional	die herkömmliche Energie
la energía alternativa	die Alternativenergie
la energía regenerativa/ renovable	die regenerative/ erneuerbare Energie
la energía recuperable	die wieder verwertbare Energie
la energía solar	die Solarenergie, die Sonnenenergie
la central solar/ fotovoltaica	das Sonnenkraftwerk
la célula solar	die Solarzelle
la batería solar	die Solarbatterie
el espejo parabólico	der Parabolspiegel
la energía eólica	die Windenergie
la central eólica	das Windkraftwerk
el parque eólico	der Windpark

	el aerogenerador	der Windkraftgenerator
	la energía térmica	die Wärmeenergie
	la central térmica/ termoeléctrica	das Wärmekraftwerk
	la energía geotérmica	die geothermische Energie
	la central (geo)térmica	das (Erd-)Wärmekraftwerk
	la máquina térmica, el motor térmico	die Wärmekraftmaschine
	la termoelectricidad	die Thermoelektrizität
	los combustibles (fósiles)	die (fossilen) Brennstoffe *mpl*
	la energía biotérmica	die biothermische Energie

la **energía hidráulica** die Wasserkraft
la energía minihidráulica das Kleinwasserkraftwerk
la energía cinética (del agua) die kinetische Energie (des Wassers)
la corriente de agua der Wasserlauf, der Wasserstrom
la presa die Talsperre, die Staumauer
el embalse, *Sp* el pantano der Stausee
el salto de agua der Wasserfall
el caudal (de agua) die Wassermenge
el estiaje der niedrigste Wasserstand
la central hidroeléctrica das Wasserkraftwerk
(el movimiento de) las mareas die Gezeiten *pl*
el flujo/ reflujo die Strömung/ der Rückfluss
la energía mareal ("hulla azul") die Gezeitenenergie
la central mare(o)motriz das Gezeitenkraftwerk
las compuertas die Schleusentore *npl*

la fuerza motriz die Treibkraft, die Antriebskraft
el flujo energético der Energiefluss
los recursos energéticos die Energieressourcen *fpl*
las fuentes de energía die Energiequellen *fpl*
el intercambio de energía der Energieaustausch
la interconexión de energía der Energieverbund
la partícula de alta energía das Hochenergieteilchen
la partícula de baja energía das niederenergetische Teilchen
la degradación de energía der Energieabbau
la liberación de energía die Energiefreisetzung
el control de energía die Energieregelung
el ciclo energético der Energiekreislauf

el conductor/ semiconductor der Leiter/ Halbleiter
el buen/ mal conductor der gute/ schlechte Leiter
el portador de energía der Energieträger
el acumulador (de energía) der Energiespeicher, der Kraftspeicher
el convertidor de energía der Energiewandler
el tendido die Verlegung (von Leitungen)
el apagón der (plötzliche) Stromausfall
la alta tensión die Hochspannung

la tensión alterna	die Wechselspannung
el voltio (V)	das Volt
el voltaje	die Spannung, die Voltzahl
el kilovatio-hora (kWh)	die Kilowattstunde, kWh
el megavatio (MW)	das Megawatt
el tra(n)sformador	der Transformator, der Trafo
el acumulador	der Akkumulator
el reactor	der Reaktor
la turbina	die Turbine
el turbogenerador	der Turbogenerator
el grupo electrógeno	das Stromerzeugungsaggregat
la **energía nuclear/ atómica**	die Kernenergie, die Atomenergie
la central (electro)nuclear	das Kern-/ Atomkraftwerk
la industria nuclear	die Atomindustrie
la radiación nuclear	die radioaktive Strahlung
la reacción en cadena	die Kettenreaktion
el reactor nuclear, la pila atómica	der Kernreaktor
el reactor de agua a presión	der Druckwasserreaktor
el reactor reproductor rápido	der Schnelle Brüter, der Brutreaktor
la fisión (nuclear)	die Kernspaltung
la desintegración (radiactiva)	der Atomzerfall
la fusión nuclear	die Kernfusion
el flujo de neutrones	der Neutronenfluss
el radioisótopo	das Radioisotop
el uranio enriquecido	das angereicherte Uran
la planta de procesamiento	die Wiederaufbereitungsanlage
la planta de reelaboración	die Wiederaufbereitungsanlage
el elemento combustible	das Brennelement
la barra/ varilla de combustible	der Brenn(stoff)stab
el agua pesada	das schwere Wasser
el combustible enriquecido	das angereicherte Brennmaterial (Spaltstoff)
la refrigeración	die (Ab-)Kühlung
la prueba atómica	der Atomversuch
el accidente atómico	der Atomunfall
la protección radiológica	der Strahlenschutz
el cementerio nuclear	das Atommüllendlager
el máximo accidente previsible	der GAU
el **abastecimiento energético**	die Energieversorgung
el suministro de energía (eléctrica)	die Energieversorgung; die Stromlieferung
la red (de suministro) de energía	das Energieversorgungsnetz
la demanda energética	der Energiebedarf
la obtención/ producción de energía	die Energieerzeugung/ -gewinnung
la generación de energía	die Energieerzeugung/ -gewinnung
el consumo/ consumidor de energía	der Energieverbrauch/ -verbraucher

la distribución de energía	die Energieverteilung
la cogeneración (de energía)	die Kraft-Wärme-Kopplung
el ahorro/ la economía de energía	die Energieeinsparung
el derroche de energía	die Energieverschwendung
la recuperación de energía	die Energierückgewinnung

combustible – (ver)brennbar, **contaminado por radioactividad** – radioaktiv verseucht, **frágil** – zerbrechlich, **gaseoso** – gasförmig, gashaltig, **inflamable** – brennbar; entzündbar, entflammbar, **impermeable** – wasserdicht; undurchlässig, **líquido** – flüssig, **metálico** – Metall-, metallisch, **metalífero** – metallhaltig, erzhaltig, **opaco** – undurchsichtig, **petrolífero** – Erdöl-, erdölführend, **pobre en energía** – energiearm, **refrigerante** – kühlend, Kühl-, **resistente** – widerstandsfähig; kräftig, **rico en energía** – energiereich, **sólido** – fest, dicht, **tra(n)sparente** – durchsichtig

extraer	fördern
fundir	gießen *vt*, schmelzen *vt*
fundirse	schmelzen *vi*

a todo gas – mit Vollgas; mit aller Kraft
nadar en oro – in Geld schwimmen
pagar a peso de oro – mit Gold aufwiegen
no es oro todo lo que reluce – es ist nicht alles Gold, was glänzt
prometer el oro y el moro – das Blaue vom Himmel versprechen
hablando en plata – aufrichtig gesprochen
llevar hierro a Vizcaya – Eulen nach Athen tragen
al hierro caliente batir de repente – man muss das Eisen schmieden, solange es heiß ist
quitar hierro a una cosa – etwas beschwichtigen
echar leña al fuego – Öl ins Feuer gießen
la noticia cundió como mancha de aceite – die Nachricht verbreitete sich wie ein Lauffeuer
andar con pies de plomo – vorsichtig sein
ser un (verdadero) azogue – ein Zappelphilipp sein

Ejercicios de traducción

A. 1. Las naciones industrializadas utilizan una proporción mucho mayor de los recursos naturales que las naciones menos desarrolladas, aunque la población de éstas sea mucho mayor. 2. El 20% más rico de la población mundial consume el 70% de la energía del mundo, el 75% de los metales, el 85% de la madera y el 60% de los alimentos. Muchos recursos energéticos se malgastan innecesariamente. 3. Los combustibles fósiles no durarán eternamente; además, su uso conlleva la contaminación y contribuye al calentamiento del globo. En vista de ello, se están desarrollando métodos para generar energía más limpia y renovable, como la energía eólica, marítima y solar. 4. Los embalses destinados a la producción de energía se construyen en regiones faltas de combustibles naturales y con relativa abundancia de cursos de agua. La potencia de un salto de agua es el producto del caudal del agua por el salto útil. **5.** En nuestro planeta, Asia es el continente más rico en recursos minerales. Posee el 90% de las reservas mundiales de cobalto, el 50% de oro, el 40% de platino, el 30% de uranio, el 20% de cobre, el 12% de gas natural, entre otros muchos minerales importantes.

B. 1. Rohstoffexporte gehören zu den wichtigsten Einnahmequellen der Länder der sogenannten Dritten Welt. **2.** Nachwachsende Rohstoffe sind Pflanzen (hauptsächlich Kartoffeln, Mais, Weizen und Raps), die zur Verwendung als Rohstoffe in Industrie und Handwerk angebaut werden und z.b. Zucker, Öle, Fasern und Biotreibstoff liefern. **3.** Nachwachsende Rohstoffe sind eine Alternative zu begrenzt verfügbaren mineralischen Rohstoffen und können als sog. sanfte Chemikalien zum Umweltschutz beitragen. **4.** Als Energieträger haben die nachwachsenden Rohstoffe gegenüber fossilen Brennstoffen den Vorteil, dass sie die Atmosphäre kaum mit Kohlendioxid belasten, weil sie bei der Verbrennung nur die Menge an Gas abgeben, die sie während ihres Wachstums aus der Luft aufgenommen haben. **5.** Erneuerbare Energiequellen sind nicht durch einmalige Nutzung verbraucht – ihr Nutzungspotential ist unerschöpflich. Zu den erneuerbaren Energien gehören: Wasserkraft, Erdwärme, Meeresenergie (Gezeiten- und thermische Kraftwerke, Wellenenergie), Abwärme von Kraftwerken, Sonnenenergie, Energie aus Biomasse (Bioalkohol, Biogas, Klärschlamm), Windenergie, Wasserstoff.

Conversación y discusión

1. ¿De qué manera las materias primas han tenido influencia en la historia mundial? **2.** Nombre algunos países en que tienen mayor importancia los diversos tipos de generación de energía. **3.** ¿En qué aspectos son útiles los embalses españoles? **4.** ¿Hasta qué punto pueden explotarse en España otras fuentes energéticas renovables? **5.** ¿Cree que tienen futuro en Alemania los llamados parques eólicos? **6.** Enumere algunas aplicaciones pacíficas de la energía nuclear. **7.** ¿Qué piensa Vd. de los experimentos nucleares? **8.** ¿Qué países disponen de armas atómicas?

8. La ecología

Glosario

el medio ambiente	die Umwelt
la ecología	die Ökologie
el ecosistema	das Ökosystem
el entorno natural	die (natürliche) Umwelt
el equilibrio ecológico	das ökologische Gleichgewicht
el proceso biológico	der biologische Prozess, der Bioprozess
la calidad ambiental	die Umweltqualität
la calidad de vida	die Lebensqualität
la conservación del medio ambiente	der Umweltschutz, der Erhalt der Umwelt
la defensa del medio ambiente	der Umweltschutz
la mitigación ambiental	die Umweltschonung
las medidas de protección	die (Umwelt-)Schutzmaßnahmen *fpl*
el impacto ambiental	die Umweltbelastung
la política (medio)ambiental	die Umweltpolitik
la ecopolítica	die Umweltpolitik
la revolución verde	die grüne Revolution
los recursos naturales	die natürlichen Ressourcen *fpl*
la rehabilitación	die Sanierung (von Altbauten)
la reutilización	die Wiederverwertung
el reciclaje	das Recycling
la descontaminación	die Entseuchung
el ecologista, el ambientalista	der Umweltschützer
el conservacionista	der Naturschützer
el parque natural	der Naturschutzpark
el parque nacional	der Nationalpark
la reserva	das Reservat
la reserva (biológica)	das Naturschutzgebiet
el biotopo	das Biotop
el humedal	das Feuchtbiotop, das Feuchgebiet
el acuífero	das Wasserreservoir
la **degradación** del medio ambiente	die Zerstörung der Umwelt
la destrucción del equilibrio ecológico	die Zerstörung des ökologischen Gleichgewichts
la destrucción del paisaje	die Landschaftszerstörung
el saqueo de la naturaleza	der Raubbau, die Ausplünderung
la expoliación de la naturaleza	die Plünderung der Natur
el expolio de la naturaleza	die Plünderung der Natur
la acción nociva	die schädliche Wirkung
el agente **contaminante**/contaminador	der Schadstoff

la emisión contaminante	die Schadstoffemission
el producto residual	der Abfallstoff
el índice de contaminación	der Verschmutzungsgrad
el daño irreversible	der irreversible Schaden
la alteración del medio ambiente	die Umweltveränderung
el nivel de ruidos	der Geräuschpegel
el delito ecológico	das Umweltvergehen
la emergencia	die Alarmstufe (1, 2, 3)
la anticontaminación	der Kampf gegen die Verschmutzung (der Umwelt)
el **agua** potable	das Trinkwasser
las reservas de agua dulce	die Süßwasserreserven *fpl*
las aguas subterráneas	das Grundwasser
la canalización	die Kanalisation
el alcantarillado	die städtische Kanalisation
los desagües	die Abwässer *npl*
las aguas residuales/ negras	die Abwässer *npl*
las aguas de alcantarillado	die Kanalabwässer *npl*
las aguas de cloaca	die Fäkalienwässer *npl*
las materias fecales	die Fäkalien *pl*, der Kot
los detergentes sintéticos	die synthetischen Waschmittel *npl*
la depuración	die Klärung, die Reinigung
el depurador natural	der Naturreiniger
el tratamiento de aguas	die Abwasseraufbereitung
la (estación) depuradora	die Kläranlage
los lodos residuales	das Abwasser, der Klärschlamm
la salinización	die Versalzung
la planta desalinizadora/ potabilizadora	die Entsalzungsanlage
la polución del **aire**	die Luftverschmutzung
la polución atmosférica/ aérea	die Luftverschmutzung
la degradación del aire	die Luftverschmutzung
el smog (de las grandes ciudades)	der (Großstadt-)Smog
los gases de escape	die Autoabgase *npl*
los gases nocivos	die schädlichen Abgase *npl*
los clorofluorocarbonos (CFC)	die Fluorchlorkohlenwasserstoffe (FCKW) *mpl*
el anhídrido carbónico	das Kohlendioxid
el ácido sulfúrico	die Schwefelsäure
la gasolina sin plomo	das bleifreie Benzin
el catalizador	der Katalysator
el recalentamiento atmosférico	die Erwärmung der Erdatmosphäre
los **envases** y **embalajes** *mpl*	die Verpackungsmaterialien *npl*
el envase no retornable	die Einwegflasche
la botella retornable	die Pfandflasche

el casco/ depósito retornable	die Pfandflasche
el depósito	das (Flaschen-)Pfand
los envases vacíos	das Leergut

los **residuos**/ desperdicios/ desechos	die Abfälle *mpl*
la basura (doméstica)	der Hausmüll
la bolsa de basura	der Müllsack/ -beutel, die Mülltüte
la recogida de basura	die Müllabfuhr
la recogida selectiva de basuras	die Mülltrennung
el punto verde	der Grüne Punkt
la eliminación de desechos	die Entsorgung
la eliminación controlada	die Entsorgung
el depósito de desechos	die Deponie
el vertido	das Abladen/ Abkippen/ Abschütten
el vertedero de basura(s)	die Müllkippe, der Müllabladeplatz
los desechos reciclables	die Wertstoffe *mpl*
el vertedero incontrolado	die wilde Deponie
los desechos agrícolas	der landwirtschaftliche Abfall
el tratamiento de basuras	die Müllaufbereitung
la descomposición	die Zerlegung, die Auflösung
el tragabasuras	der Müllschlucker
el evacuador de basuras	der Müllschlucker
la incineración de basuras	die Müllverbrennung

los vertidos/ **residuos industriales**	die Industrieabfälle *mpl*
los productos químicos	die Chemikalien *pl*
los metales pesados	die Schwermetalle *npl*
la concentración de plomo	die Bleikonzentration
la escoria	die Schlacke
las sustancias tóxicas	die giftigen Substanzen *fpl*
las sustancias sobrantes	die ausgeschiedenen Stoffe *mpl*
los suelos contaminados	verseuchte Böden *mpl*, Altlasten *fpl*
la marea negra	die Ölpest
la descontaminación	die Entseuchung

la **tala** (abusiva)	die übermäßige Abholzung, der Raubbau
el desmonte	das Abholzen
el desmonte completo	der Kahlschlag
la deforestación	die Entwaldung, die Abholzung
el herbicida	das Unkrautbekämpfungsmittel
el insecticida	das Schädlingsbekämpfungsmittel
el plaguicida	das Pflanzenschutzmittel
el parasiticida	das Parasitenbekämpfungsmittel
el incendio forestal	der Waldbrand
la desertización	die Versteppung
la repoblación forestal	die Wiederaufforstung

la reforestación *Am*	die Wiederaufforstung
la combustión	die Verbrennung
la **radi(o)actividad**	die Radioaktivität
la materia radi(o)activa	der radioaktive Stoff
la partícula radi(o)activa	das radioaktive Teilchen
la planta (de tratamiento)	die Aufbereitungsanlage
la basura nuclear	die Nuklearabfälle *mpl*
la sustancia cancerógena	der krebserregende Stoff

ambiental – Umwelt-, **biodegradable** – biologisch abbaubar, **contaminante** – umweltschädlich, **desechable** – Wegwerf-, Einweg-, **en vías de extinción** – im Aussterben begriffen, **filoecológico** – umweltfreundlich, **inofensivo** – unschädlich, harmlos, **medioambiental** – Umwelt-, **no contaminante** – unweltfreundlich, **putrefacto** – verfault, **reciclable** – wiederverwertbar, recyclingfähig, **sin cloro** – chlorfrei, **sin fosfato** – phosphatfrei, **sin plomo** – bleifrei, **tóxico** – giftig, **venenoso** - giftig

tratar	behandeln
afectar	betreffen
ser afectado	betroffen sein
repercutir	rückwirken, Rückwirkungen *fpl* haben
incidir en	sich auswirken auf
detectar	auffinden, registrieren
perjudicar	schädigen
absorber	einsaugen, aufsaugen
inhalar	inhalieren, einatmen
depositar	ablagern
reciclar	wiederverwenden
eliminar	entsorgen
desgrasar	entfetten
defoliar	entlauben
desalinizar	entsalzen
desnucleizar	atomwaffenfrei machen *(Gebiet)*

Ejercicios de traducción

A. 1. Actualmente han desaparecido el 80% de los bosques de África, el 70% de los de Asia y el 50% de los de Latinoamérica. La deforestación ocurre por el efecto de la lluvia ácida, de las prácticas agrícolas erróneas y de la tala incontrolada. **2.** Desde el 1 de enero de 1995 está prohibida en la Unión Europea la fabricación de los fluidos refrigerantes y clorofluorocarbonos (CFC), principales responsables de la destrucción de la capa de ozono. **3.** En una visión ecológica del mundo, el reciclaje es la tercera y última medida en el objetivo de la disminución de residuos; el primero sería la reducción del consumo, y el segundo la reutilización. **4.** Son reciclables no sólo el plástico, los envases, el papel, el cartón y el vidrio, sino también las pilas, los aceites, los metales, los ordenadores, los electrodomésticos ... **5.** España genera cada año 12 millones de toneladas de residuos urbanos.

Hay problemas para lograr un tratamiento mancomunado correcto, dificultades para localizar los vertederos controlados y gran número de vertidos incontrolados. **6.** Los gases de escape de los vehículos y los humos industriales producen la polución o contaminación del aire. **7.** Los barcos cisterna surcan las mismas rutas; choques o averías de petroleros hacen que se extiendan por el mar millones de metros cúbicos de crudos: son las llamadas "mareas negras". **8.** Las catástrofes nucleares y los continuos experimentos y explosiones atómicas llevan a niveles peligrosos la radiactividad; en muchos países se constata un aumento drástico de los tumores cancerosos y de la leucemia.

B. 1. Luftverschmutzung entsteht durch Kraftfahrzeuge, Industriebetriebe und private Heizungen. Schadstoffe sind u.a. Kohlenmonoxid, Schwefeldioxid, Staub und Blei. Eine besondere Plage stellt für den Menschen der zunehmende Lärm dar. **2.** Die Versteppung ist die vom Menschen verursachte Ausdehnung wüstenartiger Regionen. Von der Versteppung sind insbesondere die Randzonen bereits vorhandener Wüsten in der sog. Dritten Welt betroffen, aber auch Gebiete in Europa und in den USA. **3.** In einigen Ländern kann man eine geringere Verschmutzung von Flüssen und Seen aufgrund vermehrten Einsatzes von Kläranlagen sowie eine Verminderung der Luftverschmutzung feststellen. **4.** Die Müllverbrennung darf nicht mehr als Verwertung angesehen werden, sondern als besondere Behandlung von nicht weiter zu nutzendem Restmüll. **5.** Giftmüllexport oder „Abfalltourismus" nennt man die Ausfuhr von gesundheits- und umweltgefährdendem Sonderabfall in andere Staaten, insbesondere in Länder des ehemaligen Ostblocks und der sog. Dritten Welt.

Conversación y discusión

1. ¿Desde cuándo se ha concienciado la humanidad sobre la importancia de proteger el medio ambiente? **2.** ¿Cree que se han tomado hasta ahora medidas importantes para la conservación de la Naturaleza? **3.** ¿Cuáles son los principales problemas en la actualidad **a)** a nivel mundial, **b)** a nivel nacional? **4.** ¿Encuentra una correlación entre el movimiento político de los "Verdes" y el progreso ecológico? **5.** ¿Qué entendería por la fórmula: "Crecimiento económico o industrial ecológico"? **6.** ¿Ve alguna contraposición entre industrialización y protección ambiental?

9. El cuerpo humano

Glosario

la cabeza	der Kopf
el tronco	der Rumpf
las extremidades	die Extremitäten *fpl*
las extremidades superiores	die oberen Extremitäten *fpl*
las extremidades inferiores	die unteren Extremitäten *fpl*
los miembros	die Gliedmaßen *pl*
los brazos	die Arme *mpl*
las piernas	die Beine *npl*
las manos	die Hände *fpl*
los pies	die Füße *mpl*
los órganos internos	die inneren Organe *npl*
la glándula	die Drüse
el tiroides, la glándula tiroides	die Schilddrüse
el bazo	die Milz
el páncreas	die Bauchspeicheldrüse
el **esqueleto**	das Skelett
el hueso	der Knochen
el tórax, la caja torácica	der Brustkorb, der Thorax
la clavícula	das Schlüsselbein
el omóplato, el omoplato	das Schulterblatt
el costado	die Seite
el esternón	das Brustbein
el húmero	der Oberarmknochen
el radio	die Speiche
el cúbito	die Elle
el bíceps/ tríceps	der Bizeps/ Trizeps
la palma (de la mano)	der Handteller, die Handfläche
el dorso de la mano	der Handrücken
la yema (del dedo)	die Fingerkuppe
el nudillo	der (Finger-)Knöchel
la falange	das Fingerglied
la articulación	das Gelenk
el tendón	die Sehne
la cadera	die Hüfte
el muslo	der Oberschenkel
el fémur	der Oberschenkelknochen
la rodilla	das Knie
la corva	die Kniekehle
el menisco	der Meniskus
la rótula	die Kniescheibe, die Patella
la pantorrilla	die Wade
la tibia, la espinilla, la canilla	das Schienbein

el peroné	das Wadenbein
el tobillo	der Fußknöchel
el talón	die Ferse
la planta del pie	die Fußsohle
el empeine, el dorso del pie	der Fußrücken
la **cara**, el rostro	das Gesicht
la faz, el semblante	das Gesicht, das Antlitz
la tez	der Teint, die Gesichtsfarbe
el cutis	die (Gesichts-)Haut
el cráneo	der Schädel
la calavera	der Totenkopf
la nuca	der Nacken
el cerebro	das Gehirn; das Großhirn
el cerebelo	das Kleinhirn
el mentón, la barbilla	das Kinn
la mandíbula, el maxilar, la quijada	der Kiefer, die Kinnlade
la mejilla	die Wange
la sien	die Schläfe
la nuez	der Adamsapfel
la garganta	die Kehle, die Gurgel
el paladar	der Gaumen
las amígdalas	die Mandeln *fpl*
el globo ocular	der Augapfel
la pupila	die Pupille
la retina	die Netzhaut
el iris	die Iris
la córnea	die Hornhaut
el cristalino	die Linse
el nervio óptico	der Sehnerv
la lágrima	die Träne
el saco lacrimal	der Tränensack
el tabique nasal	die Nasenscheidewand
las aberturas nasales	die Nasenlöcher *npl*
el pabellón (de las orejas)	die Ohrmuschel
el tímpano	das Trommelfell
la dentadura	das Gebiss
los dientes de leche	die Milchzähne *mpl*
los dientes incisivos/ caninos	die Schneide-/ Eckzähne *mpl*
los dientes molares, las muelas	die Backenzähne *mpl*
la muela del juicio	der Weisheitszahn
la lengua sucia/ cargada	die belegte Zunge
los **sentidos**	die Sinne *mpl*, die Sinnesorgane *npl*
la vista	der Gesichtssinn; das Sehen
el oído	der Gehörsinn; das Gehör
el olfato	der Geruchssinn, das Riechen

el gusto	der Geschmackssinn
el tacto	der Tastsinn
el aparato circulatorio	der Kreislauf
el aparato respiratorio	die Atmungsorgane *npl*
el aparato digestivo	der Verdauungsapparat
el aparato urinario	das Urin ausscheidende System
el aparato genital/ reproductor	der Genitalbereich
la arteria	die Arterie
la aorta	die Aorta
la vena cava	die Hohlvene
la aurícula	der Herzvorhof, das Atrium
el ventrículo	die Herzkammer
la faringe	der Rachen, die Pharynx
la laringe	der Kehlkopf
la tráquea	die Luftröhre
los bronquios	die Bronchien *pl*
la pleura	das Brustfell
el diafragma	das Zwerchfell
el esófago	die Speiseröhre
el estómago	der Magen
el hígado	die Leber
la vesícula biliar	die Gallenblase
la bilis	die Galle
el intestino delgado/ grueso	der Dünn-/ Dickdarm
el duodeno	der Zwölffingerdarm
el yeyuno	der Leerdarm
el colon	der Dickdarm
el ciego	der Blinddarm
el apéndice	der Wurmfortsatz
el peritoneo	das Bauchfell
el abdomen	das Abdomen, der Bauch
el bajo vientre	der Unterleib, der Unterbauch
la ingle	die Leiste
la vejiga	die Blase
el uréter	der Harnleiter
la uretra	die Harnröhre
el recto	der Mastdarm, das Rektum
el ano	der Anus, der After
los órganos genitales	die Genitalien *npl*
la vagina	die Scheide
el pene	der Penis
los testículos	die Hoden *mpl*

cejijunto – mit zusammengewachsenen Augenbrauen, **corpulento** – korpulent; beleibt, **demacrado** – abgemagert; ausgezehrt, **enclenque** – kränklich, schwächlich, **endeble** – schwächlich; mickrig, **escuálido** – schwach, abgemagert; schmutzig, **espigado** – hochgewachsen, aufgeschossen, **fornido** – stark, stämmig, rüstig, **gallardo** – stattlich; rüstig; stolz, **mofletudo** – pausbäckig, **musculoso** – muskulös, kräftig, **nervioso** – Nerven-, nervös, **nervudo** – nervig, sehnig, **rechoncho** – untersetzt, **regordete** – gedrungen, **rollizo** – rundlich

gesticular	gestikulieren
saltar	springen
brincar	springen, hüpfen
dar un salto	aufspringen, einen Sprung machen
agacharse	sich ducken; sich bücken
arrodillarse	knien
balancearse	schwanken; sich wiegen
vacilar	wanken; schwanken
empinarse sobre los pies	sich auf die Zehenspitzen stellen
ponerse en cuclillas	sich niederkauern
cruzar las piernas	die Beine übereinanderschlagen
pisar	mit Füßen treten; betreten
pisotear	zertreten; festtreten
caer de bruces	aufs Gesicht fallen
caer de narices *fam*	*umg* auf die Nase fallen
caer de espaldas	auf den Rücken fallen
encogerse de hombros	mit den Achseln zucken
hacer cosquillas a alguien	jemanden kitzeln
echar carnes	dick werden
perder carnes	abmagern
parpadear	blinzeln
guiñar el ojo	(mit einem Auge) zwinkern
silbar	pfeifen
sollozar	schluchzen
carraspear	sich räuspern; hüsteln
aclararse la voz	sich räuspern
jadear	keuchen, schnaufen
chasquear con la lengua	mit der Zunge schnalzen

echar panza *fam* – Bauch ansetzen
tomar cuerpo – sich vergrößern/ vermehren; konkrete Form/ Gestalt annehmen
tratar a alguien a cuerpo de rey – jemanden fürstlich bewirten
no le toca la ropa al cuerpo – er hat Angst
devanarse los sesos – sich den Kopf zerbrechen
perder el seso – den Kopf verlieren; sich verlieben
eso no me cabe en la cabeza – das will mir nicht in den Kopf
írsele a uno la cabeza – schwindlig sein; den Verstand verlieren
asentar/ sentar la cabeza – zur Vernunft kommen
eso no tiene pies ni cabeza – das hat weder Hand noch Fuß
metérsele a uno algo en la cabeza – sich etwas in den Kopf setzen
no tener corazón – herzlos sein, gewissenlos sein
tener un corazón de piedra – hartherzig sein

eso le arranca a uno el corazón – das zerreißt einem das Herz
ojos que no ven, corazón que no siente – aus den Augen, aus dem Sinn
dar el pecho – stillen, die Brust geben
sacar el pecho – protzen, angeben
tomar algo a pecho/ pechos – etwas beherzigen
a lo hecho, pecho – man muss für sein Tun einstehen
sacar el vientre de mal año – sich satt essen
alzar la mano – jemandem drohen
dar la última mano – letzte Hand an etwas legen
írsele a uno la mano – das Maß überschreiten
poner manos a la obra – Hand anlegen
untar la mano *fam* – bestechen, *umg* schmieren
estar mano sobre mano – mit verschränkten Armen dastehen
cruzarse de brazos – die Arme verschränken; *fig* die Hände in den Schoß legen
poner el dedo en la llaga – den wunden Punkt berühren
no chuparse el dedo – aufgeweckt sein, gewieft sein
no tener dos dedos de frente – dumm sein, einfältig sein
cojea del mismo pie – er ist mit demselben Laster behaftet
ponerse de pie – aufstehen
dar pie para algo – zu etwas Anlass geben
entrar con (el) pie derecho – mit Glück anfangen
poner pies en polvorosa – sich aus dem Staube machen
pensar con los pies – kopflos handeln; nichts überlegen
meter la pata – sich blamieren
hincar el diente en alguien – jemanden angreifen, jemandem die Zähne zeigen
tener buen diente – ein tüchtiger Esser sein
armado hasta los dientes – bis an die Zähne bewaffnet
estar hasta las narices *fam* – die Nase voll haben
mirar por encima del hombro – auf jemanden herabblicken
se me hace la boca agua – das Wasser läuft mir im Munde zusammen
tener lengua viperina – ein Lästermaul sein
ser un deslenguado – ein Lästermaul sein
ser un bocaza/ bocazas – ein Großmaul sein
ser un calavera – ein Hohlkopf sein; ein Leichtfuß sein
ser uña y carne – ein Herz und eine Seele sein

Ejercicios de traducción

A. 1. Los huesos constituyen la parte más firme del organismo humano y de la mayoría de los animales vertebrados. Sirven de armazón para las partes blandas, de punto de inserción de la mayor parte de los músculos, y rodean y preservan parcialmente los órganos internos más endebles. 2. Se llama ritmo respiratorio a la manera como se suceden los movimientos respiratorios de la inspiración y de la espiración, y desde este punto de vista estos movimientos son rítmicos, es decir, que se suceden a intervalos normales. 3. Los riñones están situados en la pared abdominal posterior. Tienen forma de haba, con el borde externo convexo, y el interno, cóncavo. Si ambos riñones están unidos, se produce el llamado riñón en herradura. 4. En ciertas partes del cuerpo, como el cuello, el tobillo y la muñeca de la mano, el pulso se percibe con mayor claridad. El pulso es regular, rítmico, cuando los latidos están separados por pausas iguales, e irregular si son distintas. El pulso depende de los latidos del corazón y su función está en consonancia con la de éstos. **5.** El tiroides es el órgano más rico en yodo (hasta el 5% de su peso total); de ahí la importancia de los trastornos que sobrevienen cuando la alimentación no está equilibrada en yodo; en ese caso se da una hipertrofia considerable del tiroides.

B. 1. Rund 50 Milliarden Nervenzellen bilden die Schaltzentrale unseres Körpers: im Gehirn werden alle wichtigen Körperfunktionen gesteuert. Hier denken wir, nimmt unsere Sprache ihren Anfang, haben die Gefühle ein Zuhause. **2.** Das menschliche Herz ist das Organ des Gefühlslebens schlechthin. Jahrtausendelang galt es als Sitz der Seele und des Gewissens, aber auch des Denkens und Überlegens. **3.** Erst Mitte des 19. Jahrhunderts fing die moderne Physiologie an, das Herz zu dem zu machen, was es ist: der ausdauerndste Muskel des Körpers, der mit rund achtzig Schlägen das gesamte Blut einmal in der Minute durch den Körper pumpt. **4.** Der Körper eines gesunden Erwachsenen enthält 5 Liter Blut. Dieses Blut strömt fortwährend durch ein geschlossenes Röhrensystem. **5.** Die Lunge ist ein Organ, das mit seinen beiden Teilen, den Lungenflügeln, den Brustkorb ausfüllt und das Herz wie ein Mantel einhüllt. Sie ist ein Labyrinth aus 400 Millionen winzigen Kammern, in denen die Atemluft hin- und herströmt. **6.** Auf ihrem Weg durch Magen, Dünndarm und Dickdarm werden Speisen, die wir essen, in ihre Bausteine zerlegt. Dieser komplizierte Vorgang heißt Verdauung. **7.** Skelett heißt das Wunderwerk aus 212 Knochen, das den menschlichen Körper stützt und seine empfindlichen Organe einhüllt. **8.** Die Haut grenzt den geformten Leib gegen die Außenwelt ab.

Conversación y discusión

1. ¿Cree Vd. que la mayor parte de las personas están contentas de su aspecto físico? **2.** ¿En qué período de la vida se sufre más por este tipo de problemas? **3.** ¿Cómo se pueden superar las dificultades al respecto? **4.** ¿Cómo influyen el cine y la televisión en este aspecto? **5.** ¿Se sometería Vd. a una operación de cirugía estética? **6.** Los trasplantes de órganos son en la actualidad muy frecuentes; ¿cree Vd. que carecen de problemática? **7.** ¿Donaría Vd. algún órgano en vida? ¿Estaría dispuesto a donarlos en caso de muerte o de accidente mortal? **8.** Los abusos para obtener órganos destinados a los trasplantes, como a veces puede leerse en la prensa, alcanzan proporciones criminales. ¿Ha oído hablar de ello? ¿Cuáles son las víctimas más frecuentes?

10. La salud y la enfermedad

Glosario

el sistema inmunológico	das Immunsystem
el agente patógeno	der Krankheitserreger
el anticuerpo	der Antikörper
el (agente) desencadenante	der Auslöser
la hipersensibilidad	die Überempfindlichkeit
las complicaciones	die Komplikationen *fpl*
la Organización Mundial de la Salud (OMS)	die Weltgesundheitsorganisation (WHO)
el golpe de sol, la insolación	der Sonnenstich
el sofoco, la oleada de calor	die Hitzewallung
el congelamiento, el aterimiento	das Erstarren (vor Frost)
la hinchazón	die Schwellung
el grano	der Pickel, der Mitesser
el forúnculo	der Furunkel
el herpes	der Herpes
la inflamación	die Entzündung
la infección	die Infektion
el pus	der Eiter
el absceso	der Abszess
la herida	die Verletzung; die Wunde
la llaga	die offene Wunde
la picadura	der Stich
la quemadura	die Brandwunde
la lesión	die Verletzung; die Wunde
la torcedura, el esguince	die Verstauchung
la luxación, la dislocación	die Verrenkung
la fractura	der Knochenbruch
la contusión	die Quetschung, die Prellung
la magulladura	die Quetschung; der blaue Fleck
el hematoma	der Bluterguss
el lumbago	der Hexenschuss
la intoxicación	die (leichte) Vergiftung
el envenenamiento	die Vergiftung
la asfixia	der Atemstillstand, die Asphyxie
la fiebre, la calentura	das Fieber
el escalofrío	der Schüttelfrost
el delirio	der Fieberwahn; das Delirium
el delirio senil	der Alterswahn(sinn)
el delirium tremens/ alcohólico	der Säuferwahnsinn
ardores *mpl* de estómago	das Sodbrennen
las náuseas	die Übelkeit; der Brechreiz

el vómito	das Erbrechen; das Erbrochene
el cólico hepático/ renal	die Gallen-/ Nierenkolik
el cálculo renal	der Nierenstein
el vértigo, el vahído	der Schwindel
el desmayo	die Ohnmacht
la hemorragia	die Blutung
la hemoptisis	der Bluthusten, die Hämoptysis
la enfermedad infantil	die Kinderkrankheit
la enfermedad infecciosa	die Infektionskrankheit
la enfermedad contagiosa	die ansteckende Krankheit
la enfermedad cardiovascular	die Gefäßkrankheit
la enfermedad hereditaria	die Erbkrankheit
la predisposición hereditaria	die Erbanlage
la enfermedad profesional	die Berufskrankheit
la enfermedad tropical	die Tropenkrankheit
la enfermedad por carencia	die Mangelerscheinung
las salmonelas	die Salmonellen *fpl*
la salmonelosis	Krankheit durch Salmonellen
los parásitos	die Parasiten *mpl*
la lombriz (intestinal)	der (Spul-)Wurm
la tenia, la solitaria	der Bandwurm
la triquina	die Trichine
la epidemia	die Seuche
la peste	die Pest; die Seuche
la peste bubónica	die Beulenpest
la encefalopatía esponjiforme bovina (EEB)	der Rinderwahn (BSE)
la enfermedad de las vacas locas *fam*	der Rinderwahn
el SIDA (el síndrome de inmunodeficiencia adquirida)	AIDS (Immunschwächekrankheit)
la alergia al polen	die Pollenallergie
el asma	das Asthma
la sinusitis	die Nasennebenhöhlenentzündung
la otitis media	die Mittelohrentzündung
la catarata	der graue Star
el glaucoma	der grüne Star
la neuralgia	die Neuralgie
la neumonía, la pulmonía	die Lungenentzündung
la pleuresía, la pleuritis	die Brustfellentzündung
la nefritis	die Nierenentzündung
la arteriosclerosis	die Arterienverkalkung
la hipertensión arterial	die arterielle Hypertonie, der Bluthochdruck

las anginas	die Angina, die Halsentzündung
la angina péctoris/ de pecho	die Angina pectoris, der Herzkrampf
el coágulo	das Blutgerinnsel
la trombosis	die Thrombose
el infarto cardíaco/ de miocardio	der Herzinfarkt
el edema	das Ödem, die Gewebewassersucht
el enfisema	die Aufblähung von Organen
la cardiopatía	das Herzleiden
el asma cardíaca	das Herzasthma
el ataque/ derrame cerebral	die Gehirnblutung
la meningitis	die Hirnhautentzündung
la hidrocefalia	der Wasserkopf
el coma	das Koma
la septicemia	die Blutvergiftung
la anemia	die Anämie, die Blutarmut
el raquitismo	die Rachitis
el escorbuto	der Skorbut
el bocio	der Kropf
la gota	die Gicht
la diabetes	die Zuckerkrankheit, der Diabetes
la artritis	die Arthritis
la artrosis	die Arthrose
la enfermedad del sueño	die Schlafkrankheit
la poliomielitis, la parálisis infantil	die Kinderlähmung
la epilepsia	die Epilepsie
la esclerosis (múltiple)	die (multiple) Sklerose
la peritonitis	die Bauchfellentzündung
la malaria	die Malaria
el cólera	die Cholera
la lepra	die Lepra, der Aussatz
el leproso	der Leprakranke
la úlcera gástrica/ duodenal	das Magen-/ Zwölffingerdarmgeschwür
la cirrosis hepática	die Leberzirrhose
el carcinoma	das Karzinom
la leucemia	die Leukämie
el melanoma	das Melanom
el cáncer de la piel	der Hautkrebs
el cáncer de la próstata	der Prostatakrebs
el cáncer de mama/ útero	der Brust-/ Gebärmutterkrebs
el **fallecimiento**	der Tod, das Sterben
la defunción, el óbito	der Tod, der Todesfall
la muerte repentina	der plötzliche Tod
el duelo	die *(innerliche)* Trauer
el luto	die *(äußerliche)* Trauer
los deudos, los afligidos	die Hinterbliebenen *pl*

el cadáver	die Leiche
los restos mortales	die sterblichen Überreste *mpl*
el ataúd, el féretro	der Sarg
el entierro	das Begräbnis, die Erdbestattung/ Beisetzung
el funeral	die Totenfeier; der Trauergottesdienst
las exequias	die Exequien *fpl*, die Trauerfeier
el cortejo fúnebre	der Leichenzug
la carroza (fúnebre)	der Leichenwagen
la tumba/ sepultura, el sepulcro	das Grab
el nicho	das Nischengrab
la lápida	der Grabstein; der Gedenkstein
el mausoleo	das Mausoleum; die Grabkapelle
la incineración	die Feuerbestattung, die Einäscherung
la urna (funeraria)	die Urne
la agencia funeraria/ de pompas fúnebres	das Bestattungsinstitut
el suicidio	der Selbstmord, die Selbsttötung
el suicida, la suicida	der Selbstmörder, die Selbstmörderin

alérgico (a, contra) – allergisch (auf, gegen), **antiflogístico** – entzündungshemmend, **canceroso** – Krebs-, krebsartig, **cardiovascular** – Herz-, Kreislauf-, **curativo** – heilend, Heil-, **enfermizo** – kränklich, **infectado** – infiziert, **inflamado** – entzündet, **inmune, inmunizado** – immun, **inmunológico** – immunologisch, **parasitario** – parasitär, **preventivo** – vorbeugend, **profiláctico** – prophylaktisch, **purulento** – eitrig, **terapéutico** – therapeutisch

estar indispuesto	unpässlich sein
ponerse/ caer enfermo, enfermar	krank werden
recetar	verschreiben, verordnen
delirar	fiebern, phantasieren
padecer vértigos	Schwindelanfälle *mpl* bekommen/ haben
desmayarse	ohnmächtig werden
le dio un desmayo	er wurde ohnmächtig
hacer daño a alguien	jemandem Schaden zufügen
hacerse daño con algo	sich mit etwas/ an etwas verletzen
cortarse	sich schneiden, sich verletzen
herir(se)	(sich) verletzen
sangrar, echar/ derramar sangre	bluten
quemarse	sich verbrennen
hincharse	anschwellen
ser alérgico a algo	allergisch gegen etwas sein
contagiarse con algo	sich an etwas anstecken
vacunarse	sich impfen lassen
poner una inyección	eine Spritze geben/ setzen
infectar(se)	(sich) infizieren
supurar	eitern
contaminar, infestar	verseucht sein

empacharse	sich den Magen überladen
indigestarse	(schwer) im Magen liegen, nicht bekommen
intoxicarse	sich vergiften
envenenar(se)	(sich) vergiften
vomitar	sich erbrechen, brechen
sufrir un ataque cardíaco	einen Herzanfall erleiden
desahuciar	ärztlich aufgeben
fallecer	sterben
estar de duelo/ luto	in Trauer sein, trauern
llevar luto	Trauer tragen
velar al difunto	die Totenwache halten
mi más sentido pésame	mein herzliches/ aufrichtiges Beileid
la/ le/ te acompaño en el sentimiento	(mein) herzliches Beileid, mein Mitgefühl
estar de cuerpo presente	aufgebahrt sein
enterrar	begraben
aquí yace	hier ruht
incinerar	feuerbestatten, einäschern
suicidarse, quitarse la vida	Selbstmord begehen, sich das Leben nehmen
matarse	sich umbringen
se mató en una carrera de coches	er starb bei einem Autorennen

ganarse la vida – seinen Lebensunterhalt verdienen
tener con qué vivir – sein Auskommen haben
vivir al día; vivir a lo que salga – in den Tag hinein leben
vivir y dejar vivir – leben und leben lassen
¡esto es vida! – Das heißt leben!
llevar buena vida; darse buena vida – es sich gut gehen lassen
vivir como Dios en Francia – wie Gott in Frankreich leben
vivir a lo grande – auf großem Fuß leben
llevar una vida de perros – ein Hundeleben führen
¡vivir para ver! – Sachen gibt's!
amigo de toda la vida – ein uralter Freund
complicarse la vida – sich das Leben schwer machen
no dar señales de vida – kein Lebenszeichen mehr von sich geben
tener siete vidas (como los gatos) – zäh sein; sieben Leben haben (wie eine Katze)
vender cara la vida – sich teuer verkaufen
a vida o muerte – auf Leben und Tod
entre la vida y la muerte – in Lebensgefahr
perder la vida – ums Leben kommen
pasar a mejor vida – sterben
aborrecer de muerte a alguien – jemanden abgrundtief hassen
es para morirse de risa – es ist zum Totlachen
un empleo de mala muerte – ein erbärmlicher Posten
matar el tiempo – die Zeit totschlagen
matarse trabajando – sich totarbeiten

estar a matar con alguien – mit jemandem sehr verfeindet sein
ser un mátalas callando – ein Duckmäuser, ein Schleicher sein
genio y figura, hasta la sepultura – keiner kann über seinen Schatten springen
morir de muerte natural – eines natürlichen Todes sterben

Ejercicios de traducción

A. 1. Alrededor de la tercera parte de los españoles sufre en algún momento de su vida de rinitis alérgica, que también se conoce como fiebre del heno. Ante los primeros síntomas de alergia conviene ponerse en contacto con el médico. El primer paso, y después de una correcta historia clínica, consiste en establecer cuál o cuáles son los agentes desencadenantes de la reacción alérgica. 2. La Organización Mundial de la Salud acusa a la industria tabacalera de llevar a cabo en los países subdesarrollados una propaganda agresiva e implacable. 3. La enfermedad de Alzheimer es una enfermedad neurodegenerativa, que se manifiesta con deterioro cognitivo y trastornos conductuales. Se caracteriza en su forma típica por una pérdida progresiva de la memoria y de otras capacidades mentales, a medida que las células nerviosas (neuronas) mueren y diferentes zonas del cerebro se atrofian. 4. El SIDA (o sida) consiste en la incapacidad del sistema inmunitario para hacer frente a las infecciones y otros procesos patológicos. En países subdesarrollados, en particular en la zona central y sur de África, las malas condiciones económicas (que llevan, por ejemplo, a que en los centros de salud se utilicen jeringas ya usadas) y la falta de educación sexual debido a causas religiosas, dan como resultado un altísimo índice de infección. En algunos países más de un cuarto de la población adulta es VIH-positiva.

B. 1. Krebs ist eine bösartige Krankheit. Krebs beginnt mit Geschwulstbildung im Körper; Krebszellen teilen und vermehren sich rasch, sie überwuchern und zerstören gesundes Gewebe und Organe. Rechtzeitig erkannt, kann Krebs durch Strahlenbehandlung oder Operation geheilt werden. 2. Mit denselben Methoden, mit denen Genetiker in den letzten Jahren die Gene zu einer Reihe von klassischen Erbkrankheiten entdeckt haben, suchen sie jetzt im Erbgut der Menschen nach Faktoren, die die Ursachen für die häufigsten Zivilisationskrankheiten der Industriestaaten sein könnten, also Herz-Kreislauf-Erkrankungen, Krebs und das mit dem steigenden Durchschnittsalter zunehmende Hirnleiden wie die Alzheimer Krankheit, die gemeinhin als Folge des Lebenswandels oder des Verschleißes gelten. 3. Als passive Sterbehilfe wird die bewusste Unterlassung von Maßnahmen bezeichnet, die das Leben eines Sterbenden verlängern. Bei Juristen und Ärzten ist die passive Sterbehilfe kaum noch umstritten. Kirchliche Organisationen lehnen Sterbehilfe ab, weil der Mensch nicht frei über sein Leben verfügen dürfe, das ihm von Gott geschenkt sei.

Conversación y discusión

1. ¿Cuáles son las lesiones y heridas más frecuentes en el tenis, en el fútbol, en la natación, al esquiar? 2. ¿A qué se debe en su opinión el aumento de las alergias? 3. ¿Qué alergias más frecuentes podría nombrar? 4. ¿Qué valor tiene para

Vd. la salud? ¿Qué entiende por llevar una vida sana? **5.** Enumere los riesgos y malestares posibles en los viajes a países cálidos y a regiones frías. **6.** ¿Cree imprescindible tomar medidas profilácticas antes de emprender un viaje a países tropicales? ¿Por qué? **7.** ¿Qué piensa Vd. del enorme consumo de medicamentos en el mundo actual?

11. Asistencia médica, terapia

Glosario

la asistencia médica	die ärztliche Betreuung, die Krankenfürsorge
la salud	die Gesundheit
la sanidad	das Gesundheitswesen
la higiene	die Hygiene
la prevención, la profilaxis	die Prophylaxe, die Vorbeugung
la vacuna, la vacunación	die Impfung
el diagnóstico (precoz)	die (Früh-)Diagnostik/ Diagnose
la detección precoz	die Früherkennung
el tratamiento	die Behandlung
la terapia	die Therapie
el terapeuta, la terapeuta	der Therapeut, die Therapeutin
la terapéutica	die Therapeutik; das Heilverfahren
el servicio sanitario	der Sanitätsdienst, der Gesundheitsdienst
la caja de enfermedad/ aseguradora	die Krankenkasse
la tarjeta del seguro	die Versichertenkarte
el volante de transferencia especialística	der Überweisungsschein
el número de asegurado	die Versicherungsnummer
el **hospital**	das Krankenhaus
la clínica (particular)	die (Privat-/ Unfall-)Klinik
urgencias	die Notaufnahme
la policlínica	die Poliklinik, das Klinikum
la clínica ginecológica	die Frauenklinik
la clínica obstétrica	die Kinderklinik; die Entbindungsstation
el dispensario, el ambulatorio	die Ambulanz
el sanatorio	das Sanatorium, die Heilstätte
la casa de salud	das Sanatorium
la clínica (p)siquiátrica	die psychiatrische Klinik
la cura	die Kur; das Heilverfahren
la rehabilitación	die Rehabilitation
la gimnasia terapéutica	die Krankengymnastik

la fisioterapia	die Physiotherapie
el fisioterapeuta, la fisioterapeuta	der Physiotherapeut, die Physiotherapeutin
el masaje	die Massage
la piscina de hidromasaje	das Unterwassermassagebecken
la desintoxicación	die Entgiftung
la cura de desintoxicación	die Entziehungskur
el desinfectante	das Desinfektionsmittel
la asepsia	die Keimfreiheit
la tintura de yodo	die Jodtinktur
el agua para gargarismos	das Gurgelwasser
el analgésico	das Schmerzmittel
el somnífero	das Schlafmittel
el tranquilizante, el sedante	das Beruhigungsmittel
el placebo	das Placebo
el colirio	das (äußerliche) Augenwasser
el antidiabético	das Antidiabetikum
la insulina	das Insulin
el antihistamínico	Arzneimittel gegen allergische Reaktionen
la cortisona	das Kortison
el antídoto, el contraveneno	das Gegengift
el insecticida	das Insektenmittel
el parche	das Pflaster
la gasa	die Mullbinde
la gasa esterilizada	die keimfreie Mullauflage
el esparadrapo	das Heftplaster
la tirita, *Am* la curita	das Pflaster
la venda (elástica)	die (Elastik-)Binde
el vendaje (de compresión/ de urgencia)	der (Druck-/ Not-)Verband
el paño higiénico	die Damenbinde
el bastoncito de algodón	das Wattestäbchen
la **tableta**, el comprimido	die Tablette
la vitamina en comprimidos	die Vitamintablette
la pastilla	die Pastille; die Tablette
la píldora	die Pille
la píldora (anticonceptiva)	die Antibabypille
el preservativo	das Präservativ
la cápsula	die Kapsel
la oblea	die Oblate *med*
las gotas	die Tropfen *mpl*
el jarabe	der Sirup, der Hustensaft
la infusión de manzanilla/ camomila	der Kamillentee
la pomada (para quemaduras)	die (Brand-)Salbe
el ungüento	die Salbe; das Einreibemittel

el linimento	das Einreibemittel
el supositorio	das Zäpfchen
el enema	das Klistier, der Einlauf
la purga, el purgante, el laxante	das Abführmittel
la inyección intramuscular	die intramuskuläre Injektion
la inyección intravenosa	die intravenöse Injektion
la inyección hipodérmica/ subcutánea	die subkutane Injektion
la jeringuilla desechable	die Einwegspritze, die Einmalspritze
la ampolleta, el inyectable	die Ampulle
el talco	der Talk(stein)

el **reconocimiento médico**	die ärztliche Untersuchung
la anamnesia, la historia clínica	die Krankengeschichte, die Anamnese
el chequeo	die Generaluntersuchung
el análisis (de sangre *f*)	die (Blut-)Untersuchung
el análisis de orina/ heces *fpl*	die Urin-/ Stuhluntersuchung
la tra(n)sfusión de sangre *f*	die Transfusion
el donante de sangre *f*	der Blutspender
el banco de sangre	die Blutbank
el suero	das (Blut-)Serum; das Heilserum
la radioscopia	die Durchleuchtung
la radiografía, los rayos X	die Röntgenaufnahme
la mamografía	die Mammographie
la ecografía	die Echographie/ Ultraschalluntersuchung
el ultrasonido	der Ultraschall
el electrocardiograma (ECG)	das Elektrokardiogramm (EKG)
el encefalograma	das Enzephalogramm
la endoscopia	die Endoskopie
la gastroscopia	die Gastroskopie
la sonda	die Sonde
el catéter	der Katheter
la biopsia	die Biopsie
la punción	der Einstich

la **terapia**	die Therapie
la mejoría	die Besserung
la recuperación	die Erholung
el restablecimiento, la convalecencia	die Genesung
la recaída	der Rückfall
la medicina alternativa	die Alternativmedizin
la acupuntura	die Akupunktur
la homeopatía	die Homöopathie
el naturismo	die Naturheilkunde
el naturista	der Naturheilkundige
el médico naturista	der Naturarzt
la naturopatía	die Naturheilkunde

el sanador, *desp* el curandero	der (Natur-)Heilpraktiker
el bypass *(pr. baipás)*	der Bypass
el marcapaso(s)	der Herzschrittmacher
el tratamiento sónico	die Beschallung
la quimioterapia	die Chemotherapie
la radioterapia	die Strahlentherapie
los efectos secundarios	die Nebenwirkungen *fpl*
la amputación	die Amputation
la **alimentación**	die Ernährung
la proteína	das Protein, das Eiweiß
los hidratos de carbono	das Kohlehydrat
la grasa	das Fett
la vitamina	das Vitamin
el lastre	der Ballast
la fibra	die Faser
el pan integral	das Vollkornbrot
el conservante	das Konservierungsmittel
el colorante	der Farbstoff
el aditivo	der Zusatz(stoff)
la caloría	die Kalorie
el julio	das Joule
la sobrealimentación	die Überernährung
el sobrepeso	das Übergewicht
la sobriedad	die Genügsamkeit; die Nüchternheit
la dieta, el régimen	die Diät
la dietética	die Diätetik, die Ernährungslehre
el producto dietético	das Diätprodukt
la cura de adelgazamiento	die Abmagerungs-/ Schlankheitskur
el vegetariano	der Vegetarier
el vegano	der Veganer
la inapetencia	die Appetitlosigkeit
la anorexia	die Anorexie
el anorexígeno	der Appetitzügler
la bulimia	die Bulimie
el **caso de emergencia**	der Notfall
la ambulancia	die Ambulanz, der Krankenwagen
la camilla	die Bahre, die Krankentrage
el rescate	die Bergung, die Rettung
la Cruz Roja	das Rote Kreuz
los primeros auxilios	die erste Hilfe
el sanitario	der Sanitäter
el socorrismo	das Rettungswesen
el socorrista	der Sanitäter; der Rettungsschwimmer
el asistente	der Helfer, der Assistent
la tablilla	die Schiene
el torniquete	die (Not-)Aderpresse

la respiración artificial	die künstliche Beatmung
la respiración boca a boca	die Mund-zu-Mund-Beatmung
la reanimación	die Wiederbelebung
el reanimador eléctrico	die Elektrolunge
el masaje cardíaco/ cardiaco	die Herzmassage
el respirador	das Atmungsgerät
la unidad de vigilancia intensiva (UVI)	die Intensivstation
la **operación**	die Operation
la intervención	der Eingriff
el cirujano	der Chirurg
la cirugía plástica	die plastische Chirurgie
la cirugía estética	die Schönheitschirurgie
el quirófano, la sala de operaciones	der Operationssaal
la mesa de operaciones	der Operationstisch
la anestesia local/ total	die örtliche Betäubung/ die Vollnarkose
el instrumento quirúrgico	das chirurgische Instrument
el bisturí, el escalpelo	das Skalpell
las pinzas	die Pinzette; die Klemme
el fórceps	die Geburtszange
la extirpación	die Entfernung; die Herausnahme
la sutura	die Naht
la prótesis	die Prothese
la prótesis dental	die Zahnprothese
el protésico dental	der Zahntechniker
la ortodoncia	die Kieferorthopädie

bajo en calorías – kalorienarm, **diurético** – harntreibend, **perinatal** – die Zeit kurz vor, während und kurz nach der Geburt, **profiláctico** – prophylaktisch, vorbeugend, **puerperal** – Kinderbett-, **rico en calorías** – kalorienreich, **terapéutico** – therapeutisch

padecer (de)	leiden (an)
tratar	behandeln
curar	ärztlich behandeln
sanar	heilen; genesen
auscultar	abhorchen
diagnosticar	diagnostizieren
estar a régimen/ dieta	Diät leben/ halten; *umg* auf Diät sein
hacer gárgaras	gurgeln
mejorar	gesund werden; genesen
recuperarse, reponerse	sich erholen
recaer	einen Rückfall bekommen
agravarse	sich verschlimmern
hospitalizar	in ein Krankenhaus einweisen
restañar la sangre	das Blut stillen
cauterizar	(aus)brennen, wegätzen

dar de baja — krankschreiben
dar de alta — gesundschreiben; entlassen
descomponerse *vi* — sich zersetzen, verfaulen

no hay remedio; no tiene remedio – da kann man nichts mehr machen
lo hecho no tiene remedio – geschehene Dinge sind nicht zu ändern; da ist nichts zu machen
poner remedio a algo – einer Sache abhelfen
tragarse la píldora – jemandem auf den Leim gehen
dorar la píldora – die bittere Pille versüßen, eine Sache schmackhaft machen
renovar viejas heridas – alte Wunden wieder aufreißen
herir la vanidad de alguien – jemandes Stolz verletzen
herir la vista – blenden
ganar/ perder en peso – an Gewicht gewinnen/ verlieren
vender salud – vor Gesundheit strotzen
hacerse el sordo – sich taub stellen
hacer oídos sordos – nicht hören oder wissen wollen
no hay peor sordo que el que no quiere oír – wer nicht hören will, muss fühlen
tener a dieta a alguien – jemanden kurz/ knapp halten
con su pan se lo coma – es ist seine Sache/ sein Bier, er hat es zu verantworten
sin comerlo ni beberlo – ohne daran die geringste Schuld zu haben
está diciendo comedme – es ist sehr appetitlich
¿cuándo hemos comido en el mismo plato? – wann haben wir denn Brüderschaft getrunken?
comer y callar – wes Brot ich ess', des Lied ich sing'
comer a dos carrillos – zwei (einträgliche) Ämter zugleich verwalten
comer como un buitre – wie ein Wolf essen
comer de mogollón – auf Kosten eines anderen leben
el apetito viene comiendo; el comer y el rascar, todo es empezar – der Appetit kommt beim Essen
ser de buen comer – ein guter Esser sein
comerse los codos de hambre – am Hungertuch nagen
comerse las palabras – die Wörter verschlucken
comerse unos a otros – sich gegenseitig auffressen
comerse a alguien con los ojos – jemanden mit den Augen verschlingen
¡vete a hacer gárgaras! – scher dich zum Teufel!

Ejercicios de traducción

A. 1. El término "medicina alternativa" designa de forma amplia los métodos y prácticas usados en lugar o como complemento de los tratamientos convencionales para curar o paliar enfermedades. El debate sobre la medicina alternativa se complica por la diversidad de tratamientos que son categorizados como "alternativos". Los partidarios de un tipo de medicina alternativa pueden rechazar otros. 2. La acupuntura, por ejemplo, alivia el dolor y puede aumentar el equilibrio y la corriente de energía vital a través del cuerpo. 3. La homeopatía es un sistema terapéutico no tóxico y de bajo precio. Resulta con frecuencia efectivo en el tratamiento de enfermedades crónicas como las alergias y otras más. **4.** La penicilina y otros antibióticos son, básicamente, derivados de hongos y otros organismos unicelulares. Estos antibióticos neutralizan las toxinas patógenas de los microbios. **5.** Contra la recomendación de la OMS de "no probar siquiera el vino", los médicos defienden el vaso de vino en la comida. El presidente de la Sociedad Española de Cardiología afirmó: "Está claro que por principio el alcohol no es bueno, ya que puede dañar el hígado y el corazón y también puede inducir a enfermedades psiquiátricas. Pero cuando se consume en dosis bajas, lejos de producir una acción lesiva, causa beneficio y ayuda a prevenir enfermedades coronarias".

B. 1. Zu viele Kilos und zu schlaffe Muskeln sind heutzutage häufig Auslöser für unsere sogenannten Zivilisationskrankheiten: Herz-Kreislauf-Probleme, Verdauungsstörungen, Rückenschmerzen usw. **2.** Die moderne Medizin kennt vor allem zwei Risiken, die zum Schlaganfall führen können: zu hoher Blutdruck und die Arteriosklerose. **3.** Durch den erhöhten Blutdruck werden die Gefäßwände geschädigt, und damit wächst das Risiko, dass ein Blutgefäß im Gehirn platzt und Blut ins Gehirn eindringt. **4.** Alkoholismus schädigt nahezu alle menschlichen Organe und begünstigt zahlreiche Erkrankungen wie Krebs und Epilepsie. **5.** Wegen der im Tabakrauch enthaltenen Schadstoffe (z.B. Formaldehyd, Plutonium, Cadmium, Polonium) gilt Rauchen als Hauptursache für die Entstehung von Lungenkrebs. Zahlreiche andere Krankheiten wie Herz-Kreislauf-Erkrankungen werden begünstigt. **6.** In Deutschland (2003) werden 170.000 Säuglinge bereits als Föten im Mutterleib durch Passivrauchen kontaminiert. Jährlich versterben etwa 3.300 Nichtraucher an den gesundheitlichen Folgen des passiven Rauchens. Dies übertrifft die Summe der Todesfälle durch Asbest und illegale Drogen.

Conversación y discusión

1. Exponga la importancia de la detección precoz de las enfermedades y los métodos más usados. **2.** ¿Cuál es, según su parecer, la alimentación más sana? **3.** ¿En qué ocasiones fuman más las personas? **4.** ¿Qué se puede intentar para dejar la costumbre de fumar? **5.** ¿Qué problemas existen entre los fumadores y los no fumadores? **6.** ¿En qué consiste el llamado fumar pasivo? **7.** ¿En qué lugares no está permitido fumar? **8.** ¿Qué enfermedades produce o favorece el fumar? **9.** ¿Qué piensa Vd. de la medicina naturista? **10.** ¿Por qué en algunas zonas del Tercer Mundo florece la medicina popular? **11.** ¿Cómo se puede evitar el uso de analgésicos, por lo menos en algunos casos? **12.** ¿Cree Vd. que para prolongar la vida hay que ser abstemio, vegetariano y no fumador?

12. La vida psíquica. La salud mental

Glosario

la **psique**	die Psyche; das Seelenleben; die Seele
el conocimiento	die Erkenntnis
la afectividad	die Gefühle *npl*; die Gemütsbewegung
la motivación	die Motivation
el comportamiento	das Verhalten
la sensación	die Empfindung; das Gefühl
la percepción	die Wahrnehmung
la idea	die Idee; die Vorstellung
el concepto	der Begriff
el juicio	das Urteil
la proposición	die Behauptung, *(Logik)* der Satz
el razonamiento	die Argumentation
el raciocinio	der Gedankengang
el recuerdo	die Erinnerung
la reminiscencia	die (Wieder-)Erinnerung; die Reminiszenz
la (m)nemotecnia/ (m)nemotécnica	die Mnemotechnik
la experiencia	die Erfahrung
la conciencia	das Bewusstsein; das Gewissen
la subconciencia	das Unterbewusstsein
el **impulso**	der Antrieb, der Drang
el estímulo	der Reiz; die Anregung
la respuesta	die Antwort; der Widerhall
el motivo	der Grund
la norma	die Norm, die Regel
la función	die Funktion
el placer	die Lust; das Vergnügen
el instinto de conservación	der Selbsterhaltungstrieb
el instinto sexual/ genésico	der Geschlechtstrieb
la libido	die Libido
el instinto gregario	der Herdentrieb
la satisfacción	die Befriedigung; die Genugtuung
la insatisfacción	die Unzufriedenheit
el conflicto	der Konflikt
la perturbación	die Störung
el estrés	der Stress
la agresividad	die Aggressivität
el **sentimiento**	das Gefühl
la emoción	die Emotion
la pasión	die Leidenschaft
el amor	die Liebe, die Zuneigung
la simpatía	die Sympathie

la amistad	die Freundschaft
la antipatía	die Abneigung; die Antipathie
el odio	der Hass
el disgusto	das Missfallen, die Abneigung
la repugnancia	der Ekel; der Widerwille
el estupor	die Erstarrung; das sprachlose Erstaunen
la seguridad	die Sicherheit; die Gefahrlosigkeit
la cólera	der Zorn
la humillación	die Demütigung, die Erniedrigung
la vergüenza	das Schamgefühl, die Scham
el orgullo	der Stolz; der Hochmut
el miedo	die Angst
el temor	die Furcht, die Angst
la ansiedad	die innere Unruhe; die Angst
la angustia	der Kummer; die Todesangst
el horror	das Grauen, der Schauder
el terror	der Schrecken, das Entsetzen
la **frustración**	die Frustration
la depresión, *fam* la depre	die Depression
la inhibición	die Hemmung
la desinhibición	die Enthemmung
el trauma	das Trauma
la vivencia traumática	das traumatische Erlebnis
el complejo (de inferioridad)	der (Minderwertigkeits-)Komplex
el mecanismo de defensa	der Abwehrmechanismus
la represión	die Verdrängung
la fobia	die Phobie
la claustrofobia	die Klaustrophobie
la agorafobia	die Agoraphobie, die Platzangst
la anormalidad	die Abnormität; die Anomalie
la manía	der Wahn; die Manie
el maniático	der Wahnsinnige
la monomanía	die Monomanie; die fixe Idee
la mitomanía	die Lügensucht, die Mythomanie
el delirio de grandeza(s)	der Größenwahn
la megalomanía	die Megalomanie
el megalómano	der Größenwahnsinnige
el narcisismo	der Narzissmus
la **(p)sicología** aplicada	die angewandte Psychologie
la (p)sicología comparada	die vergleichende Psychologie
la (p)sicología profunda	die Tiefenpsychologie
el (p)sicólogo	der Psychologe
el (p)siquiatra, la (p)siquiatra	der Psychiater, die Psychiaterin
el tratamiento (p)sicológico	die psychologische Behandlung
la enfermedad (p)sicosomática	die psychosomatische Krankheit
la enfermedad mental	die Geisteskrankheit

el tratamiento (p)siquiátrico	die psychiatrische Behandlung
la medicina (p)sicosomática	die psychosomatische Medizin
el (p)sicofármaco	das Psychopharmakon
la clínica (p)siquiátrica	die psychiatrische Klinik, die Psychiatrie
el manicomio *fam*	die Irrenanstalt *umg*
la neurosis	die Neurose
la obsesión, la neurosis obsesiva	die Zwangneurose
el delirio furioso	die Tobsucht
la histeria, el histerismo	die Hysterie
la (p)sicosis (colectiva/ de guerra)	die (Massen-/ Kriegs-)Psychose
la (p)sicopatía	die Psychopathie
el (p)sicópata, la (p)sicópata	der Psychopath, die Psychopathin
el delirio de persecución	der Verfolgungswahn
la manía persecutoria	der Verfolgungswahn
la logorrea	die krankhafte Geschwätzigkeit
la demencia	der Wahnsinn, die Demenz
el demente	der Wahnsinnige, der Geistesgestörte

anormal – abnormal; anormal, **consciente** – bewusst, **depresivo** – depressiv, **estresado** – gestresst, **histérico** – hysterisch, **inconsciente** – unbewusst, **innato** – angeboren, **juicioso** – klug; besonnen, **maníaco, maniático** – manisch, **(m)nemotécnico** – mnemotechnisch, **monomaníaco** – monoman(isch), **preconsciente** – vorbewusst, **(p)sicoanalítico** – psychoanalytisch, **(p)sicológico** – psychologisch, **(p)sicosomático** – psychosomatisch, **(p)siquiátrico** – psychiatrisch, **retrasado** – (geistig) zurückgeblieben, **subconsciente** – unterbewusst

no tener vergüenza – unverschämt sein, schamlos sein
montar en cólera – in Zorn geraten
juzgar sin pasión – unparteiisch beurteilen
dejarse arrastrar por la pasión – sich von der Leidenschaft fortreißen lassen
abrazar una idea – Anhänger einer Idee werden
ni idea – keine Ahnung; keinen blassen Schimmer
cambiar ideas – Gedanken austauschen
ser pobre de ideas – gedankenarm sein
tener la conciencia limpia – ein reines Gewissen haben
no tener conciencia – gewissenlos sein
estar fuera de juicio, no tener cabal juicio – verblendet sein; von Sinnen sein
perder el juicio, perder la razón – den Verstand verlieren
sacar de juicio/ quicio a alguien – jemanden aus der Fassung bringen
trastornar a alguien el juicio – jemandem den Kopf verdrehen
entrar en razón – zur Einsicht kommen
hacer entrar en razón – zur Vernunft bringen
sin exponer razones – ohne Angabe von Gründen
me gusta un horror – es gefällt mir fabelhaft
echar el alma – sich an etwas abarbeiten
caérsele a uno el alma a los pies – mutlos werden
eso me parte el alma – das bricht mir das Herz
volverle a uno el alma al cuerpo – neuen Mut schöpfen

paseársele a uno el alma por el cuerpo – gelassen sein; träge/ faul sein
romperle a alguien el alma – jemandem das Genick brechen
tener el alma en la mano – offenherzig reden oder handeln
levantar el espíritu – Mut einflößen
tener mal genio – jähzornig sein; reizbar sein
tener mucho genio – jähzornig sein; *(Kind)* trotzig sein
tener el genio de la organización – ein Organisationsgenie sein
amor con amor se paga – Liebe verlangt Gegenliebe
es para volverse loco – es ist zum Verrücktwerden
volver a uno loco – jemanden zur Verzweiflung bringen
estar loco de contento – vor Freude außer sich sein
estar medio loco – einen Knall/ einen (Kopf-)Schuss haben
estar loco de remate – vollkommen verrückt sein
a tontas y a locas – ohne Sinn und Verstand
cada loco con su tema – jedem Tierchen sein Pläsierchen
tener manías – eine Meise haben
tener vena de loco – nicht ganz bei Trost sein

Ejercicios de traducción

A. 1. Las perturbaciones del comportamiento y de la vida psíquica pueden clasificarse en cuatro grandes grupos: las enfermedades psicosomáticas, las neurosis, las psicopatías y las psicosis. El uso común reserva la denominación de enfermedades mentales a las psicopatías y a las psicosis. 2. Las enfermedades psicosomáticas, las neurosis y las psicopatías se distinguen de las psicosis en que, por lo menos en línea de principio, no destruyen la visión de la realidad. Las psicosis, en cambio, comprometen, de manera más o menos profunda, la capacidad de orientarse en la realidad; por eso se habla en este caso de alienación mental. 3. El psicoanálisis es la teoría y la técnica desarrolladas por Sigmund Freud a fines del siglo XIX: tiene como objeto el estudio de las fuerzas psíquicas y la manera de influir en ellas. 4. Cuando un individuo está orientado hacia un objetivo o hacia la satisfacción de una necesidad y encuentra obstáculos, es decir, cuando sus motivaciones no pueden ser satisfechas, sufre una frustración. Los orígenes de la frustración pueden ser de diversa naturaleza y dependen del entorno físico, de las características biológicas, de los conflictos psicológicos y de las características del ambiente social.

B. 1. Ausgehend von der Auffassung, dass Leib und Seele ein eng zusammenhängendes Ganzes bilden, betont die psychosomatische Medizin die Rolle seelischer Faktoren bei der Entstehung vieler Krankheiten, so z.B. von Asthma, Kreislaufbeschwerden, Magengeschwüren usw. 2. Die Entstehung der Angst ist von außerordentlich komplexer, dazu individuell sehr stark variierender Art. Im Hinblick auf die Entstehungsursachen unterscheidet man zwischen angeborener Angst und erworbener, erlernter Angst. 3. Die Neurosen werden ursächlich zurückgeführt auf Situationen, in denen dem Individuum die Verarbeitung von Konflikten misslingt. Die ungenügende oder gestörte Erlebnisverarbeitung ist das seelische Kernproblem der Neurosenentstehung. 4. Die Stresswirkung hängt in starkem Maße vom Grad der individuellen Belastbarkeit ab. Die Stressforschung wird in engem Zusammenhang mit der Erforschung der Probleme von Überforderung und Frustration durchgeführt. **5.** Die Ursache des aggressiven Verhaltens wird einerseits in der Veranlagung, andererseits in Umwelteinflüssen und deren Verarbeitung gesehen.

Conversación y discusión

1. ¿Cuáles son para Vd. los comportamientos más desagradables de una persona? **2.** ¿Cuáles son las principales dificultades psicológicas en la pubertad? **3.** ¿Cuáles son los traumas o las vivencias traumáticas más frecuentes que sufren las personas? **4.** ¿Cuándo se puede hablar de un verdadero complejo? **5.** Describa concretamente lo que es un complejo de inferioridad o de superioridad. **6.** Mencione algunos casos históricos de megalomanía, en diversos sectores de la vida humana. **7.** ¿Qué consecuencias suele traer consigo el estrés? **8.** ¿A qué se deben los estados de ansiedad y qué efectos pueden tener?

13. Las drogas

Glosario

el tranquilizante	das Beruhigungsmittel
el estimulante	das Aufputschmittel
la droga, el estupefaciente	das Rauschgift, *umg* der Stoff
la drogadicción, la toxicomanía	die Sucht
la drogodependencia	die Drogenabhängigkeit
el adicto	der Süchtige
el drogadicto, el toxicómano	der Drogensüchtige
el drogodependiente	der Drogensüchtige, der Drogenabhängige
el drogata *fam*, el yonqui *fam*	der Drogensüchtige, der Junkie
el doping	das Doping
el mundo de la droga	die Drogenszene
la droga de adicción	die Suchtdroge
la capacidad de provocar adicción	das Suchtpotential
la droga blanda/ dura	die weiche/ harte Droge
la droga sintética	die synthetische Droge
la alucinación	die Halluzination; die Wahnvorstellung
el alucinógeno	das Halluzinogen
la droga alucinógena	die halluzinogene Droge
la droga de diseño	die Designerdroge
la éxtasis	das Ecstasy, die Party-Droge
la marihuana, *fam* la hierba	das Marihuana
la heroína, *fam* el caballo	das Heroin
el heroinómano	der Heroinsüchtige
la cocaína, *fam* el polvo	das Kokain, *umg* der Schnee

el LSD, *fam* el ácido	das LSD
el hachís, *fam* el chocolate	das Haschisch
el opio	das Opium
el fumador de opio	der Opiumraucher
el opiómano	der Opiumsüchtige
la adormidera	der Schlafmohn
el cáñamo	der Hanf
la morfina	das Morphium
el morfinómano	der Morphiumsüchtige
la anfetamina	das Amphetamin
la sustancia básica	der Grundstoff, die Base
la metadona	das Methadon
el chute *fam*	der Drogenschuss
el porro *fam*	der Joint
el polvo blanco *fam*, la nieve *fam*	*umg* der Schnee
la papelina	das Päckchen (mit Rauschgift)
la inyección	die Injektion, der Schuss, die Spritze
la jeringuilla	die Spritze
la aguja	die Nadel
la cuchara	der Löffel
la aguja y la cuchara	das Besteck
el pinchazo	der Stich; die Heroinspritze
la mezcla	die Mischung
la sobredosis	die Überdosis
la dosis letal	die tödliche Dosis, der Goldene Schuss
la venta clandestina	der Schwarzhandel
el contrabando, *fam* el pase	der Schmuggel
el contrabandista	der Schmuggler
el narcotráfico	der Drogenhandel
el narcotraficante, el traficante de drogas	der Drogenhändler, der Dealer
el púcher, el díler	der Drogenhändler (im Großen)
el camello	der Drogenhändler (im Kleinen)
el alijo de drogas	die geschmuggelten Drogen *fpl*
la lucha antidroga	die Rauschgiftbekämpfung
el registro, la requisa	die Untersuchung
el registro domiciliario	die Hausdurchsuchung
el secuestro	die Beschlagnahme
el blanqueo de dinero	die Geldwäsche
la desintoxicación	die Entgiftung; die Entziehungskur
la cura desintoxicante	die Entziehungskur
la cura de supresión	die Entziehungskur
la crisis de abstinencia	die Entzugserscheinung
el síndrome de abstinencia, *fam* el mono	die Entzugserscheinung
la liberalización	die Liberalisierung

expuesto al peligro de adicción	suchtgefährdet
que provoca adicción	suchterzeugend
el alcoholismo	der Alkoholismus
el tabaquismo	die Tabak-/ Nikotinvergiftung
el fumar pasivo	das Passivrauchen
drogarse, tomar drogas	Drogen *fpl* nehmen
fliparse *fam*	Drogen *fpl* nehmen
dopar(se)	(sich) dopen
adulterar, *fam* cortar	(ver)fälschen, stricken
cantar *pop*	verpfeifen, verraten, *umg* singen
inyectarse, pincharse	spritzen, schießen, fixen
picarse *fam*, chutarse *fam*	spritzen, schießen, fixen
inspirar, esnifar *fam*	einatmen, sniffen
enrollarse *fam*, colgarse *fam*	süchtig werden
liar el porro *fam*	einen Joint drehen
estar colgado *fam*	keinen Stoff haben; unter dem Einfluss der Droge stehen
estar enganchado *fam*	drogenabhängig sein, an der Nadel hängen
pegarle a la mata *fam*	Haschisch rauchen
tener un vacilón *fam*	„high" sein
bajar al moro *fam*	sich Stoff besorgen *(z.B. in Marokko)*
paliar las peores consecuencias	die schlimmsten Folgen auffangen
combatir la criminalidad	der Kriminalität das Handwerk legen

Ejercicios de traducción

A. 1. Resulta decisivo que la sociedad, y en especial su población juvenil, tome clara conciencia de la peligrosidad de las drogas de diseño y no se deje arrastrar por irresponsables opiniones "progresistas". **2.** Muchos jóvenes recurren a las drogas para escapar a la falta de perspectivas o de intereses, a la soledad y a los problemas personales y familiares, o para evadirse en un mundo irreal. **3.** Hay personas que se avienen a tomar drogas "para no quedar mal" o "para no hacer mal papel", es decir, por un exagerado sentido de grupo. **4.** El Instituto Nacional de Toxicología (INT) ha alertado del aumento del consumo de las llamadas drogas sintéticas y de que durante el verano sus efectos, agravados por el calor, son todavía más peligrosos. **5.** Prestigiosos neurólogos han llegado a la conclusión de que la droga conocida como "éxtasis" resulta muy dañina. Su consumo puede causar daños en el cerebro, hasta el punto de convertir sus pasajeros efectos estimulantes en depresiones crónicas.

B. 1. Drogen sind Betäubungsmittel, die einen Rauschzustand hervorrufen. Manche Menschen können ohne Drogen nicht mehr leben, sie sind drogenabhängig. **2.** Die bekanntesten Rauschgifte sind Opium, Heroin, Morphium, Amphetamin, Kokain, Haschisch und LSD. Wenn man von diesen Drogen abhängig ist, ist man rauschgiftsüchtig. Die Heilung der Drogenabhängigkeit ist eine der schwierigsten Aufgaben der Psychotherapie. **3.** Die meisten Menschen denken nicht daran, dass man durch übermäßigen Genuss von Alkohol alkoholsüchtig und krank werden und daran sogar sterben kann. Auch das Nikotin in der Zigarette ist eine Droge, die ebenso abhängig und krank macht. **4.** Übermäßiger Alkoholkonsum schädigt den Körper auf vielfältige Weise. Blutalkoholkonzentrationen von über 4% führen häufig zum Tode. Langfristiger Alkoholmissbrauch führt zu zahlreichen chronischen Folgekrankheiten. Typische alkoholbedingte Schädigungen der Leber sind etwa Fettleber, Alkohol-Hepatitis und Leberzirrhose. Die Bauchspeicheldrüse kann sich entzünden oder durch einen Diabetes mellitus betroffen sein. Weitere Erkrankungen sind Gicht und hormonelle Störungen. **5.** Die durchschnittliche Lebenserwartung von Rauchern ist im Vergleich zu Nichtrauchern um etwa zehn Jahre geringer.

Conversación y discusión

1. ¿Qué se entiende por "drogas" en sentido estricto? Nombre algunos tipos de ellas y su "status social" (aceptación o rechazo). **2.** ¿Cuáles son los motivos principales que llevan a algunas personas a tomar drogas? **3.** ¿Qué consecuencias individuales y sociales tiene el consumo de drogas? **4.** ¿Qué relaciones existen entre el narcotráfico y las otras formas de delincuencia? **5.** ¿Ve usted diferencias sustanciales entre el alcoholismo y la drogadicción? **6.** ¿Cree usted que una liberalización del consumo de las drogas resolvería el problema? **7.** ¿Qué medidas propondría usted para resolver el problema de la toxicomanía?

14. Población. Migraciones. Lenguas

Glosario

la **demografía**	die Demographie
el aumento de la población	der Bevölkerungszuwachs
el crecimiento demográfico	das Bevölkerungswachstum
la densidad de la población	die Bevölkerungsdichte
la evolución demográfica	die Bevölkerungsentwicklung
los movimientos demográficos	die Bevölkerungsbewegungen *fpl*
la política demográfica	die Bevölkerungspolitik
la estadística demográfica	die Bevölkerungsstatistik
el censo de población	die Volkszählung
el índice de **natalidad**	die Geburtenrate
el índice de fecundidad	die Fruchtbarkeitsziffer
la mortalidad infantil	die Kindersterblichkeit
el excedente	der Bevölkerungsüberschuss
la explosión demográfica	die Bevölkerungsexplosion
el control de la natalidad	die Geburtenkontrolle
la planificación familiar	die Familienplanung
el descenso de la natalidad	der Geburtenrückgang
el crecimiento cero	das Null-Wachstum
la regresión de la población	der Bevölkerungsrückgang

la **población** autóctona	die Ureinwohner *pl*
los del lugar, los del país	die Einheimischen *pl*
los forasteros	die Fremden *pl*
la población urbana/ rural	die Stadt-/ Landbevölkerung
la urbanización	die Verstädterung; die Siedlung
el asentamiento	die Ansiedlung; die Siedlung
el núcleo urbano	der Siedlungskern
el poblado obrero	die Arbeitersiedlung
la colonización agrícola	die ländliche Siedlung
el éxodo rural	die Landflucht
la **migración**	die Völkerwanderung
el movimiento/ flujo migratorio	die Migration; die Einwanderungswelle
la migración interna	die Binnenwanderung
la emigración/ inmigración	die Auswanderung/ Einwanderung
el emigrante/ inmigrante	der Auswanderer/ Einwanderer
la corriente inmigratoria	der Einwanderungsstrom
el país receptor de extranjeros	das Einwanderungsland
la ley de inmigración	das Einwanderungsgesetz
la inmigración ilegal	die illegale Einwanderung
la agencia de emigración	das Auswanderungsbüro
la migración estacional	die Saisonwanderung
el traslado de población	die Umsiedlung
la huida	die Flucht
la evasión	der Ausbruch
el fugitivo	der Flüchtling
el evadido	der Flüchtling *(Gefängnis)*
el prófugo	der Fahnenflüchtige
el refugio	die Zuflucht; der Zufluchtsort
el refugiado	der Flüchtling
el campamento de refugiados	das Flüchtlingslager
el centro de refugiados	die Flüchtlingssammelstelle
el carnet de refugiado	der Flüchtlingsausweis
el albergue	die Herberge; die Unterkunft
el exilio	das Exil
el exiliado	der Mensch, der im Exil lebt
el destierro	die Verbannung
el desterrado	der Verbannte; der Geächtete
la expulsión	die Ausweisung; die Vertreibung
la persecución	die Verfolgung
la repatriación	die Repatriierung
el repatriado	der Repatriierte; der Heimkehrer
el asilo (político)	das (politische) Asyl
el derecho de asilo	das Asylrecht
el asilado	der Asylant
el peticionario de asilo	der Asylbewerber
la solicitud de asilo	der Asylantrag
el procedimiento de asilo	das Asylverfahren

el abuso de asilo	der Asylmissbrauch

la **raza**	die Rasse
los caracteres raciales	die Rassenmerkmale *npl*
los rasgos étnicos	die Rassenmerkmale *npl*
la raza blanca/ amarilla/ negra	die weiße/ gelbe/ schwarze Rasse
la mezcla de (las) razas	die Rassenmischung
el mestizo	der Mestize
el mestizaje	die Rassenmischung
el matrimonio mixto	die Mischehe
la depuración étnica	die ethnische Säuberung
la xenofobia	die Fremdenfeindlichkeit
el racismo	der Rassismus
el racista, la racista	der Rassist, die Rassistin
la ideología/ teoría racista	die Rassenlehre
la higiene racial, la eugenesia	die Eugenik/ „Erbgesundheitsforschung"
la discriminación	die Diskriminierung
la segregación racial, el apartheid	die Apartheid
el potencial de violencia	das Gewaltpotential
la idealización	die Idealisierung
los sudacas *Sp desp*	die Immigranten aus Südamerika *(in Spanien)*

el **habla**	das Sprechen; die Sprechweise
la lengua, el idioma	die Sprache
el dialecto	der Dialekt, die Mundart
el sociolecto	der Soziolekt
el lenguaje especializado/ técnico	die Fachsprache
el lenguaje poético/ filosófico	die poetische/ philosophische Sprache
el idioma oficial, la lengua official	die Amtssprache
los países hispanohablantes	die spanischsprachigen Länder *npl*
los países de lengua alemana	die deutschsprachigen Länder *npl*
el parentesco de lenguas	die Sprachverwandtschaft
el tronco lingüístico	der Sprachstamm
la familia lingüística	die Sprachfamilie
el grupo lingüístico	die Sprachgruppe
la frontera lingüística	die Sprachgrenze
el atlas lingüístico	der Sprachatlas
el islote lingüístico	die Sprachinsel
las leyes del idioma	die Sprachgesetze *npl*
las lenguas aglutinantes	die agglutinierenden Sprachen *fpl*
las lenguas de flexión	die flektierenden Sprachen *fpl*
las lenguas antiguas/ clásicas	die alten/ klassischen Sprachen *fpl*
las lenguas vivas/ muertas	die lebenden/ toten Sprachen *fpl*
las lenguas indoeuropeas	die indoeuropäischen Sprachen *fpl*
las lenguas romances	die romanischen Sprachen *fpl*
la francofonía	die Frankophonie
las lenguas germánicas	die germanischen Sprachen *fpl*

las lenguas eslavas	die slawischen Sprachen *fpl*
las lenguas ugrofinesas	die ugrofinnischen Sprachen *fpl*
las lenguas caucásicas	die kaukasischen Sprachen *fpl*
las lenguas semitas	die semitischen Sprachen *fpl*
las lenguas indígenas	die Indianersprachen *fpl*

antirracista – antirassistisch, **densamente poblado** – dicht bevölkert, **despoblado** – unbewohnt; entvölkert, **discriminatorio** – diskriminierend, **hispanohablante, hispanoparlante** – spanischsprachig, **poblado** – (stark) bevölkert, **populoso** – stark bevölkert, **racista** – rassistisch, Rassen-, **xenófobo** - fremdenfeindlich

establecerse	sich niederlassen
emigrar	auswandern
inmigrar	einwandern
poblar	bevölkern
poblarse	bewohnt sein
penetrar	eindringen
rechazar	zurückdrängen
refugiarse en	Zuflucht suchen in
expatriarse	auswandern (aus politischen Gründen)
asilarse (en)	Asyl suchen (bei)
solicitar/ conceder asilo	Asyl beantragen/ gewähren
denegar una petición de asilo	einen Asylantrag ablehnen
repatriar	heimkehren; repatriieren
desplazar	verdrängen
expulsar	verjagen; vertreiben; ausweisen
desterrar	jdn ins Exil schicken; verbannen
confinar	verbannen
incitar/ azuzar (contra)	hetzen (gegen)
perseguir	verfolgen
poner en fuga	in die Flucht schlagen
escaparse	fliehen; entkommen
evadirse	ausbrechen
huir	fliehen; flüchten
menospreciar	geringschätzen
despreciar	verachten
discriminar	diskriminieren
desertar	desertieren
apadrinar	ein Patenamt annehmen

haber nacido de cabeza – ein Pechvogel sein
nadie nace sabiendo – es ist noch kein Meister vom Himmel gefallen
no con quien naces, sino con quien paces – sag mir mit wem du umgehst, und ich werde dir sagen, wer du bist
(yo) no he nacido ayer – ich bin doch nicht von gestern!
tener cara de pocos amigos – ein unfreundliches Gesicht haben
en tiempo de higos no faltan amigos – siedet der Topf, so blühet die Freundschaft

al enemigo que huye, puente de plata – jemandem goldene Brücken bauen

Ejercicios de traducción

A. 1. El crecimiento demográfico ejerce una presión enorme sobre los recursos de la Tierra. Cada día nacen alrededor de 215.000 seres humanos. **2.** En muchos países, el crecimiento demográfico constituye un problema gravísimo para su desarrollo económico; por eso, se impone una política que tienda a disminuir el crecimiento de la población. Entre los medios para lograr un equilibrio de crecimiento demográfico y desarrollo económico figura la planificación familiar. **3.** La distinción primordial entre las razas se establece no tanto por el color de la piel, que admite demasiadas gradaciones, como por un conjunto de caracteres: el color y estructura del cabello, los ojos, la nariz, la bóveda craneal, el perfil facial, la estatura, etc. **4.** Científicamente es erróneo el concepto de raza latina, germánica, céltica, indoeuropea, aria y otras. De las muchas clasificaciones se destacan tres grandes grupos: blancos, amarillos y negros; y para mayor precisión suelen admitirse no una, sino varias razas blancas, amarillas, negras. **5.** Atendiendo a las cifras del saldo migratorio español, España empieza a tener más inmigrantes que emigrantes a partir de la década de los ochenta, invirtiéndose la tendencia que se advertía hasta ese momento.

B. 1. Die Bevölkerungsentwicklung der Industriestaaten am Ende des 20. Jahrhunderts ist durch eine wachsende Zahl der über 60jährigen bestimmt. Zu den sozialen Folgen dieser demographischen Entwicklung gehört ein erhöhter Bedarf an Pflegeeinrichtungen und -personal. Zudem ergeben sich Finanzierungsprobleme in der Rentenversicherung, weil weniger Beitragszahler mehr Renten finanzieren. **2.** In Ländern der sog. Dritten Welt und in den Schwellenländern wächst die Bevölkerung wegen mangelnder Familienplanung jährlich um 2 bis 3%. Die unzureichende Familienplanung führt zu Armut, Hunger und einer steigenden Zahl von Flüchtlingen. **3.** In vielen Entwicklungsländern wird Familienplanung durch finanzielle, soziale oder religiös-kulturelle Vorbehalte behindert. **4.** In zahlreichen Staaten ist die gesellschaftliche Rolle der Frau an ihre Fruchtbarkeit und damit an eine hohe Kinderzahl gebunden. Zudem sind viele Kinder wegen unzureichender sozialer Sicherung eine finanzielle Altersversorgung für die Eltern.

Conversación y discusión

1. ¿Cuáles son los principales problemas demográficos del mundo actual? ¿Qué propondría Vd. para resolverlos o atenuarlos? **2.** Enumere las causas principales de la emigración. **3.** ¿Cuál es la situación de la inmigración en Alemania y en España? **4.** ¿A qué países se dirigieron las corrientes migratorias europeas en los siglos XIX y XX? **5.** ¿Cuáles son las causas y los efectos del éxodo rural? **6.** ¿Qué desarrollos prevé usted para los próximos decenios por lo que se refiere a los problemas demográficos? **7.** ¿En qué consiste el derecho de asilo y por qué es importante? **8.** ¿Qué condiciones suelen ponerse al otorgamiento del asilo político?

15. Las religiones. Las sectas

Glosario

la **religión**	die Religion
la creencia	der Glaube
la fe	der (religiöse) Glaube
el creyente, la creyente	der Gläubige, die Gläubige
el credo, la profesión de fe	das Glaubensbekenntnis
la revelación	die Offenbarung
la confesión	das Bekenntnis; die Konfession; die Beichte
el ateísmo	der Atheismus
el ateo, la atea	der Atheist, die Atheistin
el agnosticismo	der Agnostizismus
el agnóstico	der Agnostiker
el escepticismo	die Skepsis; *(Phil)* der Skeptizismus
el escéptico	der Skeptiker
la superstición	der Aberglaube
el pagano	der Heide
el paganismo	das Heidentum
la existencia de Dios	die Existenz Gottes
el dios, la diosa	der Gott, die Göttin
la divinidad, la deidad	die Gottheit
el **culto**	der Kult; die Verehrung
el culto divino	der Gottesdienst
el lugar de culto	die Kultstätte
la libertad de cultos	die Glaubens-/ Religionsfreiheit
la disparidad de cultos	die Konfessionsverschiedenheit
la adoración	die Anbetung; die Bewunderung
la veneración	die Verehrung
la oración	das Gebet
la ofrenda	die Opfergabe
el sacrificio	das Opfer
los sacrificios humanos	die Menschenopfer *npl*
la víctima	das Opfer *(z.B. Tier)*
el altar	der Altar
el rito	der Ritus
la liturgia	die Liturgie
la limosna	das Almosen
el voto, la promesa	das Gelübde
el peregrino	der Pilger
la peregrinación	die Pilgerfahrt
el conjuro	die Beschwörung; die Zauberformel
el maleficio	die Hexerei; der Zauber
el **alma** *f*	die Seele
la inmortalidad del alma	die Unsterblichkeit der Seele

el espíritu	der Geist
la creación del mundo	die Weltschöpfung, die Schöpfung
la creación del hombre	die Schöpfung des Menschen
los libros sagrados	die heiligen Bücher *npl*; die Bibel
la virtud	die Tugend
el vicio	das Laster
el arrepentimiento	die Reue
la penitencia	die Buße
el sacrilegio	die Kirchen-/ Tempelschändung
la profanación	die Entweihung, die Schändung
el asceta, la asceta	der Asket, die Asketin
el ascetismo	die Askese
el místico, la mística	der Mystiker, die Mystikerin
el misticismo	der Mystizismus; die Mystik
el profeta, la profetisa	der Prophet, die Prophetin
la profecía	die Prophezeiung, die Vorhersage
el éxtasis	die Ekstase
las **religiones** naturales	die Naturreligionen *fpl*
el animismo	der Animismus
el culto a los muertos	der Totenkult
el manismo	der Ahnenkult
el fetiche	der Fetisch
el fetichismo	der Fetischdienst
el tótem	das Totem
el totemismo	der Totemismus
el ídolo	der Götze, der Abgott, das Idol
la idolatría	die Idolatrie, der Götzendienst
el idólatra, la idólatra	der Götzendiener, die Götzendienerin
el politeísmo	der Polytheismus, die Vielgötterei
el monoteísmo	der Monotheismus
las religiones del libro	die Buch-Religionen *fpl*
el espiritismo	der Spiritismus
el médium, la médium	das Medium
el sincretismo	der Synkretismus
el vudú	der Voodoo
las religiones afroamericanas	die afroamerikanischen Religionen *fpl*
las **religiones orientales**	die orientalischen Religionen *fpl*
el taoísmo	der Taoismus
el hinduismo	der Hinduismus
el brahmanismo	der Brahmanismus
el bracmán, el brahmán	der Brahmane
el avatar	die Verkörperung Vishnus
los avatares	die Wechselfälle *mpl*
la reencarnación	die Reinkarnation
la transmigración de las almas	die Seelenwanderung

la metempsicosis	die Metempsychose
el budismo	der Buddhismus
el sintoísmo	der Shintoismus
el confucianismo	die Lehre des Konfuzius
el zoroastrismo	die Lehre Zarathustras
el **judaísmo**	das Judentum
los judíos	die Juden *pl*
los hebreos	die Hebräer *pl*
los israelitas	die Israeliten *pl*
la Tora	die Thora, das jüdische Gesetzbuch
el Talmud	der Talmud
la sinagoga	die Synagoge
el rabino	der Rabbiner
la Fiesta de los Tabernáculos	das Laubhüttenfest
la Fiesta de Pascua	das Passahfest
el Muro de las Lamentaciones	die Klagemauer
el **cristianismo**	das Christentum
el cristiano	der Christ
el catolicismo	der Katholizismus
la Iglesia Católica	die Katholische Kirche
los ortodoxos	die Orthodoxen *pl*
el protestantismo	der Protestantismus
los protestantes	die Protestanten *pl*
la Reforma	die Reformation
el reformador	der Reformator
la Contrarreforma	die Gegenreformation
el luteranismo	das Luthertum
el calvinismo	der Kalvinismus
el anglicanismo	der Anglikanismus
los iconoclastas	die Bilderstürmer *pl*
los anabaptistas	die Anabaptisten, die Wiedertäufer *pl*
los metodistas	die Methodisten *pl*
los episcopalianos	die Episkopalen *pl*
el pastor (protestante)	der Pastor
el diácono	der Diakon
el servicio divino/ religioso	der Gottesdienst
la (Santa) Cena	das Abendmahl
la iglesia nacional	die Landeskirche, die Nationalkirche
el sínodo	die Synode
las **sectas**	die Sekten *fpl*
los mormones	die Mormonen *pl*
los Testigos de Jehová	die Zeugen Jehovas *pl*
la Iglesia de la Cienciología	die Scientology-Church
la Meditación Transcendental	die Transzendentale Meditation
la Iglesia de la Unificación	die Gesellschaft zur Vereinigung des

del Cristianismo Mundial	Weltchristentums
el Moonismo, la Secta Moon	die Moon-Sekte
el **islam**, el islamismo	der Islam
los musulmanes	die Moslems *pl*, die Muslime *pl*
Alá	Allah
Mahoma	Mohammed
la Héjira	die Hedschra *(Beginn der islamischen Zeitrechnung)*
el Corán	der Koran
las abluciones	die Waschungen *fpl*
el Ramadán	der Ramadan
el ayuno	das Fasten
los sunitas	die Sunniten *pl*
los chiítas	die Schiiten *pl*
los alevitas	die Aleviten *pl*
los alauitas, los alauíes	die Alauiten *pl*
los sufíes	die Sufis *pl*
el sufismo	der Sufismus
la mezquita	die Moschee
el minarete, el almínar	das Minarett
el muecín	der Muezzin
el imán	der Imam
el ayatolá	der Ajatollah
la guerra santa	der heilige Krieg
el hereje, la hereje	der Ketzer, die Ketzerin
el apóstata, la apóstata	der/ die Abtrünnige, der/ die Apostat(in)
el cisma	das Schisma, die (Kirchen-)Spaltung
la Inquisición	die Inquisition
el proselitismo	der Proselitismus
el fundamentalismo	der Fundamentalismus
el fanatismo	der Fanatismus

La Biblia

el Antiguo Testamento – das Alte Testament: **el Pentateuco** – der Pentateuch, die fünf Bücher Moses, **el Génesis** – Genesis, **el Éxodo** – Exodus, **el Levítico** – Levitikus, **Números** – Numeri, **el Deuteronomio** – Deuteronomium, **Josué** – Josua, **Jueces** – Richter, **Rut** – Ruth, **Samuel** – die Bücher Samuel, **los Reyes** – die Könige, **Crónicas/ Paralipómenos** – Chronik, **Esdras-Nehemías** – Esra und Nehemia, **Tobías** – Tobias, **Judit** – Judith, **Ester** – Esther, **los Macabeos** – Makkabäer, **Job** – Hiob, **los Salmos** – Psalmen, **los Proverbios** – Sprüche, **Eclesiastés** – Kohelet, **el Cantar de los Cantares** – Hohelied, la **Sabiduría** – Weisheit, **Eclesiástico** – Jesus Sirach, **Isaías** – Jesaja, **Jeremías** – Jeremia, las **Lamentaciones** – Klagelieder, **Baruc** – Baruch, **Ezequiel** – Ezechiel, **Daniel** – Daniel, **los Profetas** – die Propheten, **Oseas** – Hosea, **Joel** – Joel, **Amós** – Amos, **Abdías** – Obadja, **Jonás** – Jonas, **Miqueas** – Micha, **Nahún** – Nahum, **Habacuc** –

Habakuk, **Sofonías** – Zefanja, **Ageo** – Haggai, **Zacarías** – Zacharias, **Malaquías** – Maleachi

el Nuevo Testamento – das Neue Testament: **el Evangelio según San Mateo/ San Marcos/ San Lucas/ San Juan** – das Evangelium nach Matthäus/ Markus/ Lukas/ Johannes, **los Hechos de los Apóstoles** – die Apostelgeschichte, **las Epístolas de San Pablo a los Romanos/ Corintios/ Gálatas/ Efesios/ Filipenses/ Colosenses/ Tesalonicenses** – die Briefe Paulus' an die Römer/ Korinther/ Galater/ Epheser/ Philipper/ Kolosser/ Thessalonicher, **las Epístolas Pastorales a Timoteo/ Tito** – die Pastoralbriefe an Thimotheus/ Titus, **a Filemón** – an Philemon, **a los Hebreos** – an die Hebräer, **Epístolas de Santiago/ San Pedro/ San Juan/ San Judas** – Briefe von Jakobus/ Petrus/ Johannes/ Judas, **el Apocalipsis** – die Offenbarung des Johannes

la **teología**	die Theologie
el catecismo	der Katechismus
la Trinidad	die Dreifaltigkeit, die Trinität
el Espíritu Santo	der Heilige Geist
la Divina Providencia	die Göttliche Vorsehung
la Biblia	die Bibel
el Evangelio	das Evangelium
los diez mandamientos, el decálogo	die zehn Gebote *npl*, der Dekalog
el pecado original	die Erbsünde
el pecado mortal/ venial	die Todsünde/ die leichte Sünde
los siete pecados capitales	die sieben Hauptsünden *fpl*
el pecador	der Sünder
la blasfemia	die Gotteslästerung
el libre albedrío	der freie Wille
el paraíso, el cielo	das Paradies, der Himmel
la salvación, la redención	die Erlösung
el Salvador, el Redentor	der Erlöser
el ángel	der Engel
el arcángel	der Erzengel
la Virgen María	die Jungfrau Maria
el discípulo	der Jünger
el apóstol	der Apostel
el mártir	der Märtyrer
el santo, la santa	der Heilige, die Heilige
el milagro	das Wunder
el beato	der Selige
el purgatorio	das Fegefeuer
el limbo	der Limbus, die Vorhölle
la condenación	die Verdamnis
el infierno	die Hölle
el demonio, *fam* el diablo	der Teufel
el **sacramento**	das Sakrament
el bautismo	die Taufe

el bautizo	der Taufakt; die Tauffeier
el padrino, la madrina	der Taufpate, die Taufpatin
la confirmación	die Firmung, die Konfirmation
la confesión	die Beichte
la (primera) comunión	die (Erst-)Kommunion
la hostia, la sagrada forma	die Hostie
la misa	die Messe
la misa mayor	das Hochamt
la misa de difuntos/ de réquiem	die Totenmesse
la consagración	die Weihe
el sermón	die Predigt
la plática	die Kurzpredigt
el predicador	der Prediger
la ordenación sacerdotal	die Priesterweihe
el matrimonio	die Ehe
la extremaunción	die letzte Ölung
la señal de la cruz	das Zeichen des Kreuzes
la bendición	der Segen
el agua bendita	das Weihwasser
el padrenuestro	das Vaterunser
el avemaría	das Ave-Maria
el rosario	der Rosenkranz
la **iglesia** (de peregrinación)	die (Wallfahrts-)Kirche
la catedral, (la seo)	der Dom
la colegiata	die Stiftskirche
la capilla	die Kapelle
el santuario	das Heiligtum; die Kirche
la basílica	die Basilika
la abadía	die Abtei
la ermita	die Einsiedelei, die Feldkapelle
el monasterio, el convento, el cenobio	das Kloster
la cripta	die Krypta
la catacumba	die Katakombe
el año litúrgico	das Kirchenjahr
el santoral	das Verzeichnis von Heiligennamen
el **clero**	der Klerus
el Papa, el Sumo Pontífice	der Papst
la infalibilidad pontificia	die Unfehlbarkeit des Papstes
el concilio (ecuménico)	das (ökumenische) Konzil
el ecumenismo	der Ökumenismus
la encíclica	die Enzyklika
el cardenal	der Kardinal
el cónclave	das Konklave
el arzobispo	der Erzbischof
el arzobispado	das Erzbistum; die Würde des Erzbischofs

el obispo (auxiliar)	der (Weih-)Bischof
el episcopado	das Bischofsamt; das Episkopat
la conferencia episcopal	die Bischofskonferenz
el primado	der Primas
el patriarca	der Patriarch
la (carta) pastoral	der Hirtenbrief
la (archi)diócesis	die (Erz-)Diözese
el sacerdote, *fam* el cura	der Priester
el párroco	der Pfarrer
la parroquia	die Pfarrei
el capellán, el coadjutor, el vicario	der Kaplan, der Vikar
el clérigo	der Kleriker
el celibato	das Zölibat
el sacristán	der Sakristan; der Küster
la sacristía	die Sakristei; die Küsterei
la **orden**	der Orden
la congregación (religiosa)	die Kongregation
los religiosos	die Ordensleute *pl*
el monje, el fraile	der Mönch
la monja	die Nonne
el lego	der Laienbruder
el hábito	das Ordenskleid
la sotana	die Soutane
la clausura	die Klausur
el anacoreta	der Einsiedler, der Anachoret
el ermitaño, el eremita	der Eremit, der Klausner
el benedictino	der Benediktiner
el cirterciense	der Zisterzienser
el trapense	der Trappist
el cartujo	der Kartäusermönch
la orden mendicante	der Bettelorden
el dominico	der Dominikaner
el franciscano	der Franziskaner
el capuchino	der Kapuziner
el agustino	der Augustiner
la clarisa	die Klarisse
el jesuita	der Jesuit
la Orden Tercera	der Tertiärorden

agnóstico – agnostisch, **anglicano** – anglikanisch, **animista** – animistisch, **apostólico** – apostolisch, **arzobispal** – erzbischöflich, **ateo** – atheistisch, **bíblico** – biblisch, **calvinista** – kalvinistisch, **católico** – katholisch, **cismático** – schismatisch, **cristiano** – christlich, **coránico** – Koran-, koranisch, **demoníaco** – teuflisch, **devoto** – fromm, **diabólico** – teuflisch, **eclesiástico** – kirchlich, **ecuménico** – ökumenisch, **episcopal** – bischöflich, **escéptico** – skeptisch, **espiritual** – geistig, **evangélico** – evangelisch, **extático** – ekstatisch, **fanático** – fanatisch, **fetichista** – Fetisch-, **fundamentalista** – fundamentalistisch, **hebreo** – hebräisch,

herético – ketzerisch, Ketzer-, **heterodoxo** – heterodox; andersgläubig, **inmortal** – unsterblich, **inquisitorial** – inquisitorisch, Inquisitions-, **islámico** – islamisch, Islam-, **judaico**, **judío** – jüdisch, **laico** – weltlich, Laien-, **luterano** – lutherisch, **mahometano** – mohammedanisch, **monoteísta** – monotheistisch, **mundano** – weltlich, Welt-; mondän, **muslim, muslime, musulmán** – muselmanisch, **pecaminoso** – sündhaft, **politeísta** – polytheistisch, **profano** – profan, weltlich, **ortodoxo** – orthodox, **religioso** – religiös; kultisch, **sacrílego** – gotteslästerlich; frevelhaft, **sagrado** – heilig; ehrwürdig, **santo** – heilig, **satánico** – satanisch, **sectario** – sektiererisch, **seglar** – weltlich, **sincretista** – synkretistisch, **supersticioso** – abergläubisch, **teocrático** – theokratisch, **vicioso** – lasterhaft, **virtuoso** – tugendhaft

rezar, orar	beten
ayunar	fasten
cometer un pecado	eine Sünde begehen
caer en la tentación	in Versuchung geraten
arrepentirse de algo	etwas bereuen
bautizar	taufen
confirmar	firmen, konfirmieren
persignarse, santiguarse	sich bekreuzigen
confesarse	beichten
ir a misa, oír misa, asistir a misa	zur Messe gehen, die Messe besuchen
celebrar la misa	die Messe lesen
comulgar	zur Kommunion gehen
salvarse	sich retten, gerettet werden
condenarse	(ewig) verdammt werden
hablar ex cathedra	ex cathedra sprechen, *i.ü.S.* von maßgebender Seite sprechen
apostatar	vom Glauben abfallen, abtrünnig werden

todo el santo día – den lieben langen Tag
primero la obligación, y luego la devoción – erst die Arbeit und dann das Vergnügen
más feo que el pecado – hässlich wie die Nacht
no pecar de cobarde – kein Feigling sein
nadie es profeta en su tierra – der Prophet gilt nichts in seinem eigenen Land
hacer de la necesidad virtud – aus der Not eine Tugend machen
quejarse de vicio – sich über jede Kleinigkeit beklagen
el hábito no hace al monje – eine Kutte macht noch keinen Mönch
colgar los hábitos – das Ordenskleid ablegen; *fig* den Beruf an den Nagel hängen
cara o cruz – Bild oder Schrift
no se puede repicar y andar en la procesión – man kann nicht gleichzeitig auf zwei Hochzeiten tanzen
de todo hay en la viña del Señor – es gibt solche und solche
sabe Dios – weiß Gott
como Dios manda – wie es sich gehört, *umg* anständig
hacer algo a la buena de Dios – etwas aufs Geratewohl machen
se armó la de Dios (es Cristo) – da brach die Hölle los!

Dios dirá – das liegt in Gottes Hand
sin encomendarse a Dios ni al diablo – ohne zu überlegen
que de Dios goce – Gott habe ihn/ sie selig
como Dios le dé a entender – so gut er/ sie es eben kann
ser más papista que el Papa – päpstlicher als der Papst sein
estar como unas pascuas – sich wie ein Kind freuen
tener cara de pascuas – übers ganze Gesicht strahlen
dormir como un bendito – wie ein Stein schlafen
vivir en los quintos infiernos – am Ende der Welt wohnen
mandar al diablo – zum Teufel schicken/ jagen
es un diablo de hombre – er ist ein Teufelskerl
no es tan feo el diablo como lo pintan – es ist halb so schlimm
no temer ni a Dios ni al diablo – vor nichts zurückschrecken
humor de todos los diablos – sehr schlechte Laune
darse a todos los diablos – außer sich sein; wild schimpfen
allí anda el diablo suelto – da ist der Teufel los
saber a demonios – scheußlich schmecken
como alma que lleva el diablo – schneller als der Schall
echarse el alma a las espaldas – sein Gewissen einlullen
alma de cántaro – Einfaltspinsel, Dummkopf
estar en el limbo – zerstreut sein, mit den Gedanken abschweifen
la Biblia en verso – jede Menge
no saber de la misa la media – gar nichts wissen
¡eso va a misa! – Das ist in Ordnung! Das stimmt!
el que tiene padrino se bautiza – mit Beziehungen/ Vitamin B geht man weiter
pasar por la vicaría – heiraten

Ejercicios de traducción

A. 1. Actos de culto comunes a casi todas las religiones son la oración, los sacrificios, la visita a los lugares sagrados (templos, iglesias, pagodas, sinagogas, mezquitas ...), las abluciones y peregrinaciones. 2. El tótem era un animal considerado en ciertos pueblos como el antepasado de la raza, por lo cual era venerado. 3. Se distingue del fetiche en que no posee ningún poder mágico, y de las divinidades ordinarias en que no representa ninguna fuerza de la naturaleza. El fetiche es un ídolo u objeto de culto. 4. El fetichismo es la creencia en que la posesión de un objeto puede procurar a su poseedor la asistencia o la protección del espíritu o genio que reside en dicho objeto. Se distingue de la idolatría en que los ídolos no son más que una representación de la deidad, un símbolo por encima del cual se cierne el espíritu divino. 5. Como en la mayoría de las democracias, en España la Constitución garantiza libertad de culto, y existe una clara separación de la Iglesia y el Estado. Naturalmente, la religión católica, por ser la mayoritaria, desempeña un papel más importante que las demás confesiones, pero sin ser religión oficial del Estado como la época precedente.

B. 1. Der Spiritismus ist die Lehre von der Beziehung zwischen den Geistern Verstorbener und natürlichen Lebewesen. 2. Die Brahmanen sind Angehörige der besonders geachteten obersten Kaste der Hindus; ursprünglich waren sie nur Priester, dann auch Gelehrte, Politiker, Beamte. **3.** Der Islam ist die von dem arabischen Propheten und Prediger Mohammed (um 570-632) begründete monotheistische Religion mit etwa 1,3 Mrd Gläubigen vor allem im Nahen und Mittleren Osten, in Nordafrika, Südostasien und in verschiedenen Ländern der ehemaligen Sowjetunion. **4.** Umbanda ist die Sammelbezeichnung für eine Anzahl neuer Religionen Brasiliens mit synkretistischem Götterglauben, in dem Gottheiten afrikanischen Ursprungs mit katholischen Heiligen, z.T. auch mit indianischen Numina identifiziert werden. **5.** Der Wudu (Wodu, Vodoo, Voudou) ist ein aus Westafrika stammender magisch-religiöser Geheimkult, vor allem der Bevölkerung Haitis; er wird gekennzeichnet durch ekstatische Riten.

Conversación y discusión

1. Enumere las principales confesiones del mundo. **2.** ¿Qué religiones son monoteístas? **3.** ¿Cuáles son los principales problemas que han existido o existen entre la autoridad civil y la religiosa? **4.** Explique qué es el fundamentalismo y cómo se manifiesta. **5.** ¿Cree Vd. que ya ha desaparecido el fanatismo religioso? **6.** ¿Son imposibles en la época actual las guerras por motivos religiosos? **7.** Dé algunos ejemplos de supersticiones y de conductas supersticiosas. **8.** ¿En qué continentes hay más cristianos, hinduistas, budistas, musulmanes, sintoístas, taoístas y confucianistas? **9.** ¿Quedan todavía religiones primitivas?

16. El hombre y la sociedad

Glosario

la **sociedad**	die Gesellschaft
la comunidad	die Gemeinschaft, die Gemeinde
la mancomunidad	die Vereinigung; die Gemeinschaft
la asociación	der Verein; die Vereinigung
el sindicato	die Gewerkschaft
el consejo escolar	der Schulrat
el consejo de familia	der Familienrat
el colegio (profesional)	die Kammer
el gremio	die Zunft; die Innung
la cooperativa	die Genossenschaft
la hermandad	die Bruderschaft
la cofradía	die Laienbruderschaft; die Zunft
la tertulia	der Stammtisch
el círculo	der Kreis, der Verein
la peña	der Freundeskreis; der Stammtisch
la pandilla	die Clique; die Bande
la visita de cumplido	der Anstandsbesuch
el valor cívico	die Zivilcourage
el grupo de destino	die Zielgruppe

el **sustento**	der Lebensunterhalt
el bienestar	der Wohlstand; das Wohlbefinden
el malestar	das Unbehagen; das Unwohlsein
el nivel de vida	der Lebensstandard
el tren de vida	die Lebensweise
la calidad de vida	die Lebensqualität
el sistema social	das Sozialsystem
el rendimiento	die Leistung
la competencia	die Konkurrenz; die Kompetenz
la sociedad del rendimiento	die Leistungsgesellschaft
la sociedad del bienestar	die Wohlstandsgesellschaft
la sociedad de consumo/ despilfarro	die Konsum-/ Wegwerfgesellschaft
el consumismo	der Konsumrausch
una buena/ mala racha	eine Glücks-/ Pechsträhne
el revés	das Missgeschick; der Rückschlag
la **posición social**	die soziale Stellung
la sociedad primitiva	die primitive Gesellschaft
la división del trabajo	die Arbeitsteilung
las oportunidades	die Chancen *fpl*; die Möglichkeiten *fpl*
el privilegio	das Privileg
los privilegiados	die Privilegierten *pl*
la casta	die Kaste
la clase (social)	die (soziale) Klasse
la capa, el estrato	die Schicht
la clase media	der Mittelstand
la alta sociedad	die Oberschicht
la flor y nata (de la sociedad)	die Crème de la Crème
el hijo predilecto	der Ehrenbürger
la burguesía	das Bürgertum
la pequeña burguesía	das Kleinbürgertum
el pequeño burgués *pej*	der Kleinbürger, der Spießer
la gente guapa/ bien *pej*	die Schickeria
la niña bien *pej*	die höhere Tochter
el señorito *pej*	der Schönling, der Playboy
los jubilados	die Rentner *pl*, die Senioren *pl*
la tercera edad	die ältere Generation, die Senioren *pl*
la servidumbre	die Dienerschaft; die Knechtschaft
los **marginados sociales**	die (sozialen) Randgruppen *fpl*
la indigencia	die Armut, die Bedürftigkeit
la persona sin hogar	der Obdachlose, die Obdachlose
el mendigo, el pordiosero	der Bettler
la mendicidad	die Bettelei; der Bettelstand
el vagabundo	der Nichtsesshafte; der Vagabund
el pasota, la pasota *fam*	der Aussteiger, die Aussteigerin
el pasotismo	die Aussteigermentalität

la plebe *desp*, el populacho *desp*	der Pöbel
la gentuza *desp*	das Gesindel, das Pack
el esclavo	der Sklave
la esclavitud	die Sklaverei
los trabajos forzados	die Zwangsarbeit
la **(in)justicia social**	die soziale (Un-)Gerechtigkeit
las diferencias de clases	die Klassenunterschiede *mpl*
la lucha de clases	der Klassenkampf
la sociedad sin clases	die klassenlose Gesellschaft
la explotación	die Ausbeutung
el grupo de presión	die Lobby
el cambio estructural	der Strukturwandel
la reforma agraria	die Agrarreform
la masificación	die Vermassung
la depauperación	die Verelendung
el trabajo infantil	die Kinderarbeit
la desocupación (juvenil)	die (Jugend-)Arbeitslosigkeit
el endeudamiento	die Verschuldung
la inseguridad	die Unsicherheit
el temor ante el futuro	die Zukunftsangst
la pérdida de valores humanos	der Werteverlust
la falta de solidaridad	der Mangel an Solidarität
el **ascenso**	die Beförderung; der Aufstieg
el rival, la rival	der Rivale, die Rivalin
la rivalidad	die Rivalität
la intriga	die Intrige
el intrigante, la intrigante	der Intrigant, die Intrigantin
el oportunista, la oportunista *pej*	der Opportunist, die Opportunistin
el arribista *pej*	der Emporkömmling
el trepador *pej*	der Karrierist, *umg* der Karrierehengst
el advenedizo *pej*	der Emporkömmling
el enchufado, el protegido *pej*	der Günstling
el nuevo rico *pej*	der Neureiche
el atravesado *fig fam*	der Querdenker
el guardaespaldas, *fam* el gorila	der Leibwächter
el mandamás *fam*	der Boss
el cacique	der Häuptling; *umg* der Bonze/ Dorftyrann
la **juventud**	die Jugend; die jungen Leute *pl*
los años juveniles	die Jugendjahre *npl*
en la flor de la edad	in der Jugendblüte
la fuerza/ el empuje juvenil	die Jugendfrische
el vigor de la juventud	die Jugendfrische
el primer amor	die Jugendliebe *(Person)*
los primeros amores	die Jugendliebe *(Sache)*
la (p)sicología de la juventud	die Jugendpsychologie

el trabajo juvenil/ de menores	die Jugendarbeit
la asociación juvenil	das Jugendzentrum
el centro recreativo, el club	der Vergnügungsverein, der Club
el explorador	der Pfadfinder
el albergue juvenil	die Jugendherberge
las **expectativas**	die Erwartungen *fpl*
la ley de asistencia a los menores	das Jugendgesetz
la oficina de protección de menores	das Jugendamt
el juez de menores	der Jugendrichter
el tribunal de menores	das Jugendgericht
la monotonía	die Monotonie
la anonimidad	die Anonymität
la soledad	die Einsamkeit
el espíritu de cuerpo	die Gruppenzugehörigkeit
la juventud pasota	die Aussteigerjugend
una muchachada	ein dummer Jungenstreich
el gamberro	der Rowdy
la gamberrada	der Halbstarkenstreich
la banda juvenil	die Jugendbande
el vandalismo	der Vandalismus
la delincuencia juvenil	die Jugendkriminalität
la pena para menores	die Jugendstrafe
el centro educativo	die Erziehungsanstalt
el reformatorio	das Erziehungsheim
el correccional	die Jugendstrafanstalt
el establecimiento penitenciario para menores	die Jugendstrafanstalt
la **sexualidad**	die Sexualität
la sensualidad	die Sinnlichkeit
el erotismo	die Erotik
la voluptuosidad	die Wollust
los caracteres sexuales	die Geschlechtsmerkmale *npl*
la determinación del sexo	die Geschlechtsbestimmung
la madurez sexual	die sexuelle Reife
la pubertad	die Pubertät
la menstruación	die Menstruation
el cambio/ la muda de voz	der Stimmbruch
la educación sexual	die sexuelle Aufklärung
el pudor	die Scham(haftigkeit)
el tabú	das Tabu
la precocidad	die Frühreife
la inmadurez	die Unreife
el sexismo	der Sexismus
la orientación sexual	die sexuelle Orientierung
el homosexual, *desp* el marica	der Homosexuelle, *umg* der Schwule

la lesbiana	die Lesbierin, *umg* die Lesbe
la homofobia	die Homophobie
la transexualidad	die Transsexualität
la intersexualidad	die Intersexualität
el hermafrodita	der Hermaphrodit, *umg* der Zwitter
el cambio de sexo	die Geschlechtsumwandlung
el travestí	der Transvestit
el **enamoramiento**	die Verliebtheit; die Liebelei
el flechazo *fig*	die Liebe auf den ersten Blick
el amorío	die Liebelei
el ligue	das Anbändeln, das Verhältnis
el lío (amoroso)	das Liebesverhältnis
el enredo	das Techtelmechtel
el coqueteo	das Kokettieren
el flirt, el flirteo	der Flirt, das Flirten
los líos de faldas	Weibergeschichten *fpl*
las relaciones sexuales	die sexuellen Beziehungen *fpl*
el acto sexual, el coito	der Beischlaf, der Koitus
la cópula, *jur* el comercio carnal	der Geschlechtsverkehr
las relaciones prematrimoniales	die vorehelichen Beziehungen *fpl*

aburguesado – bürgerlich, *desp* spießig, **acaudalado** – vermögend, **acomodado** – wohlhabend, **carroza** *fam* – reaktionär, **forrado (de dinero)** *fam* – betucht, **indigente** – arm, bedürftig, **influyente** – einflussreich, **masivo** – massiv, Massen-, **pequeñoburgués** – kleinbürgerlich, spießbürgerlich, **permisivo** – permissiv, **plebeyo** – ungebildet; gemein; einfach, **reaccionario** – reaktionär, **retrógrado** *fig* – rückständig, rückschrittlich, **sin recursos** – mittellos

coqueto – kokett, **enamoradizo** – leicht entflammt, **erótico** – erotisch, **feminista** – feministisch; Frauen-, **heterosexual** – heterosexuell, **homosexual** – homosexuell, *umg* schwul, **lesbiana** – lesbisch, **machista** – Macho-, chauvinistisch, **platónico** – platonisch, **pornográfico** – pornographisch, **precoz** – frühreif, **procaz** – unverschämt, frech, **sexista** – sexistisch

racionar	rationieren
rivalizar	wetteifern, rivalisieren
masificar	vermassen
aburguesarse	*desp* verspießern, zum Spießer werden
coquetear	kokettieren
flirtear	flirten
tener una relación con alguien	ein Verhältnis mit jemandem haben
hacer el amor con alguien	mit jemandem schlafen
prostituir(se)	(sich) prostituieren

ande yo caliente y ríase la gente – die eigene Bequemlichkeit geht über alles
yo conozco a mi gente – ich kenne meine Pappenheimer
a lo pobre – nach Armenart

pobre de solemnidad – sehr arm; der das Armenrecht genießt
ser un esclavo de su palabra – das gegebene Wort streng halten
la parte del león – der Löwenanteil
la piedra de escándalo – der Stein des Anstoßes
la hoja de parra *fig* – das Feigenblatt
el cuello de botella *fig* – der Engpass
el cabeza de turco *fig* – der Prügelknabe
el quebradero/ los quebraderos de cabeza – das Kopfzerbrechen, sich den Kopf zerbrechen
la comidilla – das Stadtgespräch

Ejercicios de traducción

A. 1. Los españoles son, junto con los suecos, los europeos que más tiempo dedican a las relaciones sociales y a estar con los amigos: dos horas y media al día, nada menos. 2. Una de las tradiciones sociales que se mantiene desde siglos, pese a todos los cambios sociales y políticos, es la tertulia. Se trata de una reunión de personas que se juntan más o menos regularmente para distraerse y conversar. 3. Últimamente prolifera el fenómeno de las tertulias radiofónicas que discuten la actualidad política; están formadas en su mayor parte por periodistas y suelen generar corrientes de opinión, por lo cual son muy temidas por los dirigentes políticos, quienes con frecuencia procuran controlarlas o contrarrestarlas con otras creadas por ellos. 4. El término "tercera edad" hace referencia a las personas mayores o jubiladas, normalmente 65 o más años. Este grupo de edad está creciendo en la pirámide de población o distribución por edades: la baja tasa de natalidad, la mejora de la calidad de vida y el aumento de la esperanza de vida son las causas principales de este hecho. 5. El individualismo sigue siendo un ingrediente fuerte en el carácter español. Parecería que al español le sigue importando mucho más su gente, esto es, esa tribu compuesta por los amigos, los vecinos y los familiares que la idea del bien común, de la sociedad y del Estado.

B. 1. In den Marketingstrategien der Unternehmen führen ältere Menschen noch immer ein Schattendasein. In der Werbung sind Alte noch immer größtenteils verpönt. „Denn alles, was das Etikett Senioren trägt, schafft bei der älteren Generation ein Ghetto-Gefühl, das abgelehnt wird", sagen die Experten. 2. Absolute Armut ist definiert durch das physische Existenzminimum. Relative Armut bestimmt sich dagegen aus dem Wohlstandsgefälle einer Gesellschaft und wird als ökonomische, soziale und kulturelle Erscheinung definiert. 3. Nichtsesshafte sind Personen ohne festen Wohnsitz und ohne Arbeitsplatz. Als Ursachen für den Wohnungsverlust gelten Arbeitslosigkeit, Verschuldung und stark ansteigende Mieten, die insbesondere kinderreiche Familien in die Obdachlosigkeit treiben. 4. In Deutschland erhalten Personen Sozialhilfe, die ihren Lebensunterhalt nicht selbst bestreiten können und keine Hilfe von Verwandten ersten Grades oder von Sozialleistungsträgern erhalten. 5. Die Wiedervereinigung verschlechterte die Lebensbedingungen ostdeutscher Jugendlicher durch den Wegfall von Arbeitsplatzgarantien, institutionalisierten Freizeitangeboten und vorgegebenen Lebensperspektiven.

Conversación y discusión

1. ¿Cuáles son los principales problemas que ocasiona la convivencia en un mismo piso o casa? **2.** ¿Y los principales problemas entre vecinos? **3.** ¿Cuáles son las causas más frecuentes de disgustos en la vida diaria? **4.** ¿Cree Vd. que actualmente hay menos motivos de conflicto en la sociedad? **5.** ¿Cuáles son los problemas más generalizados de la juventud actual? **6.** ¿Por qué es tan difícil en la sociedad actual comunicarse con los demás? **7.** ¿Qué ventajas y desventajas tiene la vida en las ciudades y en el campo, respectivamente? **8.** Muchas personas, que quizá han sido muy severas con sus hijos, se entienden bien con los nietos. ¿A qué se puede atribuir ese hecho?

17. La familia

Glosario

el **familiar**	der Familienangehörige
la genealogía	die Genealogie, die Abstammung
el árbol genealógico	der Stammbaum
la horda	die Horde
la tribu	der Stamm
el clan	der Clan; die Sippe
la parentela	die Verwandtschaft
el parentesco	das Verwandtschaftsverhältnis
los padres, los progenitores	die Eltern *pl*
el hijo único, la hija única	das Einzelkind
el huérfano de padre (y madre)	der Halbwaise/ Vollwaise
madraza *fam*	die (allzu) nachsichtige Mutter
padrazo *fam*	der herzensgute Vater
los suegros	die Schwiegereltern *pl*
la mamá política *fam*	die Schwiegermutter
el matriarcado	das Matriarchat
el patriarcado	das Patriarchat
el cabeza de familia	das Familienoberhaupt
la patria potestad	die elterliche Gewalt
los coetáneos	die Gleichaltrigen *pl*
el tocayo *fam*	der Namensvetter
la herencia	das Erbe; die Erbschaft
el heredero	der Erbe
el derecho sucesorio	das Erbrecht
la residencia de la tercera edad, la residencia de ancianos	das Altenheim, das Seniorenheim
el **matrimonio**	die Ehe; das Ehepaar
el estado matrimonial	der Ehestand

el derecho matrimonial	das Eherecht
el vínculo conyugal	das Band der Ehe, der Bund der Ehe
los deberes conyugales	die Ehepflichten *fpl*
el matrimonio civil	die standesamtliche Ehe
el matrimonio religioso	die kirchliche Trauung
la bendición nupcial	der Ehesegen
el matrimonio clandestino	die heimliche Ehe
el matrimonio mixto	die Mischehe
el matrimonio de conveniencia	die Vernunftehe
el matrimonio aparente	die Scheinehe
el matrimonio de prueba	die Ehe auf Probe
el matrimonio gay *fam*	die Homosexuellenehe
la pareja de hecho	die eheähnliche Gemeinschaft
el concubinato	die wilde Ehe, das Konkubinat
la monogamia	die Monogamie
la bigamia	die Bigamie
la poligamia	die Polygamie
la poliginia/ poliandría	die Polygynie/ Polyandrie
la endogamia	die Endogamie
el matrimonio entre parientes	die Inzucht
la procreación entre consanguíneos	die Inzucht
el incesto	der Inzest
la **pareja**	das (Ehe-)Paar
el cónyuge, la cónyuge	der Ehepartner, die Ehepartnerin
el consorte, la consorte	der Ehegatte, die Ehegattin
la pubertad	die Pubertät
una muchacha núbil	ein heiratsfähiges Mädchen
el impedimento (matrimonial)	das Ehehindernis
el apellido de soltera	der Mädchenname
la palabra de casamiento	das Eheversprechen
el compromiso matrimonial	die Verlobung
el enlace (matrimonial)	die Vermählung, die Eheschließung
los contrayentes	die Eheschließenden *pl*
la boda	die Hochzeit
las alianzas	die Eheringe *mpl*
el sí	das Jawort
los novios, los desposados	das Brautpaar
el equipo de novia	die Brautausstattung
los recién casados	die Neuvermählten *pl*
el casorio *fam*	die Missheirat
el ajuar	die Aussteuer; der Hausrat
la dote	die Mitgift, die Aussteuer *(Vermögen)*
el cazadotes	der Heiratsschwindler
la estafa matrimonial	der Heiratsschwindel
la agencia matrimonial	das Eheinstitut
el casamentero	der Heiratsvermittler

la separación de bienes	die Gütertrennung
las capitulaciones matrimoniales	der Ehevertrag
el régimen de partición de ganancias	die Zugewinngemeinschaft
en segundas nupcias	in zweiter Ehe
el solterón empedernido	der eingefleischte Junggeselle
el misógino	der Frauenfeind
las bodas de plata/ oro	die silberne/ goldene Hochzeit
la **querella** entre esposos	die Ehestreitigkeit
la infidelidad	die Untreue
el adulterio	der Ehebruch
el adúltero, la adúltera	der Ehebrecher, die Ehebrecherin
la violación de los deberes matrimoniales	die Eheverfehlung
la violencia doméstica	die häusliche Gewalt
la separación	die Trennung
la separación de cuerpos/ mesa y lecho	die Trennung von Tisch und Bett
la causa matrimonial *jur*	die Ehesache *jur*
la causa dirimente de divorcio	der Scheidungsgrund
la demanda de divorcio	die Scheidungsklage
el pleito de divorcio	der Scheidungsprozess
el fallo sobre el divorcio	das Scheidungsurteil
la disolución del matrimonio	die Auflösung der Ehe
los alimentos	die Alimente *npl*
el repudio	der Verstoß
el harem, el harén	der Harem
la **prole**	die Kinder *pl*
la prole numerosa	der Kinderreichtum
la familia numerosa	die kinderreiche Familie
la descendencia	die Nachkommenschaft
la filiación legítima	die eheliche Geburt
la legitimación	die Ehelichkeitserklärung
los padres/ hijos adoptivos	die Adoptiveltern/ -kinder *pl*
el expósito	das Findelkind
el pupilo	das Mündel, der Zögling
el lactante, el bebé	der Säugling
la lactancia	die Stillperiode
los gemelos, los mellizos	die Zwillinge *pl*
los trillizos	die Drillinge *pl*
el bebé-probeta	das Retortenbaby
la fecundación artificial/ in vitro	die künstliche Befruchtung
la madre alquilada	die Leihmutter
el benjamín	der Benjamin, das Nesthäkchen
el menor	der Minderjährige
la minoría de edad	die Minderjährigkeit

la mayor edad, la mayoría	die Volljährigkeit
el niño prodigio	das Wunderkind
la planificación familiar	die Familienplanung
el control de la natalidad	die Geburtenkontrolle
la esterilización	die Sterilisierung
la contraindicación	die Gegenanzeige
la malformación del feto	die Fehlbildung des Fötus
el aborto	die Abtreibung
la mutilación genital	die genitale Verstümmelung
la circuncisión	die Beschneidung
la **protección de la infancia**	der Kinderschutz
el subsidio familiar, el plus por hijos	das Kindergeld
el suplemento por hijos	der Kinderzuschlag
la (pensión de) orfandad	die Waisenrente
la pensión alimenticia	die Unterhaltsrente, die Alimente *npl*
la nodriza, el ama *f* de cría	die Amme
la niñera, *fam* la chacha	das Kindermädchen
el canguro *fam*	der Babysitter
la pediatría	die Kinderheilkunde
el pediatra, la pediatra	der Kinderarzt, die Kinderärztin
la clínica pediátrica	die Kinderklinik
el patronato de la infancia	die Kinderfürsorge
la aldea infantil	das SOS-Kinderdorf
la residencia infantil	das Kinderheim
el parque infantil	der Kinderspielplatz
el permiso de/ por paternidad	der Vaterschaftsurlaub
el apadrinamiento de niños	die Kinderpatenschaft
la custodia, el derecho de guarda	das Sorgerecht
la orfandad	die Verwaisung; die Waisenrente
la tutela	die Vormundschaft
el tutor	der Vormund
la tutoría	die Vormundschaft
el tribunal de tutela (de menores)	das Vormundschaftsgericht
el juez de tutela	der Vormundschaftsrichter
el trabajo infantil	die Kinderarbeit
los malos tratos	die Misshandlung
el abuso de menores	die Kinderschändung, der Kindesmissbrauch
los niños de la calle	die Straßenkinder *npl*
la venta de niños	der Babyhandel
la venta de órganos	der Organhandel
la violación de niñas/ niños	die Kinderschändung
la pornografía infantil	die Kinderpornographie
la pedofilia, el pedófilo	die Pädophilie, der Pädophile

adoptivo – Adoptiv-, **apto para menores** – jugendfrei, **casadero** *fam* – heiratsfähig; heiratslustig, **consanguíneo** – blutsverwandt, **familiar** – Familien-; vertraut, **fiel** – treu, **ilegítimo** – unehelich, außerehelich, **infantil** – kindlich, Kinder-; kindisch, **infiel** – untreu, **innato** – angeboren, **juvenil** – jugendlich, Jugend-, **legítimo, de legítimo matrimonio** – ehelich, **matriarcal** – matriarchalisch, **monógamo** – monogam, **no apto para menores** – jugendgefährdend, **nupcial** – Hochzeits-, Braut-, **patriarcal** – patriarchalisch, **polígamo** – polygam, **prolífico** – fruchtbar, **púber** – heiratsfähig, **travieso** – mutwillig, ausgelassen, **tutelar** – vormundschaftlich, **vivaracho** – sehr lebhaft

dar el pecho, amamantar	stillen
destetar	entwöhnen, absetzen, abstillen
exponer/ abandonar a un niño	ein Kind aussetzen
mimar	verwöhnen, verhätscheln
reconocer	anerkennen
legitimar	(ehelich) erklären
equiparar (en derechos)	gleichstellen
adoptar	adoptieren
incapacitar	entmündigen
poner/ estar bajo tutela	unter Vormundschaft stellen/ stehen
ser mayor (de edad)	volljährig sein
llegar a mayor edad/ a la mayoría	volljährig werden
emparentar	sich verschwägern
prometerse	sich verloben
pedir en matrimonio	anhalten (um eine Frau)
pedir la mano	um die Hand anhalten
dar en matrimonio	verheiraten
casar (a su hija)	(seine Tochter) verheiraten
contraer matrimonio	die Ehe schließen
hacer vida conyugal	in Ehegemeinschaft leben
hacer vida marital	als Mann und Frau leben
ser obligado a casarse	gezwungen werden zu heiraten
casarse bajo amenaza(s)	heiraten unter Drohung(en)
separarse	sich trennen
solicitar el divorcio	die Scheidungsklage einreichen
divorciarse	sich scheiden lassen
pagar alimentos	Unterhalt/ Alimente *npl* zahlen

estar aún en pañales – noch in den Kinderschuhen stecken
estar perdidamente enamorado/ enamorada – unsterblich verliebt sein
beber los vientos por alguien – in jemanden unsterblich verliebt sein
es un tirano, es un déspota – er ist ein (Haus-)Tyrann
es una fiera, es una arpía – sie ist eine Xanthippe, eine Furie
no casarse con nadie – unabhängig sein und bleiben *(als Haltung)*
hacer una buena pareja – ein schönes Paar sein

Ejercicios de traducción

A. 1. La familia española se ha adaptado a los nuevos tiempos, pero sigue siendo fundamental como construcción social y manera de estar frente a la vida. Y no se trata sólo de la familia, sino del grupo, el clan, la tribu, la horda. **2.** En las sociedades industriales desarrolladas predomina la familia nuclear formada por padres e hijos; ésta se combina con otras formas de convivencia: divorciados, separados, solos, grupos de amigos, madres solteras, parejas de homosexuales. **3.** El número de mujeres maltratadas por sus respectivos maridos o compañeros asciende a varios millones, y constantemente aumenta el número de hogares o refugios para las mujeres que huyen de situaciones insostenibles, o para librarse de golpes y violencia. **4.** En las últimas décadas se ha replanteado en casi todos los países la educación sexual. Muchos tabúes han desaparecido y dejado margen a un comportamiento más natural y liberal frente a temas como las relaciones prematrimoniales, los medios y métodos anticonceptivos y la planificación familiar.

B. 1. Die Ehe ist der Anfang und der Gipfel aller Kultur (Goethe). **2.** Man kann die individuellen Probleme nicht über einen Kamm scheren; man kann zum Beispiel ein Problem darin sehen, dass Frauen heutzutage immer wieder damit konfrontiert sind, dass sie zwischen Beruf und Kinderwunsch entscheiden müssen, bzw. beides nur schwer vereinbaren können. **3.** Zu den schwerwiegendsten Folgen von Kindesmisshandlung gehören Behinderungen, Störungen der körperlichen, emotionalen und sexuellen Entwicklung, Aggressivität, Depressionen, der Missbrauch von Drogen und Kriminalität. **4.** Kinderhandel ist nach Definition der UNO-Menschenrechtskommission der Verkauf von Kindern als Arbeitskraft, zur Prostitution und zu Adoptionszwecken. **5.** Seit dem 1.7.1998 sind eheliche und nicht eheliche Kinder, wie im Grundgesetz gefordert, durch das neue Kindschaftsrecht weitgehend gleichgestellt. Geschiedenen Eltern steht grundsätzlich das Sorgerecht für ihr Kind gemeinschaftlich zu; ein alleiniges Sorgerecht muss bei Gericht beantragt werden. Auch nicht miteinander verheiratete Eltern können das gemeinsame Sorgerecht ausüben.

Conversación y discusión

1. ¿Cree Vd. que la familia está actualmente en crisis? **2.** ¿Cuáles son las principales dificultades de los padres cuando tienen hijos pequeños? **3.** ¿Y cuando los hijos son adolescentes y jóvenes? **4.** ¿Por qué la pubertad es un periodo difícil de la vida? **5.** ¿Cuáles son los motivos más frecuentes de desaveniencias entre los cónyuges o las parejas en general? **6.** ¿Por qué motivo el número de los divorcios aumenta continuamente en la mayor parte de los países? **7.** ¿Existen conflictos generacionales? **8.** ¿A qué se debe en gran parte la agresividad en el seno de las familias? **9.** ¿Existen a su parecer alternativas modernas a la llamada familia tradicional?

18. La enseñanza. La formación

Glosario

la enseñanza (preescolar)	das (Vor-)Schulwesen
la casa-cuna	der Kinderhort, die Kinderkrippe
la guardería infantil	die Kindertagesstätte
el hogar para niños	das Kinderheim
el parvulario	der Kindergarten, die Vorschule
el jardín de la infancia	der Kindergarten
la escuela de párvulos	die Kleinkinderschule, die Vorschule
la maestra de párvulos	die Kindergärtnerin, die Vorschullehrerin
la puericultora	die Kindergärtnerin, die Vorschullehrerin
la escolaridad/ enseñanza obligatoria	die Schulpflicht
el escolar, la escolar	der Schüler, die Schülerin
la escuela primaria	die Grundschule
la escuela primaria superior	die Hauptschule
la escuela secundaria	die Mittelschule, die Realschule
la escuela de segunda enseñanza	die Mittelschule, die Realschule
la Enseñanza General Básica (EGB)	die Grund- und Hauptschule
el bachillerato	das Abitur; die Reifeprüfung
el bachillerato general	die allgemeine Hochschulreife
el Bachillerato Unificado Polivalente (BUP)	span. allgemeinbildende Sekundarstufe
el estudiante de bachillerato	der Gymnasiast; der Oberschüler
el bachillerato a distancia	der Fernunterricht (*etwa*: Telekolleg)
el bachillerato nocturno	das Abendgymnasium
la enseñanza media/ secundaria	das Mittelschulwesen; die Realschule
la formación profesional	die Berufsausbildung
la formación profesional acelerada	die praxisorientierten Intensivkurse *mpl*
el módulo profesional	die Berufsausbildung
el ciclo polivalente	die Berufsgrundbildung
la enseñanza postescolar	die Erwachsenenbildung
la formación artística	die Kunsterziehung
la educación física	der Sport- und Turnunterricht
la educación cívica	die staatsbürgerliche Erziehung
la enseñanza audiovisual	der audiovisuelle Unterricht
la enseñanza por correspondencia	der Fernunterricht
la enseñanza superior	die Hochschulausbildung
la LOGSE (Ley General de Ordenamiento del Sistema Educativo)	das aktuelle Bildungsgesetz
el instituto (de bachillerato)	das (staatliche) Gymnasium
el colegio, *fam* el cole	die Schule; die Privatschule
el colegio público	die öffentliche (staatliche) Schule

la escuela taller	die Lehrwerkstätte
la academia	die Akademie; das Lehrinstitut
la escuela profesional (especializada)	die Berufs(fach)schule
la escuela politécnica	die technische Hochschule
la escuela normal *(früher)*	die pädagogische Hochschule
la escuela especial	die Fachschule
la escuela de educación especial	die Sonderschule
la escuela técnica superior	die Fachoberschule
la escuela superior	die Hochschule
la escuela especializada superior	die Fachhochschule
la universidad politécnica	die Fachhochschule
la universidad popular	die Volkshochschule
la escuela de Bellas Artes	die Kunstakademie, die Kunsthochschule
el conservatorio	das Konservatorium
el **maestro**	der (Grundschul-)Lehrer
el profesor	der Lehrer; der Dozent
el catedrático de instituto	*(etwa)* der Studienrat
el cuerpo/ claustro de profesores	das (Lehr-)Kollegium
la labor docente/ de enseñanza	die Lehrtätigkeit
la matrícula	die Immatrikulation
el manual (de enseñanza)	das Lehrbuch
el libro de texto	das Schulbuch
el curso superior	der Fortgeschrittenenkurs
la asignatura/ disciplina obligatoria	das Pflichtfach
la asignatura optativa/ facultativa	das Wahlfach
el área *f* de aprendizaje	*(etwa)* die Fachgruppe
el cursillo	der Lehrgang; der Ergänzungskurs
el cursillista	der Kursteilnehmer
el año escolar	das Schuljahr
la evaluación	die Auswertung; die Beurteilung
el suspenso	nicht bestanden (*Prüfungsnote*)
el certificado de escolaridad	nicht qualifizierter Abschluss der Hauptschule, das Abgangszeugnis
el castigo corporal	die Züchtigung
el bedel	der Hausmeister
la **universidad** (estatal/ privada)	die (öffentliche/ private) Universität
el Curso de Orientación Universitario (COU)	der Hochschulorientierungskurs
el examen de selectividad	*(etwa)* die Aufnahmeprüfung bzw. Reifeprüfung (für die Universität)
el año lectivo	das Studienjahr
el catedrático	der Hochschullehrer
el profesor universitario	der Universitätsprofessor
el profesor agregado	*(etwa)* der außerordentliche Professor

el profesor invitado	der Gastprofessor
el profesor no numerario (PNN), *fam* penene	der Universitätsdozent
el instructor	der Ausbilder
el encargado de curso	der Lehrbeauftragte
el lector	der Lektor
el investigador	der Forscher
la investigación básica	die Grundlagenforschung
el rector, el rectorado	der Rektor, das Rektorat
el decano, el decanato	der Dekan, das Dekanat
la facultad	die Fakultät
el colegio mayor	das Studentenwohnheim
la carrera universitaria	das (Universitäts-)Studium
la tesina	(*etwa*) die Zulassungsarbeit (zum Examen)
la tesis doctoral	die Doktorarbeit, die Dissertation
el grado académico	der akademische Grad
el diploma	das Diplom; das Reifezeugnis
el doctorado	die Promotion
la matrícula de honor	(*etwa*) summa cum laude (Abschluss mit höchster Auszeichnung)
el licenciado	der Akademiker (mit Staatsexamen)
el universitario	der Akademiker
el técnico (superior)	der Techniker
el perfeccionamiento	die Fortbildung
los estudios de postgrado	die Weiterbildung
las prácticas	das Praktikum
las oposiciones *Sp*	die Auswahlprüfung für Staatsstellen bzw. für ein Lehramt/ einen Lehrstuhl
la cátedra	der Lehrstuhl
las oposiciones a una cátedra	(*etwa*) die Habilitation
la fundación	die Stiftung
la donación	die Spende
la beca, la bolsa de estudios	das Stipendium
el becario	der Stipendiat
el **analfabetismo**	der Analphabetismus
el analfabeto	der Analphabet
la campaña de alfabetización	die Alphabetisierungskampagne
el fracaso escolar	der Schulabbruch
la educación de adultos	die Erwachsenenbildung
la escuela nocturna	die Abendschule
la escuela televisiva	(*etwa*) das Telekolleg
escolar	Schul-
en edad escolar	im Einschulungsalter
aplicado	fleißig, eifrig
estudioso	lernbegierig

matricularse	sich einschreiben
asistir a/ frecuentar la escuela	die Schule besuchen
cursar	studieren
impartir (una clase)	(Unterricht) erteilen
aprender (de memoria)	(auswendig) lernen
tomar apuntes *mpl*	Notizen *fpl* machen
repasar	wiederholen *(Lernstoff)*
empollar *fam*	büffeln
superar una prueba	ein Examen bestehen
aprobar, *fam* pasar	bestehen *(Prüfung, Studium)*
suspender una asignatura	in einem Fach durchfallen
suspender el curso	sitzen bleiben
graduarse de doctor, doctorarse	promovieren
doctorarse en filología	in den Geisteswissenschaften promovieren

más vale saber que haber – Wissen ist Macht
el saber no ocupa lugar – Wissen braucht keinen Raum
las gentes que saben – gebildete Leute
saber algo al dedillo – etwas herunterbeten können
sabérselas todas – mit allen Wassern gewaschen sein, durchtrieben sein
dar estudios – jemanden studieren lassen
tener estudios – eine gebildete Frau/ ein gebildeter Mann sein
formar escuela, hacer escuela – Schule machen
hacer novillos; correrse la escuela – die Schule schwänzen
fumarse una clase – eine Stunde/ Vorlesung schwänzen

Ejercicios de traducción

A. 1. A lo largo de los últimos decenios, España ha potenciado la enseñanza superior y ha emprendido un proceso de reforma y adaptación a la dimensión europea de su nueva realidad política y económica. 2. En el ámbito de actuación de las 50 universidades públicas españolas existe una institución peculiar y diferente, la Universidad Nacional de Educación a Distancia (UNED), que a través de sus numerosos centros asociados, cubre todo el territorio español y acerca la enseñanza superior y la educación permanente a todos los rincones del país. 3. La UNED imparte cursos a distancia por medio de apoyo audiovisual e Internet. Tiene su sede central en Madrid y está bajo la tutela del Ministerio de Educación y Ciencia del Gobierno de España. 4. Es cada día mayor el número de padres que prefieren la enseñanza privada a la pública, y aumentan los centros financiados por iglesias o asociaciones, que se ofrecen como alternativa a los estatales, seriamente afectados por problemas de violencia, drogas y disciplina en muchos casos.

B. 1. In Deutschland ist das Abitur der Schulabschluss, mit dem die Zugangsberechtigung zur Hochschule erworben wird. Mit zunehmender Zahl der deutschen Abiturienten verlor das Abitur als Auswahlkriterium zu höheren Berufspositionen an Wert. 2. Soll man Schulkinder möglichst lange in einer gemeinsamen Schule belassen, oder soll man sie schon frühzeitig auf verschiedene

Bildungsgänge aufteilen? In der Bildungspolitik wird dieses Thema seit Jahren diskutiert. Für Deutschland, Österreich und einige Teile der Schweiz gilt: Schon nach der vierten Klasse, im Alter von etwa zehn Jahren, beginnt die „Sortierung" der Schüler. **3.** Länder wie die USA haben ein anderes System: Die gesamte Schulzeit, bis zur zwölften Klasse, bleiben alle Schüler gemeinsam an einer Schule, es werden aber je nach den Begabungen und Wünschen der Schüler unterschiedliche Kurse angeboten.

Conversación y discusión

1. ¿A qué atribuye el alto porcentaje de fracaso escolar en muchos países? **2.** Explique concisamente cómo está organizado el sistema escolar en Alemania. **3.** Explique a un extranjero el sistema de financiación de los estudios en Alemania. **4.** ¿Hay muchas universidades privadas en Alemania? **5.** ¿Y en España y América Latina? **6.** ¿Qué ventajas e inconvenientes ofrecen los centros privados sobre los estatales, p.ej. en España? **7.** ¿Qué facilidades (financiación, vivienda ...) existen para los estudiantes universitarios, tanto alemanes como extranjeros? **8.** Todos se quejan actualmente de que en las universidades y escuelas superiores hay demasiados estudiantes. ¿Qué piensa Vd. al respecto? **9.** ¿Cuáles son, a su parecer, los principales problemas de los estudiantes extranjeros en Alemania?

19. La vida laboral

Glosario

el **trabajo** manual	die Handarbeit
el trabajo físico/ intelectual	die körperliche/ geistige Arbeit
el trabajo agrícola	die Feldarbeit
el trabajo profesional	die berufliche Tätigkeit
el trabajo remunerado/ retribuido	die Erwerbsarbeit, bezahlte Arbeit
el trabajo gratuito	die ehrenamtliche Tätigkeit
el trabajo fijo	der feste Arbeitsplatz
el trabajo por turnos/ equipos	die Schichtarbeit
el trabajo diurno/ nocturno	die Tag-/ Nachtschicht
el trabajo a destajo	die Akkordarbeit
el trabajo estacional/ de temporada	die Saisonarbeit
el trabajo a tiempo completo/ parcial	die Vollzeit-/ Teilzeitarbeit
el trabajo ocasional	die Gelegenheitsarbeit, der Job
el trabajo a domicilio	die Heimarbeit
el trabajo clandestino	die Schwarzarbeit
el trabajo infantil	die Kinderarbeit
el **día laborable**/ de trabajo	der Werktag
el día festivo/ no lectivo	der Feiertag

la jornada laboral	der Arbeitstag
la jornada completa/ parcial	die Vollzeitbeschäftigung/ Teilzeitarbeit
la jornada intensiva/ continua	die durchgehende Arbeitszeit
la jornada reducida	die Kurzarbeit
la jornada flexible	die gleitende Arbeitszeit
las horas extra(ordinaria)s	die Überstunden *fpl*
el horario fijo	die feste Arbeitszeit
el horario flexible	die Gleitzeit
las horas de oficina	die Geschäftsstunden *fpl*
el **personal**	das Personal
la mano de obra	die Arbeitskräfte *fpl*
la plantilla	die Belegschaft
la población activa	die erwerbstätige Bevölkerung
el trabajador, el empleado	der Arbeitnehmer
el patrono/ empresario/ *Am* patrón	der Arbeitgeber
la patronal	der Arbeitgeberverband
el obrero, el operario	der Arbeiter
el peón	der Hilfsarbeiter
el artesano	der Handwerker
el empleado	der Angestellte
el campesino, el labrador	der Bauer
el trabajador agrícola/ rural	der Landarbeiter
el agricultor	der Landwirt
el minero	der Bergmann, der Bergwerksarbeiter
el metalúrgico	der Metallarbeiter
el trabajador eventual	der Gelegenheitsarbeiter
el temporero	der Saisonarbeiter
el trabajador (no) cualificado	der (un)gelernte Arbeiter
el trabajador semicualificado	der angelernte Arbeiter; der Fachgehilfe
el trabajador especializado	der Facharbeiter
el empleado de fábrica	der Werkangestellte
el empleado público/ del Estado	der Staatsbeamte
el funcionario	der Beamte; *pol* der Funktionär
el funcionario de carrera	der Berufsbeamte
la **remuneración**	die Vergütung
la retribución	die Entlohnung
la paga	der Lohn, der Sold
el salario (mínimo)	der (Mindest-)Lohn
el asalariado	der Lohnempfänger
el jornalero	der Tagelöhner
el sueldo	das Gehalt
la subida de sueldo	die Lohnerhöhung
la nómina	die Gehaltsabrechung/ *umg* Lohntüte
el **aspirante**	der Anwärter
el concursante	der Bewerber; der Teilnehmer
el currículo	der Lebenslauf

la entrevista personal	das Vorstellungsgespräch
los informes, las referencias	die Referenzen *fpl*; die Zeugnisse *npl*
el certificado de buena conducta	das Führungszeugnis
el lenguaje gestual y corporal	die Körpersprache
el período/ periodo de prueba	die Probezeit
el contrato por tiempo indefinido	der unbefristete Vertrag
el contrato de duración determinada	der befristete Vertrag
el convenio colectivo	der Tarifvertrag
la orientación profesional	die Berufsberatung
el aprendiz, la aprendiza	der Lehrling, die Auszubildende
el aprendizaje	die Lehre
el oficial, la oficiala	der Geselle, die Gesellin
la maestría	der Meistertitel
el perfeccionamiento	die Weiterbildung
el cambio de oficio o profesión	die Umschulung
la readaptación profesional	die Umschulung

el **derecho laboral**	das Arbeitsrecht
la seguridad social	die soziale Sicherheit
el comité de empresa	der Betriebsrat
el delegado de personal	der Personalvertreter
las prestaciones sociales	die Sozialleistungen *fpl*
las cargas sociales	die Sozialabgaben *fpl*
la retención	die Einbehaltung *(Lohn, Gehalt)*
la reducción del salario	die Lohnkürzung
el pago continuado del salario	die Lohnfortzahlung
las vacaciones por maternidad	der Mutterschaftsurlaub
el subsidio familiar	das Kindergeld
el plus/ los puntos por hijos	die Kinderzulage, der Kinderzuschlag
el despido	die Entlassung
el preaviso	die fristgerechte Kündigung
el plazo de preaviso	die Kündigungsfrist
sin preaviso	fristlos
la oficina de empleo	das Arbeitsamt
la bolsa de trabajo	der Arbeitsmarkt
la jubilación (anticipada)	die (vorzeitige) Pensionierung
la prejubilación	der Vorruhestand
la pensión (de invalidez)	die (Invaliden-)Rente
el pensionista, el jubilado	der Rentner

el **paro**, el desempleo	die Arbeitslosigkeit
el parado, el desocupado	der Arbeitslose
el seguro de paro	die Arbeitslosenversicherung
el subsidio de paro/ desempleo	die Arbeitslosenunterstützung
el absentismo	die Abwesenheit vom Arbeitsplatz
el permiso	der Urlaub
el pleno empleo	die Vollbeschäftigung

la reconversión	die Rationalisierung
el accidente de trabajo	der Arbeitsunfall
la incapacidad laboral	die Arbeitsunfähigkeit
la incapacidad, la invalidez	die Dienstuntauglichkeit
la autogestión	die Selbstverwaltung
la cogestión	die Mitbestimmung *(Gewerkschaft)*
el sindicato	die Gewerkschaft
el sindicalista, la sindicalista	der Gewerkschaftler, die Gewerkschaftlerin
la acción concertada	die konzertierte Aktion
la huelga de advertencia	der Warnstreik
la huelga de brazos caídos/ de celo	der Sitz-/ Bummelstreik
la huelga general	der Generalstreik
la huelga salvaje	der wilde Streik
el huelguista, la huelguista	der Streikende, die Streikende
el piquete	der Streikposten
el rompehuelgas, el esquirol	der Streikbrecher
el cierre patronal	die Aussperrung

desocupado – arbeitslos, **diurno** – Tag-, **dominical** – Sonntags-, **gandul** – faul, arbeitsscheu, **holgazán** – faul, arbeitsscheu, **laboral** – Arbeits-, **laborioso** – fleißig, arbeitsam, **nocturno** – Nacht-, **parado** – arbeitslos, **trabajador** – arbeitsam, fleißig, **trabajoadicto** – arbeitssüchtig, *umg* workaholic, **vago** – faul, arbeitsscheu

solicitar un trabajo	sich für einen Job bewerben
ponerse a trabajar	sich an die Arbeit machen
currar *fam*	schuften, *umg* malochen
reclutar	*(Arbeiter)* anwerben; rekrutieren
percibir un sueldo	ein Gehalt beziehen
gratificar	vergüten
indemnizar	entschädigen
estar de turno	Dienst haben
turnarse	sich abwechseln; sich ablösen
cotizar	zahlen *(z.B. Beiträge)*
estar de baja	fehlen, abwesend sein
hacer un aprendizaje	eine Lehre machen; in die Lehre kommen
estar de aprendiz, aprender un oficio	in der Lehre sein
firmar/ rescindir un contrato	einen Vertrag abschließen/ auflösen
denunciar un contrato	einen Vertrag kündigen
jubilarse	in den Ruhestand treten
despedir	entlassen
quedar en paro	arbeitslos werden
estar en paro/ desocupado	arbeitslos sein
afiliarse (a)	angehören
estar afiliado a	Mitglied sein
convocar/ desconvocar una huelga	einen Streik ausrufen/ abbrechen
estar en huelga	streiken

sudar la gota gorda – schuften
eso me hace sudar tinta – das ist eine Schweinearbeit
sudar sangre – Blut schwitzen
a Dios rogando, y con el mazo dando – hilf dir selbst, so hilft dir Gott
hacer horas extra(ordinaria)s – Überstunden machen
echarse al surco – frühzeitig aufgeben
quien tiene oficio, tiene beneficio – Handwerk hat goldenen Boden
sin oficio ni beneficio – ohne Lohn und Brot
trabajar como un enano/ negro/ burro – wie ein Pferd arbeiten, schuften
no dar golpe – nichts tun, faulenzen
echar una mano a alguien – jemandem helfen, mit anpacken
arrimar el hombro – sich tüchtig ins Zeug legen
dar el callo *fam* – schuften, sich abplacken

Ejercicios de traducción

A. 1. Según diversos estudios, el clima en los centros de trabajo mejora notablemente si los jefes tienen en cuenta las propuestas y las críticas de los subordinados y si no les llaman la atención en público. **2.** Las frustraciones en el puesto de trabajo son mayores entre las personas de 25 a 35 años, pues a esa edad son más frecuentes las decepciones por no hacer la carrera esperada; con los años disminuyen las ilusiones y aumenta la cooperación. **3.** Por lo general, el ambiente es mejor en las pequeñas empresas que en las grandes, donde suele reinar la anonimidad. **4.** El comité estatal de huelga de la enseñanza pública hizo un llamamiento ayer a los profesores para que vuelvan a clase el próximo lunes. **5.** En un comunicado que firman los tres sindicatos se pide a los profesores que se pronuncien en las asambleas sobre el aplazamiento de las movilizaciones hasta el próximo curso, dado el bajo seguimiento de la huelga indefinida en sus dos primeras jornadas. **6.** Los portavoces sindicales achacan a la amenaza de las deducciones salariales que realiza el ministerio el bajo seguimiento de la huelga.

B. 1. Die Europäische Sozialcharta ist die 1989 von der EG-Kommission verabschiedete Urkunde über soziale Grundrechte der Arbeitnehmer, z.B. die Koalitionsfreiheit, das Recht auf Freizügigkeit und die Gleichberechtigung von Frauen und Männern am Arbeitsplatz. **2.** Die Mitbestimmung ist die Beteiligung der Arbeiter und Angestellten bzw. ihrer Interessenvertreter an Entscheidungen in Betrieben und Unternehmen sowie im öffentlichen Dienst. **3.** Die Bundesagentur für Arbeit (BA, ehemals Bundesanstalt für Arbeit) ist das Verwaltungsorgan, das in Deutschland für die Arbeitsvermittlung und -förderung sowie die Leistungsgewährung unter anderem des Arbeitslosengeldes zuständig ist. Der Sitz der BA ist Nürnberg. **4.** Unter Lohnnebenkosten oder Lohnzusatzkosten werden die Beiträge zur Renten-, Kranken-, Pflege- und Arbeitslosenversicherung verstanden. Diese werden in Deutschland für die Renten- und die Arbeitslosenversicherung je zur Hälfte vom Arbeitnehmer und vom Arbeitgeber gezahlt. Für die Kranken- und die Pflegeversicherung tragen die Arbeitnehmer etwas höhere Anteile. Zu den Lohnnebenkosten werden auch weitere Kosten gezählt, die sich einem Arbeitsplatz zuordnen lassen.

Conversación y discusión

1. ¿Cómo es el sistema alemán de subsidio de paro? 2. ¿Y el español? 3. ¿Adónde debe dirigirse quien pierde su trabajo? 4. ¿A qué personas les resulta más difícil encontrar trabajo? 5. Según su parecer, ¿qué factores pueden contribuir a que una persona consiga trabajo con mayor facilidad? 6. ¿Cuáles son actualmente las profesiones de mayor prestigio? 7. ¿Cree Vd. que los padres suelen presionar a sus hijos para que escojan una determinada profesión? 8. Enumere algunos de los problemas que afectan particularmente a los obreros. 9. Explique qué es una huelga y cuáles son sus motivos y objetivos. 10. Enumere algunos tipos de huelga y explique en qué consisten. 11. ¿Qué diferencia existe entre los sindicatos españoles y los alemanes?

20. La organización política

Glosario

el **Estado**	der Staat
el Estado de derecho	der Rechtsstaat
el Estado multinacional	der Vielvölkerstaat
el Estado social	der Sozialstaat
el Estado-providencia	der Wohlfahrtsstaat
la nación	die Nation
el nacionalismo	der Nationalismus
la etnia	die ethnische Gruppe, die Volksgruppe
la soberanía	die Souveranität
la autonomía	die Autonomie
la independencia	die Unabhängigkeit
la autodeterminación	die Selbstbestimmung
el reformismo	die Reformpolitik
el **gobierno**	die Regierung
los gobernantes	die Herrschenden *mpl*
el caudillo	der Anführer
el estadista, el hombre de Estado	der Staatsmann
la esfera gubernamental	die Regierungskreise *mpl*
el sector público	die öffentliche Hand
el sector privado	die Privatwirtschaft
el deber cívico	die Bürgerpflicht
el civismo	der Bürgersinn
el ente	die Körperschaft
la entidad	die Körperschaft; die Firma; der Verein; die Vereinigung
la corporación	die Körperschaft

la descentralización	die Dezentralisierung
el asesor de imagen	der Imageberater; der Werbeberater
la **forma de gobierno**	die Regierungsform
la monarquía absoluta	die absolute Monarchie
la monarquía constitucional	die konstitutionelle Monarchie
la Constitución	die Verfassung
la Ley Fundamental	das Grundgesetz
la república presidencialista	die Präsidialrepublik
la república parlamentaria	die parlamentarische Republik
la república federal	die Bundesrepublik
la federación	der Bund
el Estado federado	das Bundesland
la Comunidad autónoma, la Autonomía *Sp*	die autonome Region
el jefe de Estado	der Staatschef
el jefe de Gobierno	der Regierungschef
el presidente del Gobierno *Sp*	der Ministerpräsident
el vicepresidente del Gobierno *Sp*	der Vizepräsident
los **poderes del Estado**	die Staatsgewalten *fpl*
la división/ separación de poderes	die Gewaltenteilung
el poder legislativo	die Legislative, die gesetzgebende Gewalt
el poder ejecutivo	die Exekutive, die ausübende Gewalt
el poder judicial	die Jurisdiktion, die richterliche Gewalt
el alto cargo	die hohe Stellung
el mandato	der Befehl; *pol* das Mandat
el mandatario	der Beauftragte
la toma de posesión	die Besitznahme, der Amtsantritt
la reunificación	die Wiedervereinigung
la razón de Estado	die Staatsräson
el relevo	die Ablösung
la abdicación	die Abdankung
la dimisión	der Rücktritt
la deposición	die Amtsenthebung
la destitución	die Absetzung
la toma del poder	die Macht mit Gewalt an sich reißen
la junta militar	die Militärjunta
la maquinación	die Machenschaft
la usurpación	die Usurpation, Macht mit Gewalt an sich reißen
el crimen de lesa majestad	die Majestätsbeleidigung
el **Parlamento**	das Parlament
las Cortes	das spanische Parlament; *hist* die Landstände *mpl*; *(unter Franco)* das Ständeparlament

el Senado, la Cámara de Senadores	*(etwa)* der Bundesrat
el Congreso (de los Diputados)	*(etwa)* der Bundestag
la Cámara de los Representantes	das Abgeordnetenhaus, die Abgeordnetenkammer
el parlamentario	der Parlamentarier
el senador	der Senator
el diputado	der Abgeordnete
el grupo parlamentario	die Fraktion
la dieta	der Landtag
las dietas	die Diäten *fpl*, die Spesen *fpl*
la legislatura	die Legislaturperiode
el hemiciclo	der Halbkreis
el pleno, el plenario	die Vollversammlung; das Plenum
el banco azul *Sp*	die Ministerbank *(Parlament)*
el orden del día	die Tagesordnung
el quórum	das Quorum
la inmunidad parlamentaria	die Immunität
la moción	der Antrag
la moción de censura	der Misstrauensantrag
la interpelación	die Anfrage
el llamamiento al orden	der Ordnungsruf
la ley orgánica del Estado	das Staats(grund)gesetz
la ley complementaria/ modificativa	die Novelle
el decreto	die Verordnung; der Erlass
el decreto-ley	die Gesetzesverordnung
la enmienda	der Abänderungsantrag; die Abänderung
por unanimidad	einstimmig
el ordenanza	der Amtsbote; die Ordonnanz
la disolución del Parlamento	die Auflösung des Parlaments
el canciller	der Kanzler; *Am* der Außenminister
el presidente del Gobierno *Sp*	der Ministerpräsident
la votación de investidura *Sp*	die Ministerpräsidentenwahl
el primer ministro	der Premierminister
el ministerio	das Ministerium
la cartera	das Portefeuille; *Sp* das Ministeramt/ Ressort
el consejo de ministros, el gabinete	der Ministerrat, das Kabinett
el subsecretario	der Staatssekretär
el/ la portavoz del Gobierno	der/ die Regierungssprecher(in)
la consejería *Sp*	das Ministerium (einer autonomen Region)
el decreto/ la orden ministerial	der Ministererlass
el Ministerio de Asuntos Exteriores	das Außenministerium
el Ministerio de Hacienda	das Finanzministerium
el Ministerio de Educación y Ciencia *Sp*	das Unterrichtsministerium
el Ministerio de Instrucción Pública *Am*	das Unterrichtsministerium

el secretario de Estado	der Staatssekretär; *USA* der Außenminister
la fuerza coactiva	der Zwang

la administración de **justicia**	die Justizverwaltung
el ministerio fiscal	die Staatsanwaltschaft
la fiscalía	die Staatsanwaltschaft
el fiscal (general)	der (General-)Staatsanwalt
el Tribunal Constitucional	das Verfassungsgericht
el Tribunal Supremo *Sp*	der Oberste Gerichtshof
la Corte Suprema *Am*	der Oberste Gerichtshof
la Audiencia Territorial	*(etwa)* das Oberlandesgericht
el juzgado de instrucción/ de primera instancia	das Amtsgericht
el palacio de justicia	der Justizpalast
el alguacil	der Gerichtsdiener, der Amtsdiener

la **diplomacia**	die Diplomatie
el diplomático	der Diplomat
el cuerpo diplomático	das diplomatische Corps
la embajada	die Botschaft
el embajador, la embajadora	der Botschafter, die Botschafterin
el consulado	das Konsulat
el consulado honorario	das Honorarkonsulat
el cónsul, la cónsul/ consulesa	der Konsul, die Konsulin
la legación	die Gesandschaft
el plenipotenciario	der Gesandte; der Bevollmächtigte
el agregado	der Attaché
las (cartas) credenciales	das Beglaubigungsschreiben
la valija diplomática	das Diplomatengepäck
el nuncio	der Nuntius

los **órganos de seguridad** del Estado	die Staatssicherheitsorgane *npl*
el cuerpo de seguridad	die Sicherheitspolizei
las fuerzas armadas	die Streitkräfte *fpl*
la policía	die Polizei
la comisaría de policía	das Polizeirevier
el comisario	der Kommissar
la jefatura de policía	das Polizeipräsidium
el (agente de) policía	der Polizist
el guardia	der Polizist, der Schutzmann
la radiopatrulla	die Funkstreife
el guardia civil	der Landpolizist
el servicio secreto	der Geheimdienst
la policía secreta	die Geheimpolizei
el agente secreto	der Geheimagent
el espía, la espía	der Spion, die Spionin
el espionaje	die Spionage

el contraespionaje	die Spionageabwehr
las actividades subversivas	die staatsfeindlichen Umtriebe *mpl*
el complot	das Komplott
la alta traición	der Hochverrat

el **partido**	die Partei
el pluralismo	der Pluralismus
el pluripartidismo	das Mehrparteiensystem
el bipartidismo	das Zweiparteiensystem
el partido único	die Einheitspartei
el sistema monopartidista	das Einheitsparteisystem
el partido bisagra	die kleine Partei
el activista	der Aktivist
el adepto/ partidario/ adicto	der Anhänger
el afiliado	das Mitglied
el simpatizante	der Sympathisant, der Anhänger
el conservadurismo	der Konservati(vi)smus
el radicalismo	der Radikalismus
el extremismo	der Extremismus
el ultraderechismo	der Rechtsextremismus
el ultraizquierdismo	der Linksextremismus
el liberal	der Liberale *(Politiker)*
el liberalismo	der Liberalismus
la democracia cristiana	die christliche Demokratie
el verde, el ecologista	der Grüne *(Politiker)*
la socialdemocracia	die Sozialdemokratie
el socialismo	der Sozialismus
el comunismo	der Kommunismus
el marxismo	der Marxismus
el leninismo	der Leninismus
el estalinismo	der Stalinismus
el eurocomunismo	der Eurokommunismus
el anarquismo	der Anarchismus
el fascismo	der Faschismus
el nacionalsocialismo, el nazismo	der Nationalsozialismus
la cruz gamada	das Hakenkreuz

las **elecciones**	die Wahlen *fpl*
el elector	der Wähler
el electorado	die Wählerschaft
el derecho electoral	das Wahlrecht
el derecho de voto	das Stimmrecht
el votante, la votante	der/ die Stimmberechtigte
el voto activo/ pasivo	das aktive/ passive Wahlrecht
la votación secreta	die geheime Abstimmung
la votación nominal	die namentliche Abstimmung
la votación por carta/ correspondencia	die Briefwahl

el sufragio universal	das allgemeine Wahlrecht
el distrito electoral	der Wahlbezirk
el colegio electoral	das Wahllokal
la propaganda electoral	die Wahlpropaganda
la campaña electoral	die Wahlkampagne
los comicios	die Wahlversammlung; die Wahlen *fpl*
la cúpula del partido	die Parteispitze
el candidato	der Kandidat
la candidatura	die Bewerbung; die Kandidatur
el carisma	das Charisma, die Ausstrahlung
la camarilla	die Clique
la encuesta	die Umfrage
el recuento	die (Stimmen-)Auszählung
el escrutinio, el cómputo	die Stimm(en)zählung
la proyección	die Hochrechnung
el voto nulo	die ungültige Stimme
la abstención del voto	die Stimmenthaltung
la derrota electoral	die Wahlniederlage
el descalabro electoral	die Wahlschlappe *umg*
(la Organización de) las Naciones Unidas (ONU)	die Vereinten Nationen (UNO) *fpl*
la Asamblea General (de la ONU)	die UNO-Vollversammlung
el Tribunal Internacional de Justicia	der Internationale Gerichtshof
la Comunidad Europea	die Europäische Gemeinschaft
la Unión Europea	die Europäische Union
el Parlamento Europeo	das Europäische Parlament
la Comisión Europea	die Europäische Kommission
el Tribunal de Justicia Europeo	der Europäische Gerichtshof
el Banco Central Europeo	die Europäische Zentralbank
los euroescépticos	die Euroskeptiker *pl*
la Organización No Gubernamental (ONG)	die Nicht-Regierungs-Organisation
Amnistía Internacional	Amnesty International
Greenpeace	Greenpeace
gobernar	regieren
someter a votación	abstimmen lassen
votar	abstimmen
acudir a las urnas	wählen
presentar su candidatura para	sich bewerben um
NN es cabeza de lista	NN führt die Liste an
escrutar	(Stimmen) (aus)zählen
alcanzar el quórum	beschlussfähig sein
entronizar	auf den Thron heben
jurar el cargo	den Amtseid leisten
presentar las cartas credenciales	das Beglaubigungsschreiben überreichen

presentar la dimisión	zurücktreten
vetar	sein Veto einlegen (gegen)
disolver el Parlamento	das Parlament auflösen
abdicar	abdanken
destronar	entthronen
acaudillar	anführen, befehligen
intrigar, maquinar	intrigieren, Ränke spinnen
usurpar	usurpieren, mit Gewalt an sich reißen

anticonstitucional – verfassungswidrig *(Sache)*, verfassungsfeindlich *(Person)*, **apolítico** – unpolitisch, **autonómico** – Autonomie-, **carca** *fam* – stockkonservativ, **centralista** – Zentral-, zentralistisch, **conservador** – konservativ, **constitucional** – verfassungsrechtlich, **de derecho público** – öffentlich-rechtlich, **electoral** – Wahl-, **estatal** – staatlich, Staats-, **federal** – Bundes-, föderativ, **fiscal** – Steuer-, **gubernamental** – Regierungs-, **mayoritario** – Mehrheits-, **minoritario** – Minderheits-, **reaccionario** – reaktionär

hecha la ley, hecha la trampa – jedes Gesetz hat eine Hintertür
la necesidad carece de ley – Not kennt kein Gebot
tomar partido – Partei ergreifen
no saber qué partido tomar – keinen Rat mehr wissen
de buena ley – ehrbar, treu
mirar contra el gobierno *fam* – schielen
para su gobierno – zu Ihrer Orientierung

Ejercicios de traducción

A. 1. Pocas semanas antes de que se celebre el congreso nacional de Unión Democrática, donde se elegirá una nueva directiva, P.S. quiere tener garantía de que el relevo en la cúpula del partido se produciría de la forma más consensuada posible antes de postularse públicamente como nuevo líder. 2. El Presidente del Partido señaló ayer, durante la presentación del programa electoral de su partido, que la honradez, la austeridad y la eficacia serán los pilares en los que se sustentará su gobierno. 3. Tal y como pronosticaban las encuestas, los resultados rompen el prolongado bipartidismo de un país de tres millones de habitantes poco amigo de los cambios bruscos, pero necesitado de reformas estructurales. La edad media de su electorado es de 46 años. 4. Últimamente, una tendencia social que se observa dentro y fuera de España es el crecimiento del número de Organizaciones No Gubernamentales.

B. 1. Unter Föderalismus versteht man das Prinzip, kleinere Lebenskreise so in einem größeren Verband zusammenzufassen, dass getreu dem Subsidiaritätsprinzip nur die Rechte und Aufgaben an den größten Verband abgetreten werden, die zur Wahrung der gemeinsamen Interessen der einzelnen Glieder des Verbandes notwendig sind. 2. Ein lebendiger Föderalismus bietet mehr Demokratie und garantiert ein ausgewogenes System der Gewaltenteilung. Er bietet eine politische Ordnung der Bürgernähe, wo die Entscheidungen des Staates in überschaubarem Rahmen in direkter Verantwortung von den Bürgern und unter ihren Augen dort getroffen werden, wo man die wirklichen Probleme kennt. **3.** Der Neoliberalismus hat sich um den Ausbau der wirtschaftlichen Selbstverwaltung große Verdienste erworben. Dagegen wird dort, wo der Sozialismus die politische Führung errungen hat, keine Selbstverwaltung geduldet. **4.** Die Rechte möchte einen Präsidenten nach französischer Art, unabsetzbar und faktisch Chef der Exekutive. Die Moderaten wollen lieber eine Art Kanzlertum wie in Deutschland. Die Linksdemokraten könnten sich einen direkt gewählten Regierungschef schon vorstellen, aber nur unter einem ebenfalls sehr starken Parlament. Die Neokommunisten wollen am liebsten alles beim Alten lassen.

Conversación y discusión

1. ¿En qué países existe actualmente monarquía? **2.** ¿Cree que es una institución con futuro, o la considera más bien histórica? **3.** ¿Qué otros Estados federales existen, además de Alemania? **4.** ¿Cómo está organizado el Estado español? **5.** ¿Hay alguna república federal en América Latina? **6.** Explique cuáles son los rasgos esenciales de la democracia y en qué consiste una democracia efectiva. **7.** ¿Cuáles son las características principales de una dictadura? **8.** Explique las principales diferencias entre los partidos políticos en Alemania y en España. **9.** ¿Cuáles son las dificultades más resaltantes de la democracia en los países hispanoamericanos?

21. La administración pública

Glosario

la administración (pública)	die (öffentliche) Verwaltung
la administración municipal	die Kommunalverwaltung
una institución del Estado	eine staatliche Einrichtung
la nacionalidad	die Staatsangehörigkeit
el súbdito español	der spanische Staatsbürger
el fisco, el erario	die Staatskasse, *umg* Vater Staat
el funcionario (público)	der Staatsbeamte
el empleado del Estado	der Staatsbeamte
el servicio público	der Staatsdienst
el escalafón	die Beförderungsliste; die Besoldungsgruppe
la entrada en funciones	der Amtsantritt
en funciones	im Amt
en virtud de su cargo	kraft seines Amtes
la competencia, las atribuciones	die Amtsbefugnis
el Boletín Oficial del Estado *Sp*	der Staatsanzeiger *(Presse)*
la intervención del Estado	der Staatseingriff

los fondos públicos	die Staatsgelder *npl*
la legalización de un documento	die amtliche Beglaubigung
el abuso de autoridad	der Amtsmissbrauch
la prevaricación	der Amtsmissbrauch
la arrogación de funciones	die Amtsanmaßung
el secreto profesional	die amtliche Schweigepflicht
la petición	die Petition
la **provincia**	die Provinz, *(etwa)* der Bezirk
la diputación provincial *Sp*	der Provinzrat
el distrito urbano	der Stadtkreis
el municipio	die (Stadt-)Gemeinde
el ayuntamiento	die Gemeinde; das Rathaus
la casa consistorial	das Rathaus
el radio y extrarradio	der Stadtbezirk
en el extrarradio	außerhalb des Stadtbezirks
el casco urbano	die Innenstadt
el gobernador civil	der Provinzgouverneur
el (primer) alcalde	der (Ober-)Bürgermeister
el teniente de alcalde	der zweite Bürgermeister
la ley de Régimen local	die Gemeindeordnung
el consejo	die Gemeinde bzw. der Stadtrat
el consejero	der Rat; der Berater
el concejo	der Stadtrat
el concejal	der Stadtrat *(Person)*
el administrador del erario municipal	der Stadtkämmerer
la caja/ contaduría municipal	die Stadtkasse
el congreso de alcaldes/ municipios	der Städtetag
el **urbanismo**	der Städtebau; die Städteplanung
el urbanista	der Städtebauer; der Städteplaner
el saneamiento de la ciudad vieja	die Altstadtsanierung
la comunidad/ asociación de vecinos	*(etwa)* die Bürgerinitiative
los arbitrios municipales	der Stadtzoll
la guardia municipal	die Stadtpolizei
el guardia municipal	der Stadtpolizist
el pregonero municipal	der Amtsbote
la gemelación de ciudades	die Städtepartnerschaft
el éxodo urbano	die Stadtflucht

apátrida – staatenlos, **autonómico** – autonom, **autónomo** – autonom, **comunal** – Gemeinde-, **con diploma oficial** – staatlich geprüft, **de derecho público** – staatsrechtlich, **de oficio** – amtlich, **en funciones** – amtierend, **estatal** – staatlich, **interino** – stellvertretend, **internacional** – international, **municipal** –

städtisch, **oficial** – amtlich, **patriota** – patriotisch, **patriotero** *fam* – chauvinistisch, **provincial** – Provinz-, **supranacional** – überregional

consultar	um Rat fragen; *(Buch)* nachschlagen
deliberar	erwägen; beschließen
ascender	aufrücken, befördert werden
promover	im Amt befördern
tomar posesión de un cargo	ein Amt antreten
entrar en funciones	ein Amt antreten
ejercer un cargo	amtieren
hacer las tramitaciones oficiales	den Amtsweg beschreiten
no es de mi incumbencia	das ist nicht meine Aufgabe, das fällt nicht in mein Ressort
presentar su dimisión	sein Rücktrittsgesuch einreichen
dimitir el cargo	sein Amt niederlegen

tener remedio para todo – für alles Rat wissen
en eso es difícil aconsejar – hier ist guter Rat teuer
es un secreto a voces – es ist ein offenes Geheimnis
andar de boca en boca; ser la comidilla de la gente – zum Stadtgespräch werden
dar tres cuartos al pregonero – etwas an die große Glocke hängen

Ejercicios de traducción

A. **1.** Un aspecto fundamental de la actual Constitución española es la organización territorial del Estado, con su pormenorizada delimitación de la Administración Local (Diputaciones y Ayuntamientos) y de las Comunidades Autónomas, como forma de pasar del centralismo al Estado de las Autonomías. Actualmente se están revisando y actualizando los Estatutos de las Autonomías. **2.** El reto más importante al que se enfrenta el Estado de las Autonomías es incrementar su eficacia en el servicio a los ciudadanos. Éstos no cuestionan la legitimidad plenamente democrática de los diferentes poderes territoriales, pero reclaman del conjunto de las Administraciones Públicas respuestas concretas y eficaces a sus demandas y problemas cotidianos. **3.** Desde finales del siglo XIX, el dominio del país a nivel local se instrumentó por medio de los caciques, los ricachos protegidos del gobierno que permanentemente, por sí o por sus asociados, ocupaban o hacían ocupar los puestos de alcaldes y de diputados provinciales, alcanzados por una u otra clase de estratagemas electorales.

B. **1.** Die Gemeinden genießen in Spanien eine gewisse Autonomie in rein technischen Gemeindeangelegenheiten. In Fragen der öffentlichen Ordnung untersteht der Bürgermeister direkt dem jeweiligen Zivilgouverneur bzw. dem Innenministerium. **2.** Die Selbstverwaltung lässt sich in vier Gruppen einteilen: 1) kommunale Selbstverwaltung (z.B. Gemeinden, Landkreise), 2) berufsständige Selbstverwaltung (berufsständige Körperschaften bzw. Kammern), 3) kulturelle Selbstverwaltung (Hochschulen, öffentlich-rechtliche Rundfunkanstalten) und 4) soziale Selbstverwaltung (Sozialversicherungsträger). **3.** Für viele wesentliche

Aufgaben ist in Bayern die kommunale Selbstverwaltung zuständig. Sie ist dreistufig gegliedert, in Gemeinden, Landkreise und Bezirke. Diese kommunalen Gebietskörperschaften erfüllen örtliche und regionale Aufgaben. Sie beschließen eigenverantwortlich ihre Haushaltssatzungen. Das Volk wählt die Vertretungsorgane dieser Verwaltung ebenfalls unmittelbar.

Conversación y discusión

1. ¿Cuáles son las quejas más frecuentes del ciudadano frente a los organismos del Estado y las instituciones municipales? 2. ¿Cómo se puede participar más activamente en la vida política y en la administración comunal? 3. ¿Cuál es la importancia de las organizaciones internacionales en el mantenimiento de la paz? 4. ¿A qué factores se deben las dificultades en el funcionamiento de los organismos internacionales? 5. ¿Cuál es su opinión acerca de los procesos de integración en Europa y en el resto del mundo?

22. Los derechos humanos. Conflictos sociales y políticos

Glosario

la **democracia** (directa)	die (unmittelbare) Demokratie
el demócrata	der Demokrat
la legitimación	die Legitimation
la demagogia, el demagogo	die Demagogie, der Demagoge
los derechos humanos	die Menschenrechte *npl*
los derechos cívicos	die Bürgerrechte *npl*
la violación de los derechos humanos	die Verletzung der Menschenrechte
la libertad de pensamiento/ opinión	die Meinungsfreiheit
la libertad de conciencia	die Gewissensfreiheit
la libertad de cultos	die Glaubensfreiheit
la libertad de prensa/ imprenta	die Pressefreiheit
la libertad de reunión	die Versammlungsfreiheit
el derecho de asociación	das Vereinsrecht
el derecho de propiedad	das Eigentumsrecht
el derecho al honor	das Recht auf Ehre
el derecho de legítima defensa	das Notwehrrecht
la igualdad de derechos	die Gleichberechtigung
la igualdad ante la ley	die Gleichheit vor dem Gesetz
la igualdad de oportunidades	die Chancengleichheit
la inviolabilidad de la correspondencia	die Unverletzlichkeit des Briefgeheimnisses
la violación del secreto postal	die Verletzung des Briefgeheimnisses

el allanamiento de morada	der Hausfriedensbruch
la violación de la Constitución	der Verfassungsbruch
la Declaración de los Derechos Humanos	die Allgemeine Erklärung der Menschenrechte
la Liga Internacional de los Derechos del Hombre	die Internationale Liga für Menschenrechte
la concentración del **poder**	die Machtkonzentration
la oligarquía	die Oligarchie
la plutocracia	die Plutokratie, die Geldherrschaft
el autoritarismo	der Autoritarismus
la dictadura, el dictador	die Diktatur, der Diktator
la tiranía, el tirano	die Tyrannei, der Tyrann
la censura	die Zensur
la represión	die Repression, die Unterdrückung
la medida represiva	die repressive Maßnahme
la corrupción	die Korruption
un régimen corrupto	ein korruptes Regime
el nepotismo	die Vetternwirtschaft
el clientelismo	die Klüngelwirtschaft, die Filzokratie
el amiguismo, la amigocracia	die Vettern-/ Amigo-/ Speziwirtschaft
la compra de votos	der Stimmenkauf
el fraude electoral	der Wahlbetrug
la intimidación	die Einschüchterung
el oportunismo	der Opportunismus
la adulación	die Schmeichelei
el servilismo	die Kriecherei, die Servilität
la discriminación	die Diskriminierung
los prejuicios	die Vorurteile *npl*
la intolerancia	die Intoleranz
la intransigencia	die Unnachgiebigkeit
la ley del más fuerte	das Recht des Stärkeren
la **subversión**	die Subversion
la conspiración	die Verschwörung
el complot, la trama	das Komplott
el Estado policial	der Polizeistaat
la escucha	der Lauschangriff
el estado de sitio	der Belagerungszustand
el toque de queda	die Sperrstunde; *mil* der Zapfenstreich
el estado de emergencia	der Notstand
el estado de excepción	der Ausnahmezustand
la delación	die Anzeige, die Denunziation
el delator	der Denunziant
el confinamiento	der Zwangsaufenthalt
la tortura, el torturador	die Folter, der Folterer
el escuadrón de la muerte	die Todesschwadron
la matanza, la masacre	das Massaker

el desaparecido	der Verschollene
la fosa común	das Massengrab

la **rebelión**	der Aufstand, die Rebellion
el rebelde, el insurgente	der Rebell
la insurrección	der Aufstand
el levantamiento	der Aufstand, der Aufruhr
el motín	die Meuterei; der Aufstand
los amotinados	die Meuterer *pl*; die Aufständischen *pl*
la revuelta	die Revolte, der Aufruhr
la revuelta palaciega	die Palastrevolution
el golpe de Estado	der Putsch
el golpe militar, el pronunciamiento	der Militärputsch
la revolución, el revolucionario	die Revolution, der Revolutionär
la contrarrevolución	die Konterrevolution
el contrarrevolucionario	der Konterrevolutionär
la guerrilla (urbana)	die (Stadt-)Guerilla
el guerrillero	der Guerillakämpfer
la resistencia	der Widerstand
el piso franco	die konspirative Wohnung
el zulo	das (Waffen-/ Personen-)Versteck *(bes. ETA)*

el **atentado**	der Anschlag; das Attentat
el artefacto (explosivo)	der Sprengkörper
el coche-bomba	die Autobombe
la carta-bomba	die Briefbombe
la bomba incendiaria	die Brandbombe
la bomba de relojería/ tiempo	die Zeitbombe
la explosión	die Explosion
el explosivo	der Sprengstoff, der Sprengkörper
la carga explosiva	die Sprengladung
la falsa alarma	der blinde Alarm
el chaleco antibalas	die kugelsichere Weste
el cristal antibalas	das Panzerglas
el automóvil blindado	der Panzerwagen
el tiranicidio, el tiranicida	der Tyrannenmord, der Tyrannenmörder
el regicidio, el regicida	der Königsmord, der Königsmörder
el magnate	der Magnat; die angesehene Persönlichkeit
el magnicidio	der Mord einer bekannten Persönlichkeit
el extremismo	der Extremismus
el fundamentalismo	der Fundamentalismus
el fanatismo	der Fanatismus
el lavado de cerebro	die Gehirnwäsche
el terrorismo	der Terrorismus

la **(in)justicia social**	die soziale (Un-)Gerechtigkeit
la explotación	die Ausbeutung

el favoritismo	die Günstlingswirtschaft
el interés propio	das eigene Interesse
el conflicto/ la lucha de intereses	der Interessenkonflikt/ -kampf
la medida de austeridad	die Sparmaßnahme
la injerencia	die Einmischung
la expropiación	die Enteignung
el desmantelamiento	die Demontage
el desmontaje	die Demontage, der Abbau
el punto álgido	der Höhepunkt *fig*
la agravación del conflicto	die Verschärfung des Konflikts
el empeoramiento	die Verschlechterung
la escalada	die Eskalation
el antagonista	der Widersacher, der Gegenspieler
la protesta	der Protest
el manifiesto	das Manifest
la sentada	die Sitzblockade
el agitador	der Agitator, der Aufwiegler
los desórdenes	die Krawalle *mpl*
el tumulto	der Aufruhr, der Tumult
la lucha callejera	der Straßenkampf
la batalla campal	die Feldschlacht
el tiroteo	die Schießerei
el linchamiento	die Lynchjustiz

a prueba de balas – kugelsicher, **autoritario** – autoritär, **conflictivo** – konfliktiv, **constitucional** – verfassungsrechtlich, **dictatorial** – diktatorisch, Diktatur-, **en pie de igualdad** – gleichberechtigt, **intolerable** – unerträglich, **inviolable** – unantastbar, **multitudinario** – Massen-, **paramilitar** –paramilitärisch, **represivo** – repressiv, **retroactivo** – rückwirkend, **subversivo** – subversiv, **tumultuoso** – stürmisch; lärmend

adquirir/ ejercer un derecho	ein Recht erwerben/ ausüben
hacer valer su derecho	sein Recht geltend machen
identificarse	sich ausweisen
tomar los datos personales	die Personalien *pl* feststellen
manifestar en favor de/ en contra de	demonstrieren für/ gegen
levantar barricadas	Barrikaden *fpl* errichten
cargar contra los manifestantes	gegen die Demonstranten *pl* losgehen
dispersar	streuen
disolver la manifestación	die Demonstration auflösen
violar los derechos humanos	die Menschenrechte *npl* verletzen
pinchar *fam* el teléfono	das Telefon anzapfen
amordazar la opinión pública	die öffentliche Meinung unterdrücken
suspender las garantías	den Belagerungszustand erklären
delatar	anzeigen, denunzieren
desestabilizar	destabilisieren
desmoralizar	demoralisieren; entmutigen

soliviantar	aufreizen, aufhetzen; empören
levantarse contra	sich auflehnen gegen
derribar	stürzen; *(Flugzeug)* abschießen
derrocar	stürzen
deportar	deportieren; verschleppen
boicotear	boykottieren
sabotear	sabotieren
hacer explosión, explotar	explodieren
explosionar	zur Explosion bringen
corromper	korrumpieren
oprimir, reprimir	unterdrücken
reducir	unterwerfen, niederschlagen
subyugar	unterjochen
purgar	*pol* säubern; *med* abführen
torturar	foltern
liquidar, eliminar	liquidieren
linchar	lynchen

Ejercicios de traducción

A. **1.** Los derechos fundamentales del ser humano son el derecho a la vida, a la integridad física, a la salud y a la asistencia médica, a la educación y a la formación profesional. **2.** El ser humano tiene derecho a no ser discriminado por motivo de raza, religión, creencia, sexo u opiniones políticas. **3.** Existe el derecho al trabajo, a la protección de la infancia, de las madres, de los trabajadores de edad o ancianos. **4.** El individuo tiene derecho a la libertad personal, a elegir el propio domicilio, trabajo o profesión. Igualmente, el derecho a la solidaridad y asistencia en caso de calamidades naturales. **5.** Se va extendiendo en el país una práctica muy peligrosa, que podría denominarse una intervención policial por muestreo. Las patrullas urbanas interceptan cada día, a discreción, a un número de viandantes y los someten a un control de identidad; los agentes abordan a aquellas personas cuyo aspecto o actitud les resulta "sospechoso".

B. **1.** Menschenrechte sind die uneingeschränkt geltenden Grundrechte und Freiheiten, die jedem Menschen zustehen und die in der Menschenrechtscharta der UNO von 1948 festgelegt sind. **2.** Am 10.12.1948 wurde (ohne Gegenstimme, aber bei Enthaltung der kommunistischen Staaten) die Allgemeine Erklärung der Menschenrechte in Form einer völkerrechtlich unverbindlichen Empfehlung verabschiedet, die einen Katalog von bürgerlichen, politischen und sozialen Rechten enthält. **3.** In vielen Ländern der Welt werden Menschenrechte durch Hinrichtung, Folter, Misshandlung sowie willkürliche Verfolgung und Festnahme verletzt. **4.** In vielen Ländern der Welt werden Tausende von Menschen wegen ihrer Volkszugehörigkeit getötet, gefoltert oder verhaftet. Auslöser für blutige Zusammenstöße mit der Staatsgewalt sind vor allem Forderungen nach Autonomie oder Bewahrung der kulturellen Identität. **5.** Mit etwa 1,8 Million Mitgliedern und Unterstützern in 150 Staaten arbeitet Amnesty International für die Verwirklichung der Menschenrechte. AI ist unabhängig von Regierungen, Parteien, Religionsgemeinschaften und wirtschaftlichen Organisationen. In den letzten Jahren sah sich die Organisation verstärkt der Kritik ausgesetzt. Ihr wurde vorgeworfen, einseitig Partei gegen die USA und Israel zu ergreifen, jedoch kaum die Menschenrechtsverletzungen in den Diktaturen der Welt zu kritisieren.

Conversación y discusión

1. Explique en qué consiste la democracia. **2.** Enumere algunas características de los regímenes autoritarios y de las dictaduras. **3.** ¿Cuáles son los factores que pueden favorecer el surgimiento de las dictaduras? **4.** ¿Cuáles son los medios represivos predilectos de los regímenes autoritarios y dictatoriales? **5.** ¿Qué piensa Vd. de los grupos paramilitares y parapoliciales? **6.** ¿En qué sectores se podría intensificar la vida democrática en el momento actual? **7.** Analice las razones del malestar social y de la escalada de la violencia en muchos países. **8.** Explique qué se entiende comúnmente con la expresión de "Tercer Mundo". **9.** ¿Qué son los "países umbral"? Dé algunos ejemplos.

23. La delincuencia

Glosario

la **legalidad**	die Legalität; die Gesetzlichkeit
la defensa personal/ propia	die Selbstverteidigung
la legítima defensa	die Notwehr
la delincuencia	die Kriminalität
el delincuente	der Delinquent; der Verbrecher
el delincuente común	der Verbrecher
el delincuente habitual	der Gewohnheitsverbrecher
el delincuente sexual	der Sexualverbrecher
la delincuencia juvenil	die Jugendkriminalität
el porcentaje de reincidencia	die Rückfallquote
el **delito**	das Vergehen; die Straftat
la infracción	der Verstoß; die strafbare Handlung
el crimen	das Verbrechen
el criminal	der Verbrecher, der Mörder
la criminalidad organizada	die organisierte Kriminalität
el culpable, el autor	der Täter
el lugar del delito/ crimen	der Tatort
la víctima	das Opfer
el cómplice, la cómplice	der Komplize, die Komplizin
el malhechor	der Übeltäter
el maleante	der Bösewicht
el bellaco, el canalla	der Schurke, der Schuft
el pícaro, el bribón	der Gauner

el tramposo	der Schwindler
el pillo	der Spitzbube
el (mundo del) hampa	die Unterwelt

el **asesinato**	der Mord
el asesino, la asesina	der Mörder, die Mörderin
el asesinato alevoso	der Meuchelmord
el asesinato por robo	der Raubmord
el homicidio	der Totschlag
el homicidio deliberado/ voluntario	der Totschlag
el homicida	der Totschläger
el disparo, el tiro	der Schuss
la bala	die Kugel
el puñal	der Dolch
la puñalada	der Dolchstoß
la cuchillada	der Messerstich, der Dolchstoß
el parricidio	der Vatermord
el infanticidio	die Kindertötung

la **violencia**	die Gewalt; die Gewalttätigkeit
la violación	die Vergewaltigung
el violador	der Vergewaltiger
el estupro	die Notzucht
el rufián, *Sp* el chulo	der Zuhälter
el cafiche *Am*	der Zuhälter
el medianero, el proxeneta	der Kuppler
el proxenetismo	die Kuppelei
la alcahueta *pop*	die Kupplerin
la pornografía infantil	die Kinderpornographie
la prostitución infantil	die Kinderprostitution
la pedofilia, el pedófilo	die Pädophilie, der Pädophile

el delito contra la **propiedad**	das Eigentumsdelikt
el robo, el hurto	der Diebstahl
el ladrón, *Sp fam* el chorizo	der Dieb
el ratero, el carterista	der Taschendieb
el descuidero	der Gelegenheitsdieb
el timo *Sp*	der Schwindel, der Betrug
el timador *Sp*	der Schwindler, der Preller
el matón/ bravucón/ matasiete	der Schläger, der Raufbold
el asalto	der Überfall
el atraco	der Raubüberfall
el robo con fractura	der Einbruch(sdiebstahl)
el robo a mano armada	der bewaffnete Einbruch/ Diebstahl
el robo con violencia	der gewaltsame Diebstahl
la caja fuerte/ de caudales	der Tresor, der Safe
la caja de seguridad	der (Bank-)Safe

la alarma	der Alarm
el botín	die Beute
el seguro contra (el) robo	die Diebstahlversicherung
la cuadrilla/ banda de ladrones	die Diebesbande
la ganzúa	der Dietrich, der Nachschlüssel
el encubridor	der Aufpasser, der Hehler
la estafa	der Betrug
el estafador	der Betrüger, der Hochstapler
el caballero de industria	der Hochstapler
el contrabando	der Schmuggel
el contrabandista, la contrabandista	der Schmuggler, die Schmugglerin
el estraperlo *Sp*	der Schwarzhandel, der Schwarzmarkt
el estraperlista *Sp*	der Schwarzhändler, der Schieber
el cuatrero	der Viehdieb
el **secuestro**	die Entführung
el secuestro de aviones	die Flugzeugentführung
el secuestrador	der Entführer
el rehén	die Geisel
el rescate	das Lösegeld
la falsificación de firmas	die Unterschriftenfälschung
la falsificación de documentos	die Urkundenfälschung
la criminalidad económica	die Wirtschaftskriminalität
la delincuencia de cuello blanco	die „Weißkragenkriminalität" *(Delikte auf Angestelltenebene)*
la información privilegiada	die Insider-Informationen *fpl*
el soborno, el cohecho	die Bestechung; das Schmiergeld
la mordida *Mex*	das Schmiergeld
la extorsión, *fam* el chantaje	die Erpressung
la quiebra fraudulenta	der betrügerische Bankrott
la usura	der Wucher
el usurero, el agiotista	der Wucherer
el desfalco	die Unterschlagung, die Geldveruntreuung
la malversación de fondos	die Unterschlagung, die Geldveruntreuung
el fraude fiscal/ tributario	die Steuerhinterziehung
la defraudación de impuestos	die Steuerhinterziehung
la fuga de capitales	die Kapitalflucht
la cuenta secreta	das Geheimkonto
el secreto bancario	das Bankgeheimnis
el paraíso tributario	das Steuerparadies
la empresa ficticia/ fantasma	die Briefkastenfirma
el blanqueo de dinero	die Geldwäsche
la **sospecha**	der Verdacht
la detención	die Festnahme
el arresto	die Verhaftung
la cárcel, la prisión	das Gefängnis

el encarcelamiento	die Verhaftung
el calabozo	der Kerker; die Arrestzelle
el preso, el interno, el recluso	der Häftling
el testigo (ocular)	der (Augen-)Zeuge
el testigo principal	der Kronzeuge
la cita judicial	die Vorladung
el interrogatorio	das Verhör
el fiscal	der Staatsanwalt
el juez de instrucción	der Untersuchungsrichter
el abogado defensor	der Verteidiger
la brigada criminal	die Kriminalbeamten *pl*
el confidente	der V-Mann
la prueba concluyente	der stichhaltige Beweis
la reincidencia	der Rückfall
la resocialización	die Resozialisierung
cadena perpetua	lebenslängliche Strafe
la pena de muerte, la pena capital	die Todesstrafe

alevoso – heimtückisch, **criminal** – kriminell, **degenerado** – degeneriert, **depravado** – verkommen, **echado a perder** – verdorben, **inconsciente** – verantwortungslos, **perverso** – pervers, **reincidente** – rückfällig, **sospechoso** – verdächtig, **violento** – gewaltig; gewalttätig

hacerse culpable	sich schuldig machen
instigar	anstiften; aufhetzen
echar a perder a alguien	jemanden verderben
delinquir	straffällig werden
cometer un delito	eine Straftat begehen
tener antecedentes penales *mpl*	vorbestraft sein
reincidir en un delito/ crimen	rückfällig werden
castigar	bestrafen
imponer una pena/ multa	eine Strafe/ Geldstrafe auferlegen
escarmentar	hart, exemplarisch bestrafen

asesinar	ermorden
cometer un asesinato	einen Mord begehen
matar con premeditación	einen vorsätzlichen Mord begehen
violentar/ estuprar a una mujer	einer Frau Gewalt antun
violar a una mujer	eine Frau vergewaltigen
robar, hurtar	stehlen
choricear *Sp fam*	klauen
¡Al ladrón!	Haltet den Dieb!
desvalijar	ausplündern; stehlen; berauben
timar *Sp*, dar un timo *Sp*	*umg* übers Ohr hauen; hereinlegen
asaltar, atracar	überfallen
tomar como rehén	als Geisel nehmen
tomar rehenes	Geisel *pl* nehmen

amordazar	knebeln; *fig* mundtot machen
especular	spekulieren
extorsionar, *fam* chantajear	erpressen
sobornar	bestechen
estafar	betrügen
desfalcar	unterschlagen
blanquear dinero	Geld waschen
interrogar	verhören
reconstruir los hechos	den Tatbestand rekonstruieren
confirmar en una sospecha	in einem Verdacht bestärken
detener	festnehmen
arrestar	verhaften
condenar a pena de prisión	zu einer Gefängnisstrafe verurteilen
encarcelar	einkerkern, ins Gefängnis sperren
meter a la cárcel	verhaften; ins Gefängnis stecken
estar en la cárcel	im Gefängnis sitzen

al margen de la legalidad – am Rand des Gesetzes, am Rande der Legalität
estar a la sombra *fam* – im Knast/ *umg* im Kittchen sitzen
piensa el ladrón que todos son de su condición – der Dieb meint, es seien alle so ehrlich wie er
el que roba al ladrón tiene cien años de perdón – den Dieb bestehlen heißt nicht sündigen
robar la tranquilidad a alguien – jemandem die Ruhe stehlen
eso me roba mucho tiempo – das ist sehr zeitraubend für mich
escarmentar en cabeza ajena – aus Schaden klug werden
con todas las de la ley – ordnungsgemäß, sorgfältig; gehörig, tüchtig

Ejercicios de traducción

A. 1. Tres jóvenes pasaron ayer a disposición judicial después de que intentaran atracar el sábado a un guardia civil, que vestía de paisano, a la salida de un cajero automático, según informó la policía. 2. Según relató el guardia civil, uno de los asaltantes le amenazó con un cuchillo aplicado al cuello, mientras el otro inmovilizó a su acompañante. Después de un forcejeo, los dos asaltantes se dieron a la fuga en distintas direcciones. 3. La policía tiene sospechas de que los integrantes del comando terrorista localizado el viernes en una playa de Rota, en el litoral gaditano, podrían pertenecer al grupo Fracción del Ejército Rojo, autor de varios atentados contra instalaciones norteamericanas y de la Alianza Atlántica. 4. En medios de la lucha antiterrorista existe temor ante la posibilidad de un nuevo atentado en Madrid. La secretaria de Estado de Interior no descarta que la víctima pueda ser un político o un periodista.

B. 1. Viele Opfer von Vergewaltigungen erstatten aus Scham und Angst vor der Reaktion von Polizei und Justiz keine Anzeige. 2. Zur organisierten Kriminalität zählt die Polizei professionell geplante Straftaten von hierarchisch strukturierten Geheimorganisationen unter Einsatz moderner Technik, etwa Datenspeicherung im Computer. Dazu gehört die Bereitschaft, Gewalt gegenüber Dritten und in der eigenen Gruppe anzuwenden. Das Spektrum der Straftaten umfasst Rauschgift-, Waffen- und Menschenhandel, illegales Glücksspiel und Zuhälterei. **3.** Heute dreht sich bei den professionellen Verbrecherbanden natürlich alles ums Geld. Manche handeln nur mit Drogen, andere haben ein Netz von Bordellen aufgebaut. **4.** Die Immobilienspekulanten bedienen sich der organisierten Kriminalität, um an Grund und Boden zu kommen. **5.** Transparency International, kurz TI, ist eine weltweit agierende nichtstaatliche Organisation mit Sitz in Berlin, die sich in der nationalen und internationalen volks- und betriebswirtschaftlichen Korruptionsbekämpfung engagiert.

Conversación y discusión

1. ¿Qué tipos de delitos han aumentado últimamente? **2.** ¿Por qué motivos son tan frecuentes los delitos contra la propiedad? **3.** Según su parecer, ¿a qué se debe la frecuencia de la violencia contra la mujer y de las violaciones? **4.** Exponga su parecer acerca de las personas que hacen uso de información privilegiada y que trafican con influencias. **5.** ¿A qué se debe la "debilidad" del Estado de derecho para responder a las bandas terroristas? **6.** ¿Cree usted que la pena de muerte es eficaz para impedir el crimen?

24. Conflictos armados

Glosario

el **territorio**	das Staatsgebiet
el límite, la frontera	die Grenze
la demarcación	die Abgrenzung; der Bezirk
las reivindicaciones territoriales	die Gebietsansprüche *mpl*
las aguas territoriales/ jurisdiccionales	die Hoheitsgewässer *npl*
las minorías	die Minderheiten *fpl*
el contencioso	der Streit; die Streitigkeiten *fpl*
la violación de las fronteras	die Grenzverletzung
la violación del espacio aéreo	die Verletzung des Luftraumes
la irrupción	der Einfall; der Einbruch
el autonomismo	der Autonomismus
el separatismo	der Separatismus
el irredentismo	der Irredentismus
el independentismo	die Unabhängigkeitsbestrebungen *fpl*
la descolonización	die Entkolonisierung
el canje de notas	der Notenwechsel
el comunicado	das Kommuniqué, die amtliche Mitteilung
el tribunal internacional	der internationale Gerichtshof

el acuerdo	das Abkommen
la conciliación	die Versöhnung
la distensión	die Entspannung
el embargo	das Embargo; die Beschlagnahme
el alto el fuego	die Feuerpause
la incorporación	die Eingliederung
la desmembración	die Zergliederung; der Zerfall
la **tensión**, la tirantez	die Spannung
el incumplimiento	die Nichterfüllung
la escalación, la escalada	die Eskalation
la presión	der Druck
la intromisión	die Einmischung
las hostilidades	die Feindseligkeiten *fpl*
la movilización	die Mobilmachung
el desfile, la parada	die Parade
la intervención	die Intervention
el intervencionista	der Interventionist
el pacto (de no intervención)	der (Nichtangriffs-)Pakt
los países no alineados	die blockfreien Staaten *mpl*
las **Fuerzas Armadas**	die Streitkräfte *fpl*
el Estado Mayor	der (General-)Stab
el cuartel	die Kaserne
el cuartel general	das Hauptquartier
el acuartelamiento	die Kasernierung
el campamento	das Feldlager, das Truppenlager
el campo de tiro	der Schießplatz
la licencia de (uso de) armas	der Waffenschein
el **conflicto** armado/ bélico	der bewaffnete Konflikt
la carrera armamentista/ de armamentos	das Wettrüsten
la supremacía	die Überlegenheit
la proliferación	die Wucherung, die Zunahme
el rearme	die (Wieder-)Aufrüstung
la fortificación	die Befestigung
el desarme	die Abrüstung
el belicista	der Kriegstreiber, der Kriegshetzer
el antibelicista	der Kriegsgegner
el pacifismo	der Pazifismus
el pacifista, la pacifista	der Pazifist, die Pazifistin
el movimiento pacifista	die Friedensbewegung
el militarismo	der Militarismus
la **guerra** civil	der Bürgerkrieg
la guerra defensiva	der Verteidigungskrieg
la guerra de desgaste	der Zermürbungskrieg

la guerra de liberación	der Befreiungskrieg
la guerra mundial	der Weltkrieg
la guerra relámpago	der Blitzkrieg
la guerra atómica	der Atomkrieg
la guerra fría	der kalte Krieg
la guerra de religión	der Religionskrieg
la incitación a la guerra	die Kriegshetze
la declaración de guerra	die Kriegserklärung
el estallido de la guerra	der Kriegsausbruch
los efectivos de guerra	die Kriegsstärke
el abastecimiento	die Versorgung
la maniobra	die Kriegsübung
la campaña, la expedición	der Kriegszug
el escarmiento	das (abschreckende) Beispiel
la contraofensiva	die Gegenoffensive
el camuflaje	die Tarnung
el escucha	der Horchposten
el **combatiente**	der Kriegsteilnehmer
el país beligerante	das kriegführende Land
los aliados	die Alliierten *pl*
el veterano	der Veteran
el partisano	der Partisan
el maquis	der Untergrundkämpfer; die Widerstandsgruppe
la Legión Extranjera, *Sp* el tercio	die Fremdenlegion
el legionario	der Legionär
el mercenario	der Söldner
la **base** de apoyo	der Stützpunkt
la base naval/ aérea	der Marine-/ Luftwaffenstützpunkt
el refugio antiaéreo	der (Luftschutz-)Bunker
el campo de batalla	das Schlachtfeld
la vanguardia/ retaguardia	die Vorhut/ Nachhut
los refuerzos	der Nachschub
el reconocimiento aéreo	die Luftaufklärung
el ataque	der Angriff, der Überfall
la incursión	der Einfall
la ofensiva	die Offensive
la avanzada	die Vorhut, der Voraustrupp
carne *f* de cañón *fig*	das Kanonenfutter *fig*
el sitio, el asedio	die Belagerung
el repliegue, la retirada	der Rückzug
la rendición	die Bezwingung; die Übergabe
la capitulación (incondicional)	die (bedingungslose) Kapitulation
la reparación	die Wiedergutmachung
el tribunal de guerra	das Kriegsgericht

la **emboscada**	der Hinterhalt; *fig* die Falle
la escaramuza	der Scharmützel; *fig* das Geplänkel
la estratagema	die Kriegslist
la represalia	die Vergeltung(smaßnahme)
el revés	der Rückschlag
el descalabro	die Schlappe; das Missgeschick
el saqueo	die Plünderung
la expoliación	die Ausraubung, die Plünderung
la devastación	die Verwüstung
el recrudecimiento	die Verschärfung
el encarnizamiento	die Erbitterung; die Blutgier
el ensañamiento	die Erbitterung
el golpe de gracia	der Gnadenstoß
el prisionero de guerra	der Kriegsgefangene
el canje de prisioneros	der Gefangenenaustausch
el cautiverio, la cautividad	die Kriegsgefangenschaft
la deserción	die Fahnenflucht
el desertor, el prófugo	der Deserteur; der Fahnenflüchtige
el tránsfuga	der Deserteur; der Überläufer
el tribunal/ consejo de guerra	das Kriegsgericht
la **suspensión de las hostilidades**	die Waffenruhe
la tregua	die Waffenruhe
el armisticio	der Waffenstillstand
el tratado de paz	der Friedensvertrag
la pacificación	die Befriedung
la ratificación	die Ratifizierung
el signatario	der Unterzeichnende, der Unterzeichner
el **corresponsal de guerra**	der Kriegsberichterstatter
las atrocidades de la guerra	der Kriegsgreuel
el hospital de sangre	das Kriegslazarett
las bajas	die Kriegsverluste *mpl*
los caídos	die (Kriegs-)Gefallenen *pl*
el superviviente	der Überlebende
el lisiado/ mutilado de guerra	der Kriegsinvalide
viudas y huérfanos de guerra	Kriegshinterbliebene *pl*
la proscripción de la guerra	die Kriegsächtung
el criminal de guerra	der Kriegsverbrecher
la condecoración	die Auszeichnung
la indemnización de guerra	die Kriegsentschädigung
el **servicio militar**, *Sp fam* la mili	der Wehrdienst
el servicio sustitutorio (civil)	der (Wehr-)Ersatz-/ Zivildienst
el llamamiento a filas	die Einberufung
el reclutamiento	die Aushebung
la quinta *Sp*	der Jahrgang
el recluta, *Sp* el quinto	der Rekrut

la talla	die Musterung
el rancho	die Verpflegung
el permiso	der Urlaub
la objeción de conciencia	die Wehrdienstverweigerung
el objetor de conciencia	der Kriegsdienstverweigerer
la insubordinación	die Gehorsamsverweigerung
la ley marcial	das Standrecht-/ Kriegsgesetz
la soldada	der Wehrsold
la jura de la bandera	der Fahneneid
el capellán castrense	der Militärgeistliche
la misa de campaña	der Feldgottesdienst

a prueba de balas – kugelsicher, **a prueba de bombas** – bombensicher, **antiaéreo** – Luftabwehr-, **belicista** – kriegstreibend, **bélico** – Kriegs-, **beligerante** – kriegführend, **blindado** – Panzer-, **castrense** – Militär-, **cruento** – blutig, **de doble filo, de dos filos** – zweischneidig, **fronterizo** – Grenz-, **herido de gravedad** – schwerverletzt, **ileso** – unversehrt, **incólume** – unversehrt, **marcial** – martialisch, kriegerisch, **militar** – militärisch, Militär-, **militarista** – militaristisch, **multilateral** – multilateral, **pacífico** – friedlich, **pacifista** – pazifistisch, **reñido** – *(Kampf)* erbittert, *(Ort)* umkämpft, **sangriento** – blutig, **sanguinario** – blutrünstig, grausam, **sano y salvo** – wohlbehalten, **unilateral** – einseitig

ratificar	bestätigen; ratifizieren
desmilitarizar	entmilitarisieren
desmembrar	zerstückeln; (ab)trennen
reincorporar	wiedereingliedern
imponer sanciones	Sanktionen *fpl* auferlegen
tomar represalias	Repressalien *fpl* ausüben
refrendar	gegenzeichnen; *fig* bestätigen
portar armas	Waffen *fpl* tragen; bewaffnet sein
apuntar	zielen
apretar el gatillo	den Abzug drücken
disparar	abschießen, abfeuern
dar en el blanco	ins Ziel treffen
errar el blanco	das Ziel nicht treffen
tener buena puntería	ein guter Schütze sein
movilizar	mobil machen; *fig* mobilisieren
llamar a filas	einberufen, einziehen
reclutar	rekrutieren; *(Arbeiter)* anwerben
enrolarse	sich anwerben lassen
requisar	requirieren, beschlagnahmen
pasar revista a	besichtigen
escoltar	eskortieren; begleiten
estacionar	stationieren
patrullar	patrouillieren
dirigir un ultimátum	ein Ultimatum stellen
declarar la guerra	den Krieg erklären

hacer la guerra	Krieg führen
iniciar las hostilidades	die Feindseligkeiten *fpl* eröffnen
tomar las armas, acudir a las armas	zu den Waffen greifen
pasar por las armas	(standrechtlich) erschießen
derribar un avión	ein Flugzeug abschießen
echar a pique un barco	ein Schiff versenken
irse a pique	untergehen
lanzarse en paracaídas	mit dem Fallschirm springen
avanzar	vorrücken
retroceder	zurückweichen
interceptar	abfangen
retirarse	sich zurückziehen
atrincherarse	sich verschanzen
diezmar	dezimieren
ensangrentar	mit Blut beflecken
ensañarse en alguien	seine Wut an jemandem auslassen
sitiar	belagern
bombardear	bombardieren
rendirse, entregarse	sich ergeben
capitular	kapitulieren
concertar el armisticio	den Waffenstillstand schließen
concluir/ concertar la paz	den Frieden schließen
salir ileso/ incólume	unverletzt bleiben

el reguero de pólvora – das Lauffeuer
el polvorín – *fig* das Pulverfass
dar guerra – jdn belästigen/ bekriegen; jdm Ärger machen
estar en pie de guerra con alguien – mit jdm auf Kriegsfuß stehen
en la guerra como en la guerra *fam* – Krieg ist Krieg
dar un sablazo a alguien – jemanden anpumpen
el tiro salió por la culata – der Schuss ging nach hinten los
ser de armas tomar – resolut sein, energisch sein
armar bronca/ camorra/ cisco – Streit suchen
armarse de paciencia – sich mit Geduld wappnen

Ejercicios de traducción

A. 1. La pólvora era usada por los chinos ya en el siglo I después de Cristo, pero sólo para fuegos artificiales; en el siglo XIII los árabes la usaron como explosivo para fusiles. 2. Los misiles, aptos para la defensa antiaérea a muy baja altura, serán destinados al Ejército de Tierra. Con esta compra, el Ministerio de Defensa trata de cubrir con sistema de misiles todos los niveles de la defensa aérea. 3. Se llaman beligerantes los países que toman parte directa en la guerra; aliados, los que, a consecuencia de un pacto de asistencia o de defensa, combaten juntos; neutrales, los que no intervienen en la contienda. 4. Una táctica relativamente moderna es la guerra de guerrillas, en que los guerrilleros hostigan continuamente a las fuerzas regulares y se retiran inmediatamente antes de que comience la contraofensiva. Se llaman colaboracionistas los que apoyan al ejército invasor o atacante.

B. 1. ABC-Waffen ist der Sammelbegriff für Atomwaffen, Biologische Waffen und Chemische Waffen. **2.** Atomwaffen enthalten Kernbrennstoff: bei einer Explosion durch Kernspaltung (Uran- oder Plutoniumsprengkörper) oder durch Kernfusion (Wasserstoffsprengkörper) setzen sie Energie in Form von Hitze, Druckwellen und radioaktiver Strahlung frei. **3.** Etwa 200.000 t Chemische Waffen aus dem Zweiten Weltkrieg bedrohen nach Angaben schwedischer Experten die skandinavischen Gewässer, weil die Metallfässer durchrosten. **4.** Einige Giftgase haben sich inzwischen aufgelöst, doch das hochgiftige Senfgas ist weiterhin aktiv.

Conversación y discusión

1. ¿En qué países del mundo hay actualmente conflictos bélicos? **2.** Enumere algunas de las causas de los conflictos bélicos. **3.** ¿Cuáles son los pretextos más frecuentes para fomentar el militarismo? **4.** Explique en qué consiste la carrera armamentista. **5.** ¿Cuáles son los principales países productores y exportadores de armas? **6.** ¿Qué factores favorecen la producción y exportación de armas? **7.** ¿Qué tipos de armas están proscritos por las convenciones internacionales? **8.** ¿Cree Vd. que sigue vigente el principio romano: "Si quieres la paz prepara la guerra"? **9.** ¿Tienen sentido actualmente las llamadas "pruebas nucleares"? **10.** Hay quien defiende el armamento atómico como "factor estabilizador": ¿qué peligros ve Vd. en este contexto?

25. Servicios. Medios de pago

Glosario

el **servicio**	der Service; die Bedienung; die Dienstleistung
el autoservicio	die Selbstbedienung
los trasportes públicos	der öffentliche Verkehr
la parada de taxis *mpl*	der Taxistand
la bajada de bandera	*(Taxi)* die Grundgebühr
el radiotaxi	das Funktaxi
el recadero	der Bote(ngänger)
el servicio discrecional	die Sonderfahrt
el avisador de incendios	der Feuermelder
el detector de humos	der Rauchmelder
los bomberos	die Feuerwehr
la subasta	die Versteigerung
el mejor postor	der Meistbietende

el **accidente**	der Unfall
el accidente doméstico	der Haushaltsunfall
el siniestro	der Unglücksfall, der Schadensfall
el socorro	die Hilfe; der Beistand
el socorrismo	die Erste Hilfe
el socorrista	der Helfer, der Lebensretter
el salvamento	die Rettung; die Bergung
primeros auxilios	Erste Hilfe
la ambulancia	der Krankenwagen
la emergencia	der Notfall
el puesto de socorro	die Unfallstation
el hombre rana	der Froschmann
el **seguro**	die Versicherung
la aseguradora	die Versicherungsfirma
la prima	die Prämie
la póliza	die Police
la letra pequeña *fig*	das Kleingedruckte *fig*
el/ la agente de seguros	der/ die Versicherungsagent(in)
la comisión	die Provision
el daño personal/ material	der Personen-/ Sachschaden
la indemnización	die Entschädigung; das Schmerzensgeld
la negligencia	die Nachlässigkeit
fuerza mayor	höhere Gewalt
el seguro de enfermedad	die Krankenversicherung
la caja de enfermedad	die Krankenkasse
el seguro de jubilación	die Rentenversicherung
el seguro privado de pensiones	die private Rentenversicherung
el seguro de desempleo	die Arbeitslosenversicherung
el seguro de asistencia permanente	die Pflegeversicherung
el seguro de responsabilidad civil	die Haftpflichtversicherung
el seguro contra terceros	die Haftpflichtversicherung
el seguro de vida	die Lebensversicherung
el seguro contra incendios	die Feuerversicherung
el seguro contra accidentes	die Unfallversicherung
el seguro de equipajes	die Reisegepäckversicherung
el seguro contra todo riesgo	die Kaskoversicherung
el seguro de ocupantes	die Insassenversicherung
la mutualidad	die Versicherung auf Gegenseitigkeit
la **tienda** (de la esquina)	der (Tante-Emma-)Laden
el vendedor ambulante	der Straßenverkäufer; der Hausierer
el supermercado	der Supermarkt
las grandes superficies	die Großmärkte *mpl*
los grandes almacenes	das Kaufhaus
la sucursal	die Zweigstelle, die Filiale
la filial	die Tochtergesellschaft
el mostrador	der Verkaufsstand

la barra	die Theke
la caja (registradora)	die Ladenkasse
el código de barras	der Strichcode
el líder (en el mercado)	der Marktführer
la hora de cierre	die Ladenschlusszeit
el servicio pos(t)venta	der Kundendienst
las horas de apertura (de oficina)	die Öffnungszeiten *fpl*
la **feria**, el salón	die Messe
el recinto ferial	das Messegelände
la exposición	die Ausstellung
la feria de muestras	die Mustermesse
la feria monográfica	die Fachmesse
el feriante	der Messebesucher; der Schausteller
el pabellón	die Messehalle
el stand	der (Messe-)Stand
el área de exposición al aire libre	das Freigelände
el Salón del Automóvil	die Automobilausstellung
la **cuenta** corriente	das Girokonto
el giro	die Überweisung
la libreta de ahorros	das Sparbuch
la caja (postal) de ahorros	die (Post-)Sparkasse
el depósito	die Einlage
el depositante	der Hinterleger
el número de la cuenta	die Kontonummer
el número personal	die Geheimnummer
el extracto de cuenta	der Kontoauszug
el cajero automático	der Geldautomat
el autobanco	der Autoschalter
la caja fuerte/ de caudales	der Tresor *(Geldschrank)*
la cámara acorazada	der Tresor *(Banken)*
la caja de seguridad	der (Bank-)Safe
el cambista	der Wechsler
el cheque cruzado	der Verrechnungsscheck
el cheque al portador	der Inhaberscheck
el eurocheque	der Euroscheck
el cheque de viaje	der Reisescheck
el talonario de cheques, *Am* la chequera	das Scheckheft
el cheque-regalo	der Geschenkgutschein
la tarjeta de crédito	die Kreditkarte
la domiciliación	der Abbuchungsauftrag
la casa de préstamos/ empeño	das Pfandhaus, die Pfandleihe
la Bolsa	die Börse
la salida a Bolsa	der Börsengang
responder de algo	etwas verantworten
ser el responsable	für etwas aufkommen

contraer/ concertar un seguro	eine Versicherung abschließen
ir sobre seguro	ganz sicher gehen
cambiar	wechseln
privatizar	privatisieren
empeñar, pignorar	verpfänden
echar a perder	verderben
dañar, causar daño(s)	schaden, schädigen
cotizar en Bolsa	notieren

Ejercicios de traducción

A. 1. Ha entrado en vigor la nueva Ley de Comercio, recientemente aprobada por unanimidad por todos los grupos políticos en el Congreso. Sin embargo, algunas asociaciones de grandes superficies comerciales, sobre todo la patronal ***, han anunciado que estudian la posibilidad de presentar un recurso de inconstitucionalidad. 2. Cada vez se generaliza más en España el llamado "dinero de plástico". La tarjeta de crédito es admitida prácticamente en todos los establecimientos de importancia, y hasta el ama de casa hace su compra sin dinero "contante y sonante". 3. No ha sido bien recibida por los comerciantes la nueva disposición municipal, por la que se permite a las grandes superficies comerciales mantener abierto hasta las diez de la noche. Tampoco están de acuerdo los minoristas en que los supermercados puedan abrir los domingos y fiestas. 4. Los centros feriales más destacados de España en el pasado, Barcelona y Valencia, no ven con buenos ojos la ampliación en 100.000 metros cuadrados del recinto ferial de Madrid.

B. 1. Für Schäden, die infolge fehlerhafter Dienstleistungen entstanden, müssen in Deutschland die Anbieter, z.B. Bauunternehmen, Architekten, Handwerksbetriebe und Versicherungen haften (sog. Dienstleistungshaftung). 2. Ein Fall des Versicherungsbetrugs ist das Anzünden einer gegen Feuergefahr versicherten Sache oder das Versenken bzw. Strandenlassen eines Schiffes, das versichert ist oder dessen Ladung versichert ist, in der Absicht, die Versicherungssumme zu erschleichen. 3. Die Haftpflichtversicherung schützt den Versicherungsnehmer davor, dass er aus seinem eigenen Vermögen in bestimmten Haftpflichtfällen von einem geschädigten Dritten auf Schadenersatz in Anspruch genommen wird. 4. Pflegeversicherung ist die Absicherung gegen das finanzielle Risiko einer Pflegebedürftigkeit im Alter aufgrund von Krankheit oder Behinderung.

Conversación y discusión

1. ¿Cuáles son los seguros obligatorios para los obreros y empleados? 2. ¿Qué seguros son libres? 3. ¿Qué seguros se necesitan o son convenientes si uno tiene coche? 4. Explique concretamente qué es un seguro de vida. 5. ¿Cuáles son los problemas principales que se presentan con las aseguradoras? 6. El sector de los seguros es uno de los que más florece actualmente. ¿A qué se debe este hecho? 7. Enumere las ferias más importantes o conocidas en Alemania y en España y explique su creciente importancia en el mundo económico actual.

26. Comunicaciones y transportes

Glosario

el **vehículo**	das Fahrzeug
el vehículo industrial	das Nutzfahrzeug
el metro	die U-Bahn
el (ferrocarril) suburbano	die S-Bahn
el tranvía	die Straßenbahn
el trolebús	der Trolleybus
el (coche) utilitario	der Kleinwagen
el (coche de) turismo	der Personenkraftwagen (Pkw)
el coche de alquiler	der Mietwagen
el camión	der Lastwagen
el remolque	der Anhänger; der Abschleppwagen
la camioneta, la furgoneta	der Lieferwagen
el jeep	der Jeep
el (vehículo) todo terreno	das Geländefahrzeug
el sidecar	der Beiwagen
el tándem	das Tandem
el carril-bici	der Radweg
el **ferrocarril**, la línea férrea	die Eisenbahn
la RENFE (Red Nacional de Ferrocarriles Españoles)	die spanische Eisenbahn
el tren de cercanías	der Nahverkehrszug
el tren de pasajeros	der Personenzug
el tren de carga/ mercancías	der Güterzug
el (tren) expreso	der Schnellzug
el tren directo/ expreso	der D-Zug
el tren rápido interurbano, el intercity	der Intercity
el autotrén	der Autoreisezug
el tren de alta velocidad	der Hochgeschwindigkeitszug
el AVE (Alta Velocidad Española)	der Intercityexpress
el tren especial	der Sonderzug
el tren (de) cremallera	die Zahnradbahn
el tren de vía estrecha	die Schmalspurbahn
el tren de trocha angosta *Am*	die Schmalspurbahn
el tren elevado	die Hochbahn
el (ferrocarril) funicular	die Seilbahn
el teleférico	die Drahtseilbahn
el funicular aéreo	die Schwebebahn
el ferrocarril aéreo/ suspendido	die Schwebebahn
el tren de suspensión magnética	die Magnetschwebebahn
el monocarril aéreo	die Einschienenhängebahn

el billetero automático	der Fahrkartenautomat
el tramo	die Strecke
la locomotora, *fam* la máquina	die Lokomotive, die Lok
la **autopista**	die Autobahn
la autovía	die Schnellstraße
la carretera de acceso/ salida	die Zufahrt-/ Ausfallstraße
la desviación	die Umleitung
el área de descanso	der Rastplatz *(auf Autobahnen)*
la caravana de automóviles	die Autokolonne, die Autoschlange
la circulación contraria	der Gegenverkehr
las horas punta	die Stoßzeiten *fpl*
la congestión del tráfico	der Verkehrsstau, der Stau
la autoescuela	die Fahrschule
el carné de conducir	der Führerschein
el número de la póliza del seguro	die Versicherungsnummer
el cinturón de seguridad	der Sicherheitsgurt
el ordenador de a bordo/ de viaje	der Bordcomputer
el frenazo	das scharfe Bremsen
el pinchazo	die Reifenpanne
la rueda de repuesto/ recambio	das Ersatz-/ Reserverad
la cuneta	der Straßengraben
el **accidente** de tráfico	der Verkehrsunfall
el accidente en cadena	der Auffahrunfall
la vuelta de campana	der Überschlag; der Luftsprung
la abolladura	die Beule
el triángulo de peligro	das Warndreieck
el botiquín (de urgencia)	das Verbandszeug
el puesto de socorro	die Unfallstation
el servicio de ayuda en carretera	der Pannendienst
el coche-grúa	der Abschleppwagen
el delito de huida	die Fahrerflucht
el desguace	die Verschrottung
el cementerio de automóviles	der Autofriedhof
la **navegación** marítima	die Seeschifffahrt
la navegación fluvial/ interior	die Binnenschifffahrt
la navegación de cabotaje	die Küstenschifffahrt
la circunnavegación del/ al mundo	die Weltumsegelung
la navegación espacial	die Raumfahrt
la embarcación	das Wasserfahrzeug
la canoa	der Einbaum; das Kanu
la balsa	das Floß; die Fähre
la chalupa	die Schaluppe
el bote	das Boot
la barca	die Barke; das Boot
la lancha	das Boot; der Leichter

la vela	das Segel
el velero, el barco de vela	das Segelschiff; der Segler
la gabarra	die Schute, der Leichter
el buque de carga	das Frachtschiff
el barco/ buque escuela	das Schulschiff
el buque de guerra	das Kriegsschiff
el buque insignia	das Flaggschiff
el (barco) pesquero	das Fischerboot
el buque pesquero frigorífico	der Gefriertrawler, das Kühlschiff
el ballenero	das Walfangschiff
el barco cisterna, el petrolero	der Tanker
el buque portacontenedores	das Containerschiff
la motonave	das Motorschiff
el transatlántico (de lujo)	der Ozeandampfer, der Ozeanriese
el crucero	der Kreuzer
el yate	die Yacht
el transbordador	die Fähre
el deslizador	das Gleitboot
el remolcador	der Schlepper
el remolque	das Schlepptau
el práctico	der Lotse
el guardacostas	die Küstenwache
la draga	das Baggerschiff
el rompehielos	der Eisbrecher
el bergantín	die Brigg
la carabela	die Caravelle
la **travesía**	die Seereise; die Überfahrt
el rumbo	der Kurs, die Fahrtrichtung
la estela	das Kielwasser, die Kielspur
la escala	der Zwischenhafen; die Zwischenlandung
los instrumentos de navegación	die Navigationsinstrumente *npl*
la brújula	der Kompass
la rosa náutica/ de los vientos	die Windrose
la aguja náutica	der Schiffskompass
la boya	die Boje
el faro	der Leuchtturm
el nudo	der Knoten
la cubierta (de paseo)	das (Promenaden-)Deck
el puente de mando	die Kommandobrücke
el timonel	der Steuermann
la borda	die Reling
babor/ estribor	Backbord/ Steuerbord
la proa	der Bug
la popa	das Heck
el ancla	der Anker
el tonelaje	die Tonnage

el calado	der Tiefgang
el astillero	die Werft
el dique	das Dock
la botadura de un barco	der Stapellauf
el buzo	der Taucher
la escafandra	der Taucheranzug
la (compañía) naviera	die Schifffahrtsgesellschaft
el pasajero	der Passagier
el servicio de a bordo	der Bordservice
la tripulación	die Besatzung
el marino	der Seemann
el marinero	der Matrose
el bote salvavidas/ de salvamento	das Rettungsboot
el chaleco salvavidas	die Schwimmweste
el naufragio	der Schiffbruch
el náufrago	der Schiffbrüchige
la **aviación**	die Luftfahrt
el dirigible	das (lenkbare) Luftschiff
el globo (de gas)	der Luftballon
el biplano	der Doppeldecker
la avioneta	das Sportflugzeug
el bimotor	das zweimotorige Flugzeug
el helicóptero (de salvamento)	der (Rettungs-)Hubschrauber
el hidroavión	das Wasserflugzeug
el avión anfibio	das Amphibienflugzeug
el reactor, el avión a reacción, el jet	das Düsenflugzeug
la propulsión a reacción/ chorro	der Düsenantrieb
el turborreactor	das TL-Triebwerk
el avión supersónico	das Überschallflugzeug
la barrera del sonido	die Schallmauer
el aerodeslizador	das Luftkissenboot
el tanque aéreo, el avión nodriza	das Tankflugzeug
la caja negra	die Black Box
la tripulación	die Besatzung
el vuelo sin escala	der Nonstopflug
el aterrizaje forzoso/ de emergencia	die Notlandung
la **astronáutica**	die Astronautik
el astronauta, la astronauta	der Raumfahrer, die Raumfahrerin
la cosmonáutica	die Raumfahrt, die Weltraumfahrt
el cosmonauta, la cosmonauta	der Kosmonaut, die Kosmonautin
la nave interplanetaria/ espacial	das Raumfahrzeug
la astronave	das Raumschiff
el cohete (portador)	die (Träger-)Rakete

la sonda espacial	die Raumsonde
el satélite meteorológico/ de noticias	der Wetter-/ Nachrichtensatellit
el lanzamiento	der Abschuss, der Raketenstart
la rampa	die Rampe
la trayectoria	die Bahnkurve
la elipse	die Ellipse
la órbita	die Umlaufbahn
el alunizaje	die Mondlandung
la estación orbital/ espacial	die Raumstation
el laboratorio espacial	das Raumlaboratorium
la ingravidez	die Schwerelosigkeit

aéreo – Luft-, Luftfahrt-, **espacial** – Raum-, **ferroviario** – Eisenbahn-, **fluvial** – Fluss-, **marítimo** – See-, Meer-, Schiffs-, **orbital** – Kreisbahn-

abordar *vt* – entern, rammen, **achicar** – abpumpen, abschöpfen, **alunizar** – auf dem Mond landen, **amainar velas** – Segel einziehen, **amarar** – wassern, **amarrar** – vertäuen, **amerizar** – wassern, **arriar la bandera** – die Flagge streichen/ einholen, **arribar** – landen, einlaufen, **aterrizar** – landen, **atracar** – anlegen, festmachen, **bordear** – aufkreuzen, lavieren, umsegeln, umfahren, **botar** *vt* – vom Stapel laufen lassen, **bucear** – tauchen, **despegar** – starten, **dragar** – (aus)baggern, **echar anclas** – den Anker werfen, **encallar** – stranden, **fletar** – chartern, **flotar** – schwimmen, **hacer agua** – ein Leck bekommen, **hacer el rizo** – einen Looping fliegen, **hacer escala** – zwischenlanden, **hacerse a la mar** – in See stechen, **hundir** *vt* – versenken, **hundirse** *vi* – untergehen, sinken, **izar la bandera** – die Flagge hissen, **levar anclas** – den Anker lichten, **naufragar** – Schiffbruch erleiden, **remar** – rudern, **remolcar** – schleppen, bugsieren, **rescatar** – retten, **subir a bordo** – an Bord gehen, **sumergirse** – untertauchen, **tirar por la borda** – von Bord werfen, **tocar tierra** – landen; anlaufen, **tomar puerto** – in einen Hafen einlaufen, **tripular** – bemannen, **zarpar** – in See stechen, auslaufen, **zozobrar** – untergehen

navegar a toda vela/ a velas desplegadas – mit vollen Segeln laufen
todo va viento en popa – alles geht glänzend
¡hombre al agua! – Mann über Bord!
echar a pique (algo) – (etwas) zugrunde richten
ir/ caminar en el coche de San Fernando/ San Francisco – auf Schusters Rappen reisen, zu Fuß gehen
saltarse/ tragarse un semáforo (en) rojo – bei Rot über die Kreuzung fahren
llevar un (gran) tren de vida – auf großem Fuß leben
estar como un tren (una mujer) *pop* – eine tolle Figur haben, blendend aussehen
todo va/ marcha sobre ruedas – alles läuft wie am Schnürchen
rizar el rizo *fig* – eine große Schwierigkeit mit Bravour überwinden

Ejercicios de traducción

A. 1. Antiguamente, un pinchazo significaba con frecuencia tener que repararlo en carretera. Como no existía rueda de repuesto, había que separar con fuerza el neumático de la llanta y reparar la cámara. **2.** La botadura de un barco constituye una ceremonia muy vistosa. El barco suele bautizarse rompiendo en su proa una botella de champaña lanzada por la madrina. **3.** Ninguna máquina voladora es tan versátil como el helicóptero. Las palas giratorias de su rotor le permiten elevarse verticalmente en el aire, estar suspendido en el mismo sitio y aterrizar en un espacio muy reducido. El helicóptero es de suma utilidad, en situaciones variadísimas, desde el control del tráfico hasta dramáticos salvamentos en naufragios. **4.** La Jefatura de Tráfico recomienda a los conductores evitar los adelantamientos, adoptar la velocidad de los vehículos que marchan delante y anunciar con antelación cualquier maniobra. **5.** En caso de avería hay que procurar retirar los coches de la calzada lo antes posible; se recomienda no detenerse por curiosidad ante un accidente.

B. 1. Befürworter von strengeren Geschwindigkeitsbegrenzungen auf Autobahnen und im Stadtverkehr erwarten höhere Verkehrssicherheit, verminderte Luftverschmutzung und eine Verbesserung des Verkehrsflusses. **2.** Als Grund für den starken Anstieg der Unfälle mit tödlichem Ausgang nannte das Verkehrsministerium vor allem die große Zunahme des Fahrzeugbestandes. Rund 20% aller Unfälle sind auf Alkoholeinfluss zurückzuführen trotz einer Blutalkoholgrenze von 0,0 Promille. **3.** Man hat mehrere Konzepte entworfen, um mit Hilfe moderner Informationssysteme vorhandene Transportwege besser auszulasten und verschiedene Verkehrssysteme zu vernetzen. **4.** Elektroautos sind mit Elektromotoren ausgerüstete Kfz, die über wiederaufladbare Batterien mit der notwendigen Antriebsenergie versorgt werden. Elektroautos erzeugen während der Fahrt keine Abgase und sind bei niedrigen Geschwindigkeiten nahezu lärmfrei.

Conversación y discusión

1. ¿Qué países del mundo tienen la mayor producción de coches? **2.** Exponga las ventajas y las desventajas del coche, desde el punto de vista individual y ecológico. **3.** ¿Qué país tiene el mayor porcentaje de coches por habitante? **4.** ¿Qué países tienen las mayores redes de autopistas? **5.** ¿Qué normas existen acerca de la seguridad vial? **6.** ¿Qué peligros ecológicos se derivan del incremento continuo de la aviación? **7.** ¿Cuáles son los países que tienen las mayores flotas militares y comerciales? **8.** ¿Cree usted que la navegación espacial ha aportado ventajas tan grandes como para justificar sus enormes costes? **9.** ¿Considera necesario o conveniente proseguir las investigaciones mediante satélites artificiales? **10.** ¿Por qué son tan frecuentes las catástrofes ecológicas producidas por petroleros de dudosa procedencia?

27. Hostelería y gastronomía

Glosario

la **hostelería**	das Hotel- und Gaststättengewerbe
el hostelero	der Gastwirt
el hotelero	der Hotelbesitzer
el hotel de cinco estrellas	das Fünfsternehotel
el albergue de carreteras	das Rasthaus
el parador	das Touristenhotel (und Restaurant)
la **gastronomía**	die Gastronomie, die Kochkunst
el gastrónomo	der Feinschmecker; der Gastronom
el chiringuito	die Trinkhalle oder Imbissbude im Freien
la fonda	das Gasthaus, der Gasthof
el mesón	die Gaststätte
el hostal	das Gasthaus
el restaurante típico	das Spezialitätenrestaurant
la despensa	die Speise-/ Vorratskammer
el cliente habitual/ asiduo	der Stammgast
el barman	der Barkeeper
el despacho de bebidas	der Getränkeausschank
la freiduría	die (Fisch-)Braterei
el café con terraza	das Straßencafé
la consumición	der Verzehr; die Zeche
las **especias**	die Gewürze *npl*
la pimienta	der Pfeffer
el azafrán	der Safran
el clavo	die Nelke
la canela	der Zimt
la nuez moscada	die Muskatnuss
el pimentón	der Paprika
la **comida** casera	die Hausmannskost
los platos típicos	die Regionalgerichte *npl*
los comestibles finos	die Feinkost
los alimentos congelados	die Tiefkühlkost
los platos precocinados	die Fertiggerichte *npl*
el plato combinado	das Tellergericht
el tentempié	der Imbiss, die Stärkung
el bocadillo, *Sp fam* el bocata	das belegte Brötchen
los entremeses	die Vorspeisen *fpl*
las tapas	die Appetithappen *mpl*
el caldo	die (Fleisch-)Brühe
la sopa de ajo(s)	die Knoblauchsuppe
el gazpacho	der Gazpacho *(Kaltschale aus Südspanien)*
la paella	die Paella *(Reisgericht)*

el cocido	der Eintopf
el puchero	das Eintopfgericht; der Kochtopf
el potaje	der Gemüseeintopf
la fabada	asturischer Bohneneintopf
los callos *Sp*	die Kaldaunen *fpl*, die Kutteln *pl*
el pinchito	das Spießchen
el asado	der Braten
la parrillada	die Grillplatte
el escabeche	die Marinade
el guisado	das Schmorgericht
el estofado	der Schmorbraten
el estofado a la húngara	das Gulasch
el bistec a la pimienta	das Pfeffersteak
la ternera mechada	der gespickte Kalbsbraten
el cochinillo, el lechón	das Spanferkel
las costillas de cordero	die Lammkotelettchen *npl*
la pierna	die Keule
la pierna de ternera	die Kalbshaxe
las ancas de rana	die Froschschenkel *mpl*
la trufa	die Trüffel
los menudillos	die (Geflügel-)Innereien *pl*
mollejas	das Bries; Kaumagen der Vögel
los embutidos	die Wurstwaren *fpl*, der Aufschnitt
la butifarra	die katalanische Bratwurst
el salchichón	die Hartwurst, die Dauerwurst
el chorizo	die Paprikawurst
las croquetas	die Kroketten *fpl*
la empanada	die Pastete
el pescado en escabeche	der marinierte Fisch
la zarzuela de pescado	Gericht aus verschiedenen Fischarten
la zarzuela de mariscos	Gericht aus Schalentieren
las pastas (alimenticias)	die Nudeln *pl*, die Teigwaren *fpl*
la **repostería**	die Konditorei; die Konditoreiwaren *fpl*
la golosina	das Naschwerk, der Leckerbissen
el pastel	der Kuchen; die Fleischpastete
las pastas	das Gebäck
la tarta, *Am* la torta	die Torte
la galleta	der Keks, das Kleingebäck
el hojaldre	das Blätterteiggebäck
el bizcocho	der Zwieback; der Biskuitkuchen
el bollo	das Milchbrötchen
el barquillo	die Waffel
el arroz con leche	der Milchreis
el turrón	der (spanische) Nougat
el mazapán	das Marzipan

el cabello de ángel	die Kürbiskonfitüre
el budín	der Pudding
el flan	der Karamelpudding
el buñuelo de viento	der Windbeutel
el churro	der Ölkringel
el merengue	das Baiser
la nata montada *Sp*	die Schlagsahne
la crema chantillí *Am*	die Schlagsahne
la peladilla	die Zuckermandel
el roscón	der Mandelring
las natillas	die Cremespeise
la ensaimada	das Hefe(blätterteig)gebäck
la degustación de **vino(s)**	die Weinprobe
el catador (de vinos)	der Weinprüfer
los caldos	die Weine *mpl (aus einer bestimmten Gegend)*
la graduación	der Alkoholgehalt
el vino espumoso	der Schaumwein
el vino de postre, el vino dulce	der Dessertwein
el cava	der Sekt
la cerveza	das Bier
el mosto	der Most
el ponche	der Punsch
la ginebra	der Gin
el refresco	das Erfrischungsgetränk
la sangría	die Sangria
el cubito de hielo	der Eiswürfel
la bodega	der Weinkeller; die Weinkellerei/ -handlung
la bodeguilla	die Hausbar

al vapor – gedämpft, gedünstet, **alimentario** – Nahrungs-, **alimenticio** – nahrhaft, **almibarado** – zuckersüß *a. fig.*, **cárnico** – Fleisch-, **comilón** – gefräßig; Vielfraß, Schlemmer, **crujiente** – knusprig, **culinario** – Koch-, **descafeinado** – koffeinfrei, entkoffeiniert, **goloso** – naschhaft; gefräßig, **grumoso** – klumpig, **hospitalario** – gastlich, **muy hecho** – *(Fleisch)* gut durchgebraten, **sabroso** – schmackhaft, **salado** – salzig, **soso** – fad, **suculento** – saftig, nahrhaft, **sustancioso** – nahrhaft; gehaltvoll

recalentar	*(Essen)* aufwärmen
sobrecalentar	überhitzen
salar	salzen
condimentar, sazonar	würzen
salpimentar	mit Salz und Pfeffer würzen
espolvorear	bestäuben, bestreuen
rehogar	schmoren, dünsten
escaldar	abbrühen
asar a la parrilla	grillen

rebozar	panieren
saltear	(an)braten
gratinar	überbacken; gratinieren
escalfar	pochieren
cuajarse	gerinnen
descremar, desnatar	entrahmen
deshuesar	*(Frucht)* entsteinen; *(Fleisch)* entbeinen
desmenuzar	zerkleinern, zerstückeln
triturar	zerkleinern, zermahlen
macerar	einweichen; einlegen
trinchar	tranchieren
saborear	genießen
catar	probieren
degustar	kosten, probieren

cortar el bacalao *fam* – den Ton angeben
hacer buenas migas – gut miteinander auskommen
dormir la mona *fam* – seinen Rausch ausschlafen
ni pizca *fam* – keine Spur
dársela con queso a alguien *fam* – jdn hereinlegen, jdn ködern
poner toda la carne en el asador – alle Hebel in Bewegung setzen
ponérsele a uno carne de gallina – eine Gänsehaut bekommen
no ser ni carne ni pescado – weder Fisch noch Fleisch sein
a pan y agua – bei Wasser und Brot
llamar al pan, pan y al vino, vino – die Dinge beim Namen nennen
venderse como rosquillas – großen Absatz haben, etwas verkauft sich wie warme Semmeln
canela en rama – vom Feinsten, das Beste vom Besten
¡eso es un churro! *Sp* – das ist doch Quatsch!
ganar el garbanzo – seine Brötchen verdienen
ser el garbanzo negro (de la familia) – das schwarze Schaf (der Familie) sein
a buen(a) hambre no hay pan duro – Hunger ist der beste Koch
en todas partes cuecen habas – überall wird mit Wasser gekocht
eso es harina de otro costal – das ist etwas ganz anderes
haber sido cocinero antes que fraile – kein Neuling sein, das Metier verstehen

Ejercicios de traducción

A. **1.** Se los conoce popularmente como "desperdicios" o "despojos", un nombre claramente peyorativo, que encierra, sin embargo, verdaderos tesoros gastronómicos, y también se olvida la inmensa ventaja de que están al alcance de cualquiera: riñones, callos, sesos, molleja, lengua ... **2.** Se trata de una comida originalmente destinada a las clases humildes y convertida hoy en manjar apreciado de los estamentos sociales más refinados. **3.** Las especias, hoy indispensables en cualquier cocina, hicieron historia durante varios siglos. El comercio de las especias no sólo provocó guerras y aseguró la prosperidad de muchos países, sino que contribuyó a desarrollar descubrimientos geográficos. **4.** La incorporación del hombre a la cocina y la salida de la mujer de ella ha traído una revolución de la mesa. Hoy proliferan como nunca las revistas especializadas, los libros, las secciones en los periódicos y los espacios en televisión. Hasta hace poco las plumas versadas en gastronomía eran escasas. **5.** Los romanos, que adoptaron las costumbres de sus conquistados, hicieron de la mesa un gran banquete; las civilizaciones orientales hicieron de la comida todo un ritual de costumbres y tradiciones con sofisticados productos y aromáticas especias, y en la refinada China existía hasta un dios de la cocina.

B. 1. Im 17. Jahrhundert waren die Spanier für ihre Üppigkeit bekannt und ihre Mahlzeiten bestanden aus vielen Gängen. König Philipp IV. z.B. pflegte Bankette zu geben, bei denen 500 verschiedene Gerichte aufgetragen wurden, Fisch, Fleisch, Geflügel und vieles andere in bunter Folge. **2.** Römische Schriftsteller erzählten ausführlich von der besonders guten Käsezubereitung im Südfrankreich, dem Land, das bis heute den berühmtesten Käse der Welt erzeugt. **3.** Kartoffeln gehören zu den Hauptnahrungsmitteln; es ist wichtig, dass sie stets frisch und sehr sorgfältig zubereitet werden. Gebackene Kartoffeln schmecken aus neuen und alten Kartoffeln. **4.** Es ist nicht allzu lange her, dass Reis nur in gekochter, ungewürzter Form als Beilage gereicht wurde. Heute sind durch Zugabe von verschiedenen Gewürzen wie Safran, Curry usw. neue Geschmacksnuancen entstanden.

Conversación y discusión

1. ¿Por qué es cada vez más importante el sector de la hostelería y gastronomía en el mundo actual? **2.** ¿Qué elementos principales comprende la formación profesional en el sector de la hostelería y gastronomía? **3.** Muchos pueblos consideran la cocina y la gastronomía como un importante factor cultural: exponga las razones de este hecho. **4.** ¿Ve Vd. alguna relación entre la alimentación y los problemas ecológicos? **5.** ¿Qué cocina nacional conoce y prefiere? ¿Por qué? **6.** ¿En qué consiste la llamada dieta mediterránea y por qué está en auge?

28. Medios de comunicación e Informática

Glosario

la **opinión pública**	die öffentliche Meinung
los medios informativos	die Medien *npl*
los medios de comunicación social	die Massenmedien *npl*
los medios de comunicación de masa	die Massenmedien *npl*
la libertad de prensa	die Pressefreiheit
el creador de opinión	der Meinungsmacher
el servicio informativo	die Nachrichtenredaktion
el informativo	die Nachrichtensendung
la entrevista	das Interview
el entrevistador	der Interviewer
la encuesta (demoscópica)	die (Meinungs-)Umfrage, die Befragung
el encuestador	der Meinungsforscher
el cuestionario	der Fragebogen
el sondeo (de opinión)	die Meinungsforschung
la censura	die Zensur
la difamación	die üble Nachrede, die Diffamierung
la calumnia	die Verleumdung
las relaciones públicas	PR, die Öffentlichkeitsarbeit
el relaciones públicas	der PR-Mann
la **prensa** (diaria)	die (Tages-)Presse
el semanario, el periódico semanal	die Wochenzeitung
el (periódico) diario	die Tageszeitung
el (periódico) matutino/ vespertino	die Morgen-/ Abendzeitung
la publicación mensual	die Monatszeitung
la revista técnica	die Fachzeitschrift
la gaceta	die Gazette, das Amtsblatt
la prensa sensacionalista	die Skandalpresse
la prensa amarilla/ del corazón	die Boulevard-/ Regenbogenpresse
el suplemento (dominical)	die (Sonntags-)Beilage, das Magazin
el magacín, el magazín	das Magazin
el cómic	der Comic
el tebeo	der Comic *(Kinder)*
el folletín	das Feuilleton
el folleto	die Broschüre, der Prospekt
la octavilla	das Flugblatt, die Flugschrift
el panfleto	das Pamphlet
el cartel, *Am* el afiche	das Plakat
la hemeroteca	das Zeitungsarchiv
el **periodista**, la periodista	der Journalist, die Journalistin
el corresponsal, la corresponsal	der Korrespondent, die Korrespondentin
la cobertura	die Berichterstattung

el reportaje	die Reportage
el reportero	der Reporter
el reportaje gráfico	der Bildbericht
el redactor (-jefe)	der (Chef-)Redakteur
el redactor gráfico	der Bildberichterstatter
la agencia de noticias	die Nachrichten-/ Presseagentur
el editor	der Herausgeber
la editorial	der Verlag; das Verlagshaus
la **portada**	die Titelseite
el titular	die Überschrift; die Schlagzeile
la columna	die Spalte
el editorial	der Leitartikel
el artículo de fondo	der meinungsbildende Artikel
la sección	die Sparte
la crónica	die Chronik
el avance editorial	der Vorabdruck
el comentario, el comentarista	der Kommentar, der Kommentator
la colaboración	die Mitarbeit; der Beitrag
ecos de sociedad	Nachrichten *fpl* aus der Gesellschaft
la cartelera de espectáculos	das Tagesprogramm, der Veranstaltungskalender
la esquela fúnebre/ mortuoria	die Todesanzeige
la crítica (de libros)	die (Bücher-)Kritik
la reseña	die Rezension
la crítica cinematográfica	die Filmkritik
las cartas al Director	die Leserbriefe *mpl*
la sección lectores	die Leserbriefe *mpl*
el bulo	die Falschmeldung, die Ente
la **publicidad**	die Werbung
el anuncio, *Am* el aviso	die Annonce, das Inserat; die Reklame
el anunciante	der Inserent
los anuncios económicos	die Kleinanzeigen *fpl*
la publicidad luminosa	die Lichtreklame
la publicidad subliminal	die Schleichwerbung
la publicidad indirecta/ encubierta	die Schleichwerbung
la cartelera	die Werbefläche; die Plakat-/ Litfaßsäule
la cuña publicitaria	der Werbespot
la valla publicitaria	die Werbefläche
la agencia de publicidad	die Werbeagentur
la campaña publicitaria	die Werbeaktion
la **radio**(difusión)	das Radio; der Rundfunk
el transistor	der Transistor
el radiocasete, el radiocassette	der Radiorecorder
el radioteléfono	das Funksprechgerät
el radiotelegrafista	der Funker

la (radio)emisión	die Rundfunksendung
la (radio)emisora	der Rundfunksender
el locutor	der Sprecher
el comentarista	der Kommentator
el radi(o)escucha/ radioyente	der Rundfunkhörer, der Radiohörer
la audiencia	die Zuhörer *pl*; die Zuschauer *pl*
el índice de audiencia	die Einschaltquote
el radioaficionado	der Funkamateur
el volumen	die Lautstärke
la frecuencia	die Frequenz
el dial	die Skala
la música de fondo	die Hintergrundmusik
los parásitos	die Störgeräusche *npl*
la radionovela, el radioteatro	das Hörspiel
el **cine**, la cinematografía	die Filmkunst
el cine(matógrafo)	das Kino, das Lichtspieltheater
la filmoteca, la cinemateca	das Filmarchiv
el estudio cinematográfico	das Filmatelier
el cine mudo/ sonoro	der Stumm-/ Tonfilm
en blanco y negro	schwarz-weiß
en color	(in) Farbe
la proyección	die Vorführung
el cine de estreno	das Premierekino
el cine de reestreno	das Offkino
el cine de sesión continua	das Non-Stop-Kino
el autocine	das Autokino
el acomodador, la acomodadora	der Platzanweiser, die Platzanweiserin
la pantalla	die Leinwand
la pantalla panorámica	die Breitwand
el tráiler	die (Film-)Vorschau
los genéricos	der Vorspann
la versión cinematográfica/ fílmica	die Verfilmung, die Filmfassung
la adaptación	die Bearbeitung
el **cineasta**, la cineasta	der Filmschaffende, die Filmschaffende
el productor	der Produzent
el jefe de producción	der Produktionschef
la dirección	die Regie
el director (de cine)	der (Film-)Regisseur
el ayudante de dirección/ realización	der Regieassistent
el guión	das Drehbuch
el guionista, la guionista	der Drehbuchautor, die Drehbuchautorin
el rodaje	die Dreharbeiten *fpl*
el operador/ director de cámara	der Kameramann
el fotógrafo	der Kameramann
el tomavistas	die Filmkamera

la cámara lenta	die Zeitlupe
el **plano**	die Einstellung
el plano medio	die Naheinstellung, die Nahaufnahme
el plano general	die Gruppeneinstellung, die Gesamtaufnahme
el plano largo	die Totale
el plató	die Filmkulisse
el montaje	der Schnitt
el montador	der Cutter
la banda sonora	der Tonstreifen
el ingeniero de sonido, el sonidista	der Toningenieur
el truco, el trucaje	der Trick
los efectos especiales	die Tricks *mpl*, die Spezialeffekte *mpl*
el doblaje	die Synchronisierung
el subtítulo	der Untertitel
la distribución	der Vertrieb
la distribuidora	die Vertriebsgesellschaft, der Filmverleih
el festival cinematográfico	die Filmfestspiele *npl*
el **reparto**	die Besetzung
el intérprete, la intérprete	der Darsteller, die Darstellerin
el actor, la actriz	der Schauspieler, die Schauspielerin
el protagonista, la protagonista	der Hauptdarsteller, die Hauptdarstellerin
el papel principal	die Hauptrolle
el astro, la estrella	der Star, die Filmdiva
la vampiresa *fam*	der Vamp
el comparsa, la comparsa	der Statist, die Statistin
el malo (de la película) *fam*	der Bösewicht, der Schurke
el sosia	der Doppelgänger
el doble	das Double
el especialista	der Stuntman
la **televisión**, *fam* la tele	das Fernsehen
el televisor	der Fernsehempfänger
la pantalla de cristal líquido	der LCD-Bildschirm
el televisor al/ de plasma	der Plasma-Fernseher
la pequeña pantalla	der Fernsehschirm
la caja tonta/ boba *fam*	die Glotze *umg*
el presentador	der Fernsehansager
la cadena, el canal	der (Fernseh-)Sender
la torre de televisión	der Fernsehturm
el telespectador, el televidente	der Fernsehzuschauer
la televisión por cable	das Kabelfernsehen
el cableado	der Kabelanschluss
la televisión por/ vía satélite	das Satellitenfernsehen
la antena parabólica	die Parabolantenne
la trasmisión en directo	die Direktübertragung, die Live-Sendung

la (re)trasmisión en diferido	die Aufzeichnung
el telediario	die Nachrichtensendung
el videotexto	der Bildschirmtext
el teletex, el teletexto	der Videotext
la serie, el serial	die Serie, die Sendereihe
la telenovela, el culebrón	die Seifenoper
el mando a distancia, el telemando	die Fernbedienung
el descodificador	der Decoder
el cierre	der Sendeschluss
la casete vídeo, la videocasete	die Videokassette
el DVD *(pr. deuvedé)*	die DVD
el **teléfono**	das Telefon
la cabina telefónica	die Telefonzelle
el teléfono de teclado	das Tastentelefon
el teléfono inalámbrico	das drahtlose Telefon
el teléfono portátil, el móvil	das Mobiltelefon, das Handy
el paso (de contador)	die (Gebühren-)Einheit
la tarjeta telefónica	die Telefonkarte
la tarifa urbana	der Ortstarif
la tarifa plana	die Flatrate
el mensaje corto, el SMS	die SMS
el roaming, la itinerancia	das Roaming
el videoteléfono	das Bildtelefon
el busca	der Piepser
el contestador automático	der Anrufbeantworter
el auricular	der Hörer, die Muschel
la escucha	das Abhören, das Lauschen
la central, la centralita	die Telefonzentrale
el interfono (de portería)	die (Tür-)Sprechanlage
el telefonista, la telefonista	der Telefonist, die Telefonistin
la conferencia	das Telefongespräch
el (tele)fax	das Telefax
el télex	das Telex, das Fernschreiben
la telecopiadora	der Fernkopierer
el teletipo	der Fernschreiber
la telefoto	die Fernaufnahme
la **informática**	die Informatik
el informático	der Informatiker
el ordenador, la computadora	der Computer
el soporte físico, el hardware	die Hardware
el soporte lógico, el software	die Software
el ordenador personal	der Personalcomputer, der PC
el ordenador portátil	das Notebook
el microordenador	der Mikrocomputer
el usuario	der Benutzer, der User

la unidad central	CPU
el procesador	der Prozessor
la placa base/ madre	die Hauptplatine
el disco duro	die Festplatte
las ranuras	die Steckplätze *mpl*
los dispositivos de entrada y salida	die Ein-/ Ausgabegeräte *npl*
el sistema operativo	das Betriebssystem
la tarjeta gráfica	die Graphikkarte
la tarjeta de sonido	die Soundkarte
la tarjeta de ampliación	die Erweiterungskarte
la pantalla	der Bildschirm, das Display
la pulgada	der Zoll
el escritorio	der Desktop
el teclado	die Tastatur
la tecla	die Taste
el botón	die Schaltfläche
el ratón	die Maus
el espaciador	die Leertaste
el tabulador	die Tabulator-Taste
el cursor	der Cursor
el puntero	der Mauszeiger
la flecha	der Pfeil
el icono	das Symbol
el subteclado numérico	der Zifferblock
los caracteres especiales	die Sonderzeichen *npl*
las teclas de función	die Funktionstasten *fpl*
el (doble) click	der (Doppel-)Klick
la resolución	die Auflösung
los píxeles	die Bildpunkte *mpl*
la disquetera	das Diskettenlaufwerk
la unidad de disco	das Diskettenlaufwerk
el lector CD-ROM	das CD-ROM-Laufwerk
el escáner	der Scanner
la impresora	der Drucker
la impresora láser	der Laserdrucker
la impresora de inyección de tinta	der Tintenstrahldrucker
la impresora de agujas	der Nadeldrucker
el equipo multifunción	das Multifunktionsgerät
la lista (del ordenador)	der (Computer-)Ausdruck
el proceso de datos	die Datenverarbeitung
el proceso/ la elaboración de textos	die Textverarbeitung
el procesador de textos	das Textverarbeitungssystem
el tratamiento de datos/ textos	die Daten-/ Textverarbeitung
el bloque de texto	der Textbaustein
la caja de diálogo	das Dateifenster
el directorio	das Verzeichnis

el fichero, el archivo	die Datei
el formateo	die Formatierung
el programador	der Programmierer
el lenguaje de programación	die Programmiersprache
el analista de sistemas	der Systemanalytiker
la memoria	der Speicher
la capacidad de memoria	die Speicherkapazität
la memoria RAM	der Arbeitsspeicher
la base de datos	die Datenbank
el ingreso de datos	die Dateneingabe
el almacenamiento	die Speicherung, das Speichern
la transmisión de datos	die Datenübertragung
el aviso de errores	die Fehlermeldung
la aplicación	die Anwendung
la papelera	der Papierkorb
la tabla	die Tabelle
el periférico	das Peripheriegerät
el equipo periférico	die Zusatzgeräte *npl*
el interfaz, la interfaz	die Schnittstelle
el módem	der/ das Modem
la entrada	die Eingabe
la indicación	die Anzeige
la clave, la contraseña	das Kennwort, das Passwort
la activación	der Aufruf
el videojuego	das Videospiel
el juego de ordenador	das Computerspiel
la dirección de **Internet**	die Internet-Adresse
la autopista de información	die Datenautobahn
en línea	online
el servidor	der Server
el buscador	die Suchmaschine
la página/ el sitio web	die Webseite
la página/ el sitio de Internet	die Webseite
www. (pr. *tres uvedobles punto*)	www.
el internauta	der Surfer
el oteador/ hojeador/ explorador	der Browser
el navegador	der Browser
la barra	die Leiste
la barra de navegación	die Navigationsleiste
el enlace	der Link
el correo electrónico	die E-Mail
el mensaje	die Nachricht, die Mitteilung
el destinatario	der Empfänger
la arroba	@, *umg* der Klammeraffe
el correo basura, el spam	der Spam

a toda plana – ganzseitig, **analógico** – analog, **asistido por ordenador/ computadora** – computergestützt, **compatible** – kompatibel, **digital** – digital, **esencial** – wesentlich, **fílmico** – Film-, **folletinesco** – Feuilleton-, **imprescindible** – unverzichtbar, **inalámbrico** – drahtlos, **informatizado** – computergestützt, **periodístico** – Zeitungs-, **publicístico** – publizistisch, **publicitario** – Werbe-, Werbungs-, **radiofónico** – Rundfunk-, Radio-, **reporteril** – Reporter-, **teleadicto** – fernsehsüchtig, **telemático** – tele-, **tendencioso** – tendenziös, **virtual** – virtuell

entrevistar	interviewen
redactar	redigieren
publicar	veröffentlichen
cubrir la información	die Berichterstattung übernehmen
insertar, anunciar	inserieren
suscribirse a un periódico	eine Zeitung abonnieren
radiar, trasmitir	senden
sintonizar	einstellen
conectar	einschalten
grabar, registrar	aufnehmen
filmar, llevar a la pantalla	verfilmen
rodar	drehen
dirigir	(Regie) führen
representar/ encarnar un papel	eine Rolle spielen/ verkörpern
protagonizar	die Hauptrolle spielen
estrenar	aufführen
sincronizar, doblar	synchronisieren
distribuir	vertreiben
proyectar	vorführen
censurar	zensieren
pinchar	*tel* anzapfen
retrasmitir	übertragen
televisar	(im Fernsehen) übertragen
cablegrafiar	telegraphieren
cablear	verkabeln
computerizar	computerisieren
presionar/ pulsar una tecla	eine Taste drücken
ingresar datos	Daten *npl* eingeben
introducir	eingeben
insertar	einfügen
almacenar/ guardar (datos)	(Daten) abspeichern
procesar	verarbeiten
gestionar	verwalten
desplazar	bewegen
visualizar	anzeigen
borrar	löschen
formatear	formatieren
descargar	herunterladen
escanear	scannen

imprimir	drucken
navegar *(Internet)*	surfen
vincular	verknüpfen, verbinden
chatear, charlar	chatten
adjuntar archivos	Dateien *fpl* anhängen
enviar	senden
colgarse *fam*	abstürzen
apagar	herunterfahren *(Rechner)*, ausschalten

saber algo por el periódico/ la radio/ la tele – aus der Zeitung/ dem Radio/ Fernsehen etwas wissen
saber de buena fuente/ de buena tinta – aus sicherer Quelle wissen
círculos bien informados – gut unterrichtete Kreise
más conocido que el tebeo – bekannt wie ein bunter Hund
prohibido fijar carteles – Plakate/ Zettel ankleben verboten
responsable la prensa anunciadora – die Firma haftet dafür
de película – Traum-, traumhaft
hacer una escena a alguien – jemandem eine Szene machen
miente más que la gaceta – er/ sie lügt wie gedruckt
pregonar a bombo y platillo – (für etwas) gewaltig die Werbetrommel rühren; etwas hinausposaunen

Ejercicios de traducción

A. 1. El término "mass media" abarca los medios de difusión colectiva, que se caracterizan por la industrialización, la técnica y por una gran audiencia. Entre los "mass media" figuran la prensa, la radio, el cine, la televisión, el libro de bolsillo, la fotonovela, los cómics y muchos más. **2.** Se designa con el término confección la operación mediante la cual se distribuyen los artículos en columnas, los titulares, se indican los caracteres tipográficos, etc. La confección tradicional pierde terreno, absorbida por el fotomontaje a través del ordenador. **3.** Los trucajes visuales y sonoros en cine y sobre todo en televisión son múltiples, tanto como los procedimientos técnicos que, por medios artificiales, permiten dar al espectador o al oyente la ilusión de una realidad visual o sonora. **4.** En telefonía móvil, el roaming o itinerancia es la capacidad de hacer y recibir llamadas en redes móviles fuera del área de servicio local.

B. 1. Fast alle Radio- und Fernsehstationen in den USA sind Eigentum von Privatpersonen oder privaten Gesellschaften. **2.** Bei der Programmplanung wie auch bei den Verhandlungen zwischen Produktionsgesellschaften und Werbeagenturen spielen die Ergebnisse der Zuschauer-Befragung und Zuschauer-Kontrolle eine wichtige Rolle. **3.** Die modernen Nachrichtenagenturen sind aus reinen Erwerbsunternehmen hervorgegangen, die zunächst lediglich wirtschaftlich wichtige Nachrichten verbreiteten. **4.** Die Nachrichtenbearbeitung ist Aufgabe der Redaktion, die aus den von den Agenturen verbreiteten Meldungen, Kommentaren, Berichten und Pressestimmen eine Auswahl trifft. **5.** Die Publizistikwissenschaft beschäftigt sich in neuerer Zeit intensiver als früher mit dem Werbekomplex, entweder unter dem Aspekt einer besonderen Werbeform (Anzeige, Plakat, Werbebrief) oder den verschiedenen Medien, die Werbebotschaften verbreiten (Werbefernsehen).

Conversación y discusión

1. ¿Cuáles son, en su opinión, las normas éticas del periodismo? **2.** ¿Qué piensa Vd. de la creciente concentración de la prensa y de los otros medios de información? **3.** Con frecuencia se habla de la crisis del cine europeo. ¿Cuál es su opinión al respecto? **4.** Exponga la importancia de la informática en la sociedad actual y sus eventuales peligros. **5.** ¿Ve Vd. más ventajas o más peligros en Internet? **6.** ¿Cree Vd. que la legislación actual está a la altura de las nuevas técnicas informativas? **7.** Se ha afirmado que nada ha influido tanto en la vida social como la televisión. Exponga su parecer al respecto. **8.** ¿Piensa Vd. que el teléfono es – aparte de medio comercial de comunicación – un servicio social que debe asegurarse y protegerse como tal?

29. El ocio, el turismo, los viajes

Glosario

el **ocio**	die Freizeit; der Müßiggang
el esparcimiento	die Zerstreuung, das Vergnügen
la diversión	die Erholung; das Vergnügen
la temporada alta	die Hochsaison, die Hauptsaison
la temporada baja	die Vorsaison, die Nachsaison
la operación retorno *Sp*	die Rückreiseverkehr
el paseante	der Spaziergänger
el paseo marítimo	die Uferpromenade
el excursionista, la excursionista	der Ausflügler, die Ausflüglerin
el dominguero	der Sonntagsfahrer
la zona de recreo	das Erholungsgebiet
el parque de atracciones	der Vergnügungspark
el merendero	das Ausflugslokal
el mirador, el balcón	der Aussichtspunkt
la vista panorámica	der Rundblick; die Aussicht
el **campamento** (turístico)	der Campingplatz
la acampada, el cámping	das Zelten
el campista	der Camper
la caravana (-remolque)	der Wohnwagen(-anhänger)
la tienda de campaña	das Zelt
el saco de dormir	der Schlafsack
la colchoneta	die Luftmatratze

la mochila	der Rucksack
la fiambrera	die Picknickdose
la cantimplora	die Feldflasche
la oficina de **turismo**	das Fremdenverkehrsamt
el operador turístico, el touroperador	der Reiseveranstalter
el viaje colectivo	die Gruppenreise
el viaje de recreo/ estudio(s)	die Erholungs-/ Studienreise
el viaje alrededor del mundo	die Weltreise
el crucero (de placer)	die (Vergnügungs-)Kreuzfahrt
el paquete turístico	die Pauschalreise
el turismo de élite	der gehobene Tourismus
el enoturismo	der Weintourismus
el turismo de mochila (y alpargata) *fam*	der Rucksacktourismus
la aldea de vacaciones	das Feriendorf
el turismo en casas de labranza	die Ferien *fpl* auf dem Bauernhof
la marcha	das Trekking
el senderismo	der Wandersport
el caminante	der Wanderer
el trotamundos	der Globetrotter
el autostopista	der Anhalter, der Tramper
el montañismo	der Bergsport
el **balneario**, la estación termal	der Badeort
las caldas	die Thermalquelle
el bañista	der Badegast
el bañero	der Bademeister
el baño de sol	das Sonnenbad
la piscina cubierta	das Hallenbad
el culturismo	das Bodybuilding
el gimnasio	die Turnhalle, der Fitnessraum
el bricolaje	das Heimwerken, das Basteln
el bricolador	der Heimwerker, der Bastler
el salón recreativo	die Spielhalle
el tragaperras	der Spielautomat
la **pesca** con anzuelo	das Angeln, das Fischen
los útiles de pesca	die Angelgeräte *npl*
los aparejos de pescar	das Angelgerät, die Angel
el anzuelo	der Haken
el sedal	die Angelschnur
la caña de pescar	die Rute
el pescador (de caña)	der Angler
la licencia de pesca	der Angelschein
la **caza** mayor/ menor	die Hochwild-/ Treibjagd

la caza con trampas	die Fangjagd
el cazador furtivo	der Wilderer
el coto de caza	das Jagdrevier
la licencia de caza	der Jagdschein
la veda	die Schonzeit
el vedado	das Gehege
el morral, la mochila	die Jagdtasche; der Futterbeutel
la batida	die Treibjagd
el reclamo	das Lockgerät; der Lockruf
la cetrería	die Falkenjagd
el cetrero	der Falkner
el halcón	der Falke
veraniego, estival	Sommer-
dominguero	Sonntags-
playero	Strand-
cinegético	Jagd-
estar en forma	fit sein
hacer footing	joggen, laufen
veranear	den Sommer(urlaub) verbringen
hacer autostop	per Anhalter fahren, trampen
hacer cámping	campen, zelten
pescar con caña	angeln
picar (el cebo)	beißen, anbeißen
ir de caza	auf die Jagd gehen
levantar la veda	die Jagdsaison eröffnen
cobrar una pieza	(Wild) erlegen, zur Strecke bringen

pescar en río revuelto/ en aguas turbias – im Trüben fischen
estar como el pez en el agua – sich wie ein Fisch im Wasser fühlen
salga pez o salga rana – aufs Geratewohl
picar/ caer en el anzuelo; morder/ tragarse el anzuelo – anbeißen, darauf hereinfallen
el coto cerrado *fam* – die exklusive Gesellschaft, die Clique
hacer puente – an einem Werktag zwischen zwei Feiertagen frei nehmen bzw. nicht arbeiten
cazarlas al vuelo – auf Anhieb erfassen

Ejercicios de traducción

A. 1. Las casas de labranza, construcciones rústicas integradas en una explotación agrícola, ganadera o forestal, ofrecen al visitante la posibilidad de participar de alguna manera en las actividades del campo. Esta modalidad es denominada "agroturismo". Otra modalidad es el "turismo activo de rutas verdes", que ofrece al visitante una amplia variedad de servicios complementarios como la creación de áreas recreativas, montañismo, senderismo, rutas a caballo, etc. **2.** El senderismo es una actividad propia para ser practicada a la vez por gentes de todas las edades; la media es relativamente alta, por encima de los 40 años. En realidad, los senderistas no se proponen en primer lugar practicar deporte, sino distraerse y gozar de la naturaleza. **3.** El cámping se ha convertido en una de las formas de viajar más aceptadas por los que prefieren vivir al aire libre. En una tienda de campaña o en una caravana se puede disfrutar de la naturaleza, ya sea en el mar o en la montaña, sin privarse de las comodidades más indispensables.

B. 1. Nach der Verfassung hat jeder das Recht, sich in der freien Natur zu erholen; er ist aber auch verpflichtet, mit Natur und Landschaft bewusst umzugehen. **2.** Mit der zunehmenden Sesshaftigkeit und der damit verbundenen Domestizierung von Tieren trat die Jagd mit ihren Gefahren und Erschwernissen als Lebensgrundlage bei weiten Teilen der Bevölkerung zunehmend in den Hintergrund. **3.** Bis ins Mittelalter wurde die Jagd immer mehr zum Privileg des Adels sowie staatlicher und kirchlicher Würdenträger. **4.** Trotz weltweiter Krisen, steigender Energiepreise und höherer Sozialabgaben bleibt die Reiselust der Deutschen ungebrochen. Die Bundesbürger verreisen wie bisher – aber die Urlaube werden immer kürzer (1980: 18,2 Tage; 2004: 12,8). Ein dramatischer Rückgang der Reisedauer im zweistelligen Bereich. **5.** Seit Beginn der 1980er Jahre entstand eine Gegenbewegung zum Massentourismus, der „Sanfte Tourismus". Er fördert die nachhaltige Nutzung touristischer Gegebenheiten, Respekt vor den kulturellen Traditionen der bereisten Länder und einen schonenden Umgang mit den natürlichen Ressourcen. Inzwischen ist der Begriff „Sanfter Tourismus" durch den Begriff „nachhaltiger Tourismus" abgelöst worden.

Conversación y discusión

1. Según su parecer, ¿qué situaciones son las que más estrés producen? **2.** ¿Cree Vd. que existen técnicas eficaces para eliminar o atenuar el estrés? **3.** ¿Prefiere Vd. muchas fiestas durante el año o tener más días de vacaciones juntos? **4.** ¿Sabe Vd. qué es el agotamiento mental? **5.** ¿Cuál es la finalidad de las vacaciones? ¿Por qué son necesarias? **6.** ¿Cree Vd. que en las vacaciones siempre se descansa? **7.** ¿Cómo deberían ser las vacaciones, en su opinión? **8.** ¿Cree Vd. que es sano tomar el sol en la playa el mayor tiempo posible y desde el primer día? **9.** El humanista español Baltasar Gracián decía: "Viajar hace a los hombres discretos". ¿Qué puede significar esta frase? **10.** ¿Qué ventajas y desventajas tiene el cámping?

30. Fiestas, moda, joyas

Glosario

la **fiesta** popular	das Volksfest
la fiesta mayor/ patronal	das Kirchweihfest, das Patronatsfest
la fiesta nacional	das Nationalfest, der Staatsfeiertag; *Sp* der Stierkampf
la fiesta de guardar/ de precepto	der gebotene Feiertag
la fiesta fija/ movible	der (un)bewegliche Feiertag
el festival	das Festival, die Festspiele *npl*
la festividad	die Festlichkeit
el festejo	das Fest, die Lustbarkeit
la juerga, *Am* la farra	das rauschende Fest
la (función de) gala	die Galaveranstaltung
la velada	die Abendveranstaltung
la verbena	das Volksfest, die Kirmes; der (Sommernachts-)Ball
la sala de fiestas	das Vergnügungslokal
el salón de actos	der Festsaal; die Aula
el acto inaugural/ de clausura	die Eröffnungs-/ Schlussfeier
el torneo	das Turnier
los juegos florales	der Dichterwettbewerb
la mascarada	die Maskerade
la cabalgata	der Umzug
la romería	die Wallfahrt
el nacimiento, el belén	die (Weihnachts-)Krippe
el villancico	das Weihnachtslied
la inocentada	*(etwa)* der Aprilscherz
el carnaval	der Karneval, der Fasching
el disfraz	das Kostüm
el antifaz	die Maske
la serpentina	die Papierschlange
la decoración	die Dekoration, die Ausschmückung
el farolillo	der Lampion
la guirnalda	die Girlande
los fuegos artificiales	das Feuerwerk
la bengala	die Leuchtrakete
el petardo	der Knallfrosch
la **feria**	der Jahrmarkt; die Messe
la barraca de feria	die (Jahrmarkts-)Bude
el tiovivo/ carrusel, los caballitos	das Karussel
el tobogán	die Rutschbahn
la montaña rusa	die Achterbahn

el tren fantasma/ de la bruja	die Geisterbahn
la caseta de tiro	die Schießbude

el **baile**, la danza	der Tanz
el baile popular/ folclórico	der Volkstanz
el baile de disfraces/ máscaras	der Maskenball
el baile de salón	der Gesellschaftstanz
la pista de baile	die Tanzfläche
la música bailable	die Tanzmusik
el baile de las espadas	der Schwerttanz
el (baile) "agarrao" *fam*	der Tanz, der Schieber
el concurso de baile	das Tanzturnier
el ballet	das Ballett
la compañía de ballet	die Ballettgruppe, die Balletttruppe
el cuerpo de baile	die Tanzgruppe, die Tanztruppe
el bailarín, la bailarina	der Tänzer, die Tänzerin
el bailaor, la bailaora	der Flamencotänzer, die Flamencotänzerin
la malla	die Masche; das Trikot
la zapatilla (de ballet/ baile)	der Tanzschuh
la coreografía	die Choreographie
el coreógrafo	der Choreograph

el **adorno**	der Schmuck
la joya, la alhaja	das Juwel
la joyería	der Juwelierladen
el joyero	der Juwelier
el orfebre	der Goldschmied
la bisutería	das Juweliergeschäft
los accesorios, los complementos	die Accessoires *npl*; das Zubehör
el monograma	das Monogramm
la perla	die Perle
la piedra preciosa, la gema	der Edelstein
oro/ plata de ley	Feingold/ -silber
el quilate	das Karat

la **indumentaria**, el atuendo	die Kleidung
la modista	die Modeschöpferin; die Modistin
la modistilla	die Näherin
el modisto	der Modeschöpfer
el diseñador	der Designer
la alta costura	die Haute Couture
el figurín	die Modezeichnung
el patrón	das (Schnitt-)Muster
la modelo	das Modell; das Mannequin
el maniquí	die Modellpuppe; das Mannequin
la pasarela	der Laufsteg
el desfile/ pase de modelos	die Mode(n)schau
el escote	der Halsausschnitt; das Dekolleté

el pañuelo	das Taschen-/ Hals-/ Kopftuch
la mantilla	die Mantille
el mantón de Manila *Sp*	der (bestickte Seiden-)Schal (mit langen Fransen)
la cinta (del pelo)	das (Haar-)Band
la peineta	der Einsteckkamm
la horquilla	die Haarnadel
el imperdible	die Sicherheitsnadel
el alfiler	die Stecknadel; die Schmucknadel
el abanico	der Fächer
el bolso	die Handtasche
la sombrilla	der Sonnenschirm
el bastón	der Spazierstock; der Wanderstab
el zurcido, el remiendo	das Flicken, das Stopfen
el bordado	die Stickerei
el pliegue	die Falte
el retal	der Stoffrest
el encaje, la puntilla	die Spitze
el encaje de bolillos	die Klöppelspitze
la lentejuela	die Paillette

a rayas – *(Stoff)* gestreift, **bailón, bailona** *fam* – in Tanzlaune, **carnavalesco** – Karneval-, Faschings-, **ceñido** – hauteng, **de gala** – Fest-, Gala-, Parade-, **de lunares** – *(Stoff)* gepunktet, **emperejilado** *fam* – herausgeputzt; aufgetakelt, **entallado** – auf Taille gearbeitet, tailliert, **escotado** – ausgeschnitten, **festivo** – festlich, Fest-, **holgado** – *(Kleid)* weit, bequem, **inarrugable** – knitterfrei, **liso** – uni-/ einfarbig; glatt, eben, **listado** – *(Stoff)* gestreift, **plisado** – plissiert, **rayado** – *(Stoff)* gestreift, **reversible** – beidseitig tragbar, **rizado** – lockig; gekräuselt, **unicolor** – einfarbig, unifarben

andar/ irse de parranda *fam*	bummeln gehen
sacar a bailar	zum Tanz auffordern
adornar	schmücken
arreglarse	sich herrichten; sich schminken
ataviarse, engalanarse	sich herausputzen
emperejilarse *fam*, acicalarse	sich herausputzen
remendar, zurcir	flicken, stopfen
bordar	sticken
hacer punto, *Am* tejer	stricken
engastar	einfassen
esmerilar	schmirgeln; (ab)schleifen
tatuar	tätowieren

se acabó la fiesta – Schluss damit!
aguar la fiesta a alguien – jemandem den Spaß verderben
estar de fiesta – lustig sein, guter Dinge sein, feiern
hacer fiestas a alguien – jemandem schmeicheln

no estar para fiestas – übler Laune sein
estar alegre como unas Pascuas – vor Glück strahlen
cara de Pascua/ de fiesta – fröhliches, heiteres Gesicht
¡buena alhaja! *iron* – ein ganz schönes Früchtchen!
de veinticinco alfileres – gestriegelt und geschniegelt
allí no cabía un alfiler – dort war es brechend voll
venir como anillo al dedo – wie gerufen kommen
poner broche de oro a algo – etwas die Krone aufsetzen
bailar con la más fea – hart treffen; Pech haben
el mundo es un pañuelo – die Welt ist ein Dorf
ataviarse con lo ajeno – sich mit fremden Federn schmücken
vestirse de plumas ajenas – sich mit fremden Federn schmücken
bailarle el agua a alguien – jemandem Honig um den Mund schmieren

Ejercicios de traducción

A. **1.** En Grecia las fiestas tenían un carácter esencialmente religioso; cuatro grandes fiestas nacionales daban a los griegos el sentimiento de que no formaban más que una sola nación. **2.** Las bacanales eran fiestas religiosas celebradas en honor de Baco, dios romano equivalente al Dioniso griego; en la época clásica era esencialmente el dios del vino y del delirio místico; pero las reuniones se convirtieron en pretexto para el desenfreno, por lo cual las autoridades romanas las prohibieron. **3.** En la Edad Media las fiestas eran a la vez religiosas y populares; había fiestas caballerescas (como los torneos), fiestas de la corte y, más recientemente, fiestas nacionales. **4.** Las verbenas se celebran en casi toda España, sobre todo la víspera de San Juan (23 de junio); entonces hay hogueras (dentro y fuera de las ciudades) y fuegos artificiales. Con la de San Antonio se abre por así decir la temporada verbenera, que culmina a mediados de agosto.

B. **1.** Das Mannequin – vom holländischen Wort „manneken" (Männchen) abgeleitet – war ursprünglich eine hölzerne Gliederpuppe. Als in der zweiten Hälfte des 19. Jahrhunderts zum ersten Mal lebende Modelle Kleider vorführten, wurden sie kaum anders behandelt als ihre hölzernen Vorgängerinnen: Sie waren eben lebende Kleiderständer, wurden schlecht bezahlt und nicht zur Kenntnis genommen. **2.** Noch im 19. Jahrhundert galt es als unanständig, wenn man einen Blick auf Frauenbeine erhaschen konnte. Unbestrumpfte Beine gar hätten einen Skandal ausgelöst. In der besseren Gesellschaft waren bloße Beine bis in die 60er Jahre des 20. Jahrhunderts verpönt. **3.** Seit Tausenden von Jahren tragen Männer und Frauen kostbare Steine, entweder als Schmuck oder als Talismane, um sich von Krankheiten und Unheil zu schützen. Wahrscheinlich waren es die alten Ägypter, die als erste Edelsteine schliffen und polierten, um ihre Schönheit zu betonen.

Conversación y discusión

1. Explique las diferencias entre las fiestas religiosas y las fiestas civiles, y dé ejemplos de ellas. **2.** ¿Cuál es la importancia y el sentido de los bailes populares? **3.** ¿Cree usted que en todos los países se cultivan como se debe las tradiciones populares? **4.** Explique cuáles son las principales fiestas populares en Alemania. **5.** ¿Cuáles son los principales productores de metales preciosos, de diamantes y de esmeraldas? **6.** ¿Qué países tienen una importante industria joyera? **7.** ¿Qué piensa usted de los tatuajes y del piercing? **8.** ¿Cree usted que la moda esclaviza? ¿Cuál es su sentido? **9.** ¿Usted vive a la moda? **10.** ¿Cree usted que la moda es "cosa de mujeres"?

31. Espectáculos, juegos y pasatiempos

Glosario

el **espectáculo**	die Darbietung; die Darstellung
el espectador	der Zuschauer
la función	die Vorstellung
la representación	die Vorstellung, die Aufführung
el repertorio	das Repertoire
el dramaturgo	der Dramatiker
el director de escena	der Regisseur
el empresario	der Impresario, der Theater-/ Konzertagent
el ensayo general	die Generalprobe
la venta anticipada	der Vorverkauf
la farándula	das Komödiantentum; *hist* wandernde Schauspielertruppe
el mundo de la farándula *fam*	*(etwa)* das Showbusiness
la pieza/ obra de **teatro**	das Theaterstück
la compañía (de teatro)	die Theatergruppe; das Ensemble
la función de teatro	die Theatervorstellung
el montaje, la escenificación	die Inszenierung
la puesta en escena	die Inszenierung
la reposición	die Neuinszenierung; die Wiederaufführung
el debut	das Debüt
el debutante	der Debütant
el reparto	die Besetzung
el elenco	das Ensemble, die Besetzung
el libreto	das Libretto, das Textbuch
el comediante	der Komödiant
la temporada	die Spielzeit
la ovación	die Ovation
el bis	da capo; die Zugabe
el lleno (total)	volles Haus

el teatro al aire libre	die Freilichtbühne
el teatro ambulante/ itinerante	die Wanderbühne, die Wandertruppe
la gira	die Tournee
el teatro de variedades	das Varietétheater; das Tingeltangel
la revista	die Revue
la corista	das Revuegirl
el musical	das Musical
el melodrama	das Melodram
el sainete	der Schwank
el teatro de títeres	das Marionettentheater
el titiritero	der Marionettenspieler
el teatro de muñecos	das Puppentheater
el teatro de guiñol	das Kasperltheater
el foyer	die Vorhalle, das Foyer
el escenario, las tablas	die Bühne
el telón	der Vorhang
los bastidores	die Kulissen *fpl*
las candilejas	das Rampenlicht
la decoración, el decorado	das Bühnenbild, die Bühnenausstattung
la escenografía	das Bühnenbild
el escenógrafo	der Bühnenbildner
el maquillador	der Maskenbildner
el camerino	die Künstlergarderobe
el apuntador	der Souffleur
el foso de la orquesta	der Orchestergraben
la tramoya	die Bühnenmaschinerie
la entrada (en escena)	der Auftritt
el mutis	der Abgang
el entreacto, el descanso	die Pause
el **circo** (ambulante)	der (Wander-)Zirkus
el/ la artista de circo	der Artist, die Artistin
la carpa	das Zirkuszelt
la pista de circo	die Manege
el acróbata, la acróbata	der Akrobat, die Akrobatin
el trapecio	das Trapez
el trapecista, la trapecista	der Trapezkünstler, die Trapezkünstlerin
la pirueta	die Pirouette
el equilibrista	der Äquilibrist, der Seiltänzer
el funámbulo	der Seiltänzer
el contorsionista, la contorsionista	der Schlangenmensch
el ventrílocuo	der Bauchredner
el malabarista, la malabarista	der Jongleur, die Jongleurin
el saltimbanqui	der Gaukler
el prestidigitador	der Zauberer
el ilusionista, la ilusionista	der Zauberkünstler, die Zauberkünstlerin

el juego de manos, el escamoteo	der Zaubertrick
el payaso	der Clown
la pantomima	die Pantomime
el mimo	der Mime
el tragador de sables	der Säbelschlucker
el domador	der Dompteur
el encantador de serpientes	der Schlangenbeschwörer
el **juguete**	das Spielzeug
la muñeca	die Puppe
la casa de muñecas	das Puppenhaus
el animal de peluche	das Plüschtier
la canica	die Murmel
el aro	der Ring
el zanco	die Stelze
el columpio	die Schaukel
la comba	das Springseil
la peonza	der Kreisel
el patinete	der (Kinder-)Roller
el monopatín	das Skateboard
la cometa	der Drache
el cromo	das Sammelbild
el escondite	das Versteckspiel
la gallina ciega	die blinde Kuh
el juego de las cuatro esquinas	die Reise nach Jerusalem
el tenis de mesa	das Tischtennis
el juego de (los) bolos	das Kegeln
la bolera	die Kegelbahn
los **juegos de mesa/ sociedad**	die Gesellschaftsspiele *npl*
las damas	das Damespiel
el damero	das Damebrett
el parchís, *Am* el ludo	*(etwa)* Mensch-ärgere-dich-nicht

el ajedrez – das Schachspiel: **el tablero** – das Spielbrett, **el rey** – der König, **la reina** – die Dame, **el caballo** – das Pferd, der Springer, **la torre** – der Turm, **el alfil** – der Läufer, **el peón** – der Bauer, **la jugada** – der Zug, **el enroque** – die Rochade, **el jaque** – Schach, **el jaque mate** – Schach matt

el **pasatiempo**	der Zeitvertreib
la afición (favorita), el hobby	das Hobby
el coleccionismo	das Sammeln
la filatelia	die Philatelie
el filatelista	der Briefmarkensammler
la numismática	die Münzkunde
el aeromodelismo	der Modellflugzeugbau
el crucigrama	das Kreuzworträtsel
la adivinanza	das Rätsel *(Kinder)*

el acertijo	das Rätsel
la charada	die Scharade, das Silbenrätsel
el sudoku	das Sudoku

la **rifa**	die Verlosung, die Tombola
la lotería (de Navidad)	die (Weihnachts-)Lotterie
el cupón de ciegos *Sp*	das Los der Blindenlotterie
el boleto	das (Lotterie-)Los; der Tippschein
la quiniela *Sp*	der Totoschein
las quinielas *Sp*	das (Fußball-)Toto
el sorteo	die Auslosung
el bombo	die Lostrommel
el acertante	der Gewinner
el (premio) gordo	das große Los *(Lotterie)*
el reintegro	der Gewinn in Höhe des Lospreises
el juego de azar	das Glücksspiel, das Würfelspiel
los dados	die Würfel *mpl*
el cubilete de los dados	der Würfelbecher
los naipes, las cartas, la baraja	die Karten *fpl*
el palo	die Farbe *(Karten)*
la baza	der Stich; *fig* der Trumpf
la apuesta	die Wette
el casino de juego	das Spielkasino, die Spielbank
el tapete verde *fig*	der Spieltisch
la máquina recreativa/ *Sp* tragaperras	der Spielautomat
el billar	das Billard
la carambola	die Karambolage
la ludopatía	die Spielsucht
el ludópata	der Spielsüchtige

burlesco – spaßhaft, burlesk, **circense** – Zirkus-, **dramático** – dramatisch, **espectacular** – spektakulär; eindrucksvoll, **lúdico** – Spiel-, **melodramático** – melodramatisch, **sainetesco** – Schwank-; volkstümlich, komisch, **teatral** – Theater-, theatralisch

representar	aufführen; *(Rolle)* spielen
interpretar	darstellen, spielen
montar	*(Stück)* inszenieren
escenificar	inszenieren
dirigir	Regie führen
ensayar	proben, üben
estrenar	uraufführen
debutar	debütieren
apuntar	vorsagen, soufflieren
improvisar	improvisieren
reponer	wiederaufführen

aplaudir	klatschen, applaudieren, zujubeln
aclamar	Beifall spenden
ovacionar	zujubeln
patear, abuchear, silbar	(aus)pfeifen, *umg* buhen
amaestrar	dressieren
domar	zähmen
escamotear	wegzaubern, verschwinden lassen
columpiarse	schaukeln
saltar	springen
jugar a policías y ladrones	Räuber und Gendarm spielen
hacer diana, dar en el blanco	ins Schwarze treffen
barajar	Karten mischen
cortar	*(Karten)* abheben
dar	*(Karten)* austeilen
salir	*(Karten)* ausspielen
pasar	*(Karten)* passen
robar una carta	eine Karte nehmen
hacer solitarios	Patiencen legen
apostar (por)	wetten
rifar, sortear	auslosen, verlosen
jugar al millón	flippern
disparar	*(Foto)* knipsen, schießen
retocar	retuschieren
revelar	entwickeln
sobreexponer	überbelichten

el telón de fondo *fig* – der Hintergrund
entre bastidores – hinter den Kulissen
hacer mutis – abgehen; verschwinden, abtreten
jugar fuerte – hoch spielen
jugarse la camisa – das letzte Hemd verspielen
jugar una mala pasada a alguien – jemandem einen üblen Streich spielen
jugársela a alguien - jemandem einen üblen Streich spielen
jugarse la vida – sein Leben riskieren, sein Leben aufs Spiel setzen
jugarse el todo por el todo – alles auf eine Karte setzen
echar las cartas – die Karten legen
tomar cartas en el asunto – sich beteiligen, eingreifen
honrado a carta cabal - grundehrlich
construir castillos en el aire – Luftschlösser bauen
barajar números – mit Zahlen jonglieren
jugar con dos barajas – doppeltes Spiel treiben
paciencia y barajar – abwarten und Tee trinken
meter baza – seinen Senf dazugeben
no dejar meter baza – (niemanden) zu Wort kommen lassen
tener en jaque – in Schach halten
dar jaque mate a alguien – jemanden Schachmatt setzen

Ejercicios de traducción

A. 1. El gusto de los romanos por las diversiones y los juegos suscitó nuevas creaciones, con frecuencia colosales: en los anfiteatros se asistía a los combates de gladiadores y a la caza de fieras; los teatros ofrecían el espectáculo de comedias y juegos escénicos en que tomaban parte mimos y pantomimas; en los circos se celebraban ejercicios, desfiles y carreras de carros, que apasionaban a los espectadores. **2.** Los utensilios más necesarios para la filatelia son la lupa y las pinzas: la primera, para poder descifrar la fecha de un matasellos, la leyenda casi ilegible o el detalle de un grabado; la segunda, para tratar el sello con todo el cuidado que requiere una pieza ya delicada de por sí, evitando que se rompa o se arrugue. **3.** Un buen sistema para acceder a ejemplares de categoría, bien sea sueltos o en lotes, es asistir a las subastas que se realizan periódicamente, a precios en ocasiones muy interesantes. Por ejemplo, los domingos por la mañana en la Plaza Mayor de Madrid.

B. 1. Pathologisches Spielen oder zwanghaftes Spielen, umgangssprachlich auch als Spielabhängigkeit oder Spielsucht bezeichnet, wird durch die Unfähigkeit eines Betroffenen gekennzeichnet, dem Impuls zum Glücksspiel oder Wetten zu widerstehen. In Deutschland gibt es ca. 200.000 Betroffene. Spielsucht zerstört familiäre und soziale Bindungen und zieht zum Teil hohe Verschuldung und Beschaffungskriminalität nach sich. **2.** Monopoly wurde Anfang der 30er Jahre des 20. Jahrhunderts von dem arbeitslosen Charles Darrow in Philadelphia erfunden. Der kommerzielle Erfolg dieses Spieles ist beispiellos. **3.** Im Zirkus zeigen Artisten, Akrobaten, Clowns und Dompteure ihre Künste zur Unterhaltung des Publikums. Zirkusvorstellungen werden meist in großen Zelten aufgeführt. Ein Zirkus ist oft ein großes Unternehmen mit einem Direktor, Büros, vielen Angestellten, Arbeitern und selbstverständlich mit Tieren aller Art.

Conversación y discusión

1. ¿Cree usted que el cine y la televisión han logrado matar los espectáculos teatrales? **2.** ¿Cuál es la importancia de los juegos de mesa en la vida familiar? **3.** Según su opinión, ¿qué juegos y pasatiempos no son educativos o recomendables? **4.** Enumere algunos casos de ludopatía y explique cuáles pueden ser sus causas. **5.** ¿Cree usted que se deben prohibir los juegos de azar?

32. El deporte y los toros

Glosario

la competición	der Wettkampf
el deporte de competición	der Leistungssport
el deporte de alto rendimiento	der Hochleistungssport
el deporte extremo	der Extremsport
el campeón, la campeona	der Meister, die Meisterin
el campeonato (mundial)	die (Welt-)Meisterschaft
la plusmarca, el récord	der Rekord
el empate	das Unentschieden
la medalla	die Medaille
el palmarés	die Siegerliste; die Platzierung
el equipo	die Mannschaft
el entrenador, la entrenadora	der Trainer, die Trainerin
el entrenamiento	das Training
el monitor	der Sport-/ Tennis-/ Skilehrer
el árbitro, el colegiado	der Schiedsrichter
la infracción	der Verstoß, die Regelwidrigkeit
la penalización	der Strafpunkt; die Bestrafung
el rival	der Gegner
los juegos olímpicos	die Olympischen Spiele *npl*
la olimpiada (de verano/ invierno)	die (Sommer-/ Winter-)Olympiade
el Comité Olímpico Internacional (COI)	das Internationale Olympische Kommittee (IOK)
la villa olímpica	das Olympische Dorf
la antorcha (olímpica)	das (Olympia-)Feuer
el pebetero olímpico	die Schale (mit dem Olympischen Feuer)
la disciplina olímpica	die olympische Diszipin

el fútbol – der Fußball: **el futbolista** – der Fußballspieler, **la portería** – das Tor, **el portero, el guardameta** – der Torwart, der Torhüter, **el gol** – das Tor, **el goleador** – der Torjäger, **la goleada** – *fig* der Torreigen, **el defensa** – der Verteidiger, **el delantero** – der Stürmer, **el extremo** – der Flügel, **el centrocampista** – der Mittelfeldspieler, **el penalty** – der Elfmeter, **el área de penalty** – der Strafraum, **el saque de esquina** – der Eckstoß, **la falta** – das Foul, **el saque de falta** – der Freistoß, **fuera de juego** – Abseits, **el empate a cero** – Null zu Null, unentschieden, **la alineación** – die Aufstellung, **el regateo** – das Dribbling, **el chut** – der Schuss, **el remate** – der Schuss aufs Tor, **la selección (nacional)** – die (National-)Mannschaft; die Auswahl, **la copa** – der Pokal, **la recopa** – der Pokal der Pokalsieger, **el fútbol-sala** – der Hallenfußball, **el futbolín** – der Tischfußball

el tenis – das Tennis: **el tenista** – der Tennisspieler, **la tenista** – die Tennisspielerin, **el saque, el servicio** – der Aufschlag, **el revés** – die Rückhand, **la cancha** – der Platz, das Spielfeld, **el torneo** – das Turnier

el esquí – der Ski, der Skisport: **el esquiador** – der Skiläufer, **el (e)slalom gigante** – der Riesenslalom, **el salto en esquí** – das Skispringen, **el trampolín de esquí** – die Sprungschanze, **el descenso** – der Abfahrtslauf, **el esquí de fondo, la carrera de fondo** – der Langlaufski, der Langlauf, **el trineo** – der Skibob; der Schlitten

los deportes acuáticos – die Wassersportarten: **la natación** – das Schwimmen, der Schwimmsport, **el buceo** – das Tauchen, **el buceador** – der Taucher, **la pesca submarina** – die Unterwasserjagd, **el submarinismo** – der Unterwassersport, **el esquí acuático** – der Wasserschi, **la navegación a vela** – das Segeln, **el deporte de vela** – der Segelsport, **el piragüismo** – der Kanusport, **el yate de vela** – die Segelyacht, **el remero** – der Ruderer, **la regata** – die Regatte

el pedestrismo	das Laufen, der Wandersport
la carrera de resistencia	der Dauerlauf
el maratón, la maratón	der Marathonlauf
la carrera de fondo	der Lang(strecken)lauf
la carrera de vallas	der Hürdenlauf
la carrera de relevos	der Staffellauf
los cien metros lisos/ valla	der 100-Meter-Lauf, der Hürdenlauf
el velocista	der Sprinter
la recta final	die Zielgerade; *fig* die Endrunde
el salto de altura	der Hochsprung
el salto de longitud	der Weitsprung
el salto triple	der Dreisprung
el salto de/ con pértiga	der Stabhochsprung
la pelota (vasca)	die Pelota *(baskisches Ballspiel)*
el pelotari	der Pelotaspieler
el frontón	der Platz bzw. die Wand *(für das Pelotaspiel)*

el lanzamiento de peso/ martillo	das Kugel-/ Hammerwerfen
el lanzamiento de disco/ jabalina	das Diskus-/ Speerwerfen
el tiro al blanco	das Schießen
el decatlón	der Zehnkampf
el levantamiento de pesos	das Gewichtheben
la pesa	die Hantel, das Gewicht
la halterofilia	das Gewichtheben
las (barras) paralelas	der Barren
la barra de equilibrios	der Schwebebalken
la barra fija	das Reck
el potro	der Bock; das Fohlen
el escalador	der Bergsteiger
la escalada	das Ersteigen; die Klettertour

la hípica, la equitación – die Reitkunst: **el jinete** – der Reiter, **la amazona** – die Amazone, die Reiterin, **la pista de equitación, el picadero** – die Reitbahn, **la carrera de caballos** – das Pferderennen, **el hipódromo** – die Rennbahn, der Hippodrom, **la doma** – die Dressur, **la cabriola** – die Kapriole, **el acaballadero** – das Gestüt

el **ciclismo**	der Radsport
la bicicleta de carreras	das Rennrad
la bicicleta de montaña	das Mountainbike
el velódromo	die Radrennbahn
la carrera, la vuelta ciclista	das Radrennen, die Radtour
el motorismo	der Motorsport
la carrera de coches	das Autorennen
la escudería	der Rennstall *(Autos)*
el **vuelo** a vela	der Segelflug
el avión a vela	das Segelflugzeug
el planeador	das Segelflugzeug
el vuelo sin motor, la velaviación	das Segelfliegen
el parapente	das Gleitschirmfliegen
el ala delta	der Deltaflügel
la **esgrima**	das Fechten
el esgrimidor	der Fechter
el florete	das Florett
el floretista, la floretista	der Florettkämpfer, die Florettkämpferin
el tiro con arco	das Bogenschießen
el tiro al blanco	das Scheibenschießen
el tiro al plato/ pichón	das Tontauben-/ Taubenschießen
los deportes marciales	die Kampfsportarten *fpl*
los **toros**, la corrida de toros	der Stierkampf
el toro de lidia	der Kampfstier
la lidia, *Sp* la fiesta nacional	der Stierkampf
el encierro	das Eintreiben der Stiere *mpl*
el torero, el matador, el diestro	der Stierkämpfer
la tauromaquia, el arte taurino	die Stierfechterkunst
la cuadrilla	die Mannschaft eines Toreros
la novillada, la becerrada	der Stierkampf mit jungen Stieren
el novillero	der Stierkämpfer bei einer "novillada"
la capea	der Amateurkampf mit Jungstieren
la **plaza de toros**, el coso taurino	der Stierkampfplatz, die Arena
el tendido	der Sperrsitz
el traje de luces	die bestickte Stierkämpfertracht
el capote	der Stierkämpferumhang
la montera	die Mütze des Stierkämpfers
la capa	das große Reiztuch, das rote Tuch
el toril	der Zwinger
el burladero	die Schutzwand
la embestida	der Angriff
el picador (a caballo)	der Lanzenreiter
el rejoneador	der Stierkämpfer zu Pferd
la puya	der Stachel

la banderilla	der geschmückte Spieß (mit Widerhaken)
la suerte, el tercio	der Gang, die Phase
el quite	die Ablenkung der Stiers
el espontáneo	der Zuschauer, der in die Arena springt *(um gegen den Stier zu kämpfen)*
la espada	der Degen; das Schwert
el espada	der Matador
el estoque	der Stoßdegen
la puntilla	der Genickstoß
la cogida	die Verletzung durch die Hörner
la cornada	die Verletzung durch Hornstoß
el arrastre	das Abschleppen des Stiers

deportivo – Sport-, **desentrenado** – untrainiert, aus der Übung gekommen, **futbolístico** – Fußball-, **hípico** – Pferde-, Reit-, **imbatido** – ungeschlagen, unbesiegt, **náutico** – Segel-, **puntero** – Spitzen-, **taurino** – Stier(kampf)-

competir	kämpfen
jugar limpio *fam*	fair spielen
cronometrar	die Zeit nehmen/ stoppen
empatar	unentschieden spielen
ganar/ perder por puntos	nach Punkten siegen/ verlieren
llegar a la meta	das Ziel erreichen
clasificarse	sich qualifizieren
superar la marca	den Rekord brechen
establecer/ batir el récord (mundial)	den (Welt-)Rekord aufstellen/ brechen
expulsar	vom Platz verweisen
descalificar	disqualifizieren
doparse	sich dopen
dirigir/ pitar un partido	ein Spiel leiten/ pfeifen *(als Schiedsrichter)*
chutar	schießen *(Fußball)*
marcar un gol	ein Tor schießen
driblar	dribbeln
remar	rudern
navegar a vela	segeln
practicar el surfing	surfen
encestar	einen Korb werfen *(Basketball)*
ensillar	satteln
aguijonear	stacheln; *fig* anspornen
noquear	k.o. schlagen
torear, lidiar	mit dem Stier kämpfen
capear	mit der Capa reizen
brindar un toro a alguien	einen Stier zu jds Ehre töten

estar en forma – fit sein
mantenerse en forma – sich fit halten

esto va que chuta *fam* – das läuft wie geschmiert
hecho un toro – wütend, vor Wut schnaubend
coger al toro por las astas/ los cuernos – den Stier bei den Hörnern packen
dar la puntilla – den Gnadenstoß versetzen
echar puyas – sticheln, gehässige Bemerkungen machen
estar al quite – hilfsbereit sein
ver los toros desde la barrera – als Unbeteiligter oder als Zuschauer dabei sein
estar para el arrastre – *umg* erledigt sein, dem Ende nahe sein
capear el temporal – Ausflüchte gebrauchen
saltarse algo a la torera – sich über etwas hinwegsetzen

Ejercicios de traducción

A. 1. Alrededor de 800 hinchas violentos han sido detenidos desde que comenzó la Eurocopa. La policía había detenido previamente a 80 conocidos hinchas locales, conectados con grupos políticos extremistas, que pretendían provocar a los hinchas rivales con quemas de banderas. 2. Seis hombres y siete mujeres debutan con la selección absoluta en una competición internacional. En categoría masculina, un velocista, tres mediofondistas y dos saltadores con pértiga se estrenan en un gran evento internacional. 3. Entre las mejoras que dejarán los Campeonatos de Esquí en Sierra Nevada destaca el centro de alto rendimiento, en las cercanías de Pradollano, cuya función será la de elevar el nivel deportivo de los esquiadores en la alta competición. Tanto la pista de descenso como la de eslalon y gigante constituyen un buen aliciente para los aficionados con ganas de ser campeones.

B. 1. Hirnschäden bei Boxern sind wahrscheinlich die schlimmsten Folgen sportlicher Aktivitäten. Eine gewisse körperliche Schädigung durch ständige Überforderung ihres Körpers oder wiederholte, übertriebene Strapazen riskieren aber fast alle Leistungssportler. 2. Sportverletzungen entstehen häufig durch Überbeanspruchung, weil der Spitzensportler ständig seine Gelenke, Gliedmaßen oder Muskeln einer zu starken Belastung aussetzt. Eine andere Ursache sind Unfälle oder Verletzungen, die man durch den Gegner erleidet. 3. Rennpferde, Windhunde und Brieftauben – das sind die Spitzenathleten des Tierreiches. Sie werden nicht weniger sorgfältig trainiert als ihre menschlichen „Kollegen" – der Aufwand an Zeit, Geld und Mühe für die Aufzucht eines Rennpferdes kann größer sein als bei einem Spitzensportler. 4. Eine Studie am Therapiezentrum *** ergab, dass schon 40 Prozent knapp elfjähriger Mädchen mit ihrer Figur unzufrieden sind: eine Folge des gesellschaftlichen Schönheitsideals, die nicht neu ist, aber erst seit wenigen Jahren näher erforscht wird. 5. Seit Beginn der achtziger Jahre ist Bulimie als Krankheit definiert. Unter Sportlern – wie bei anderen Risikogruppen, zum Beispiel Modells und Tänzerinnen – potenziert sich dieses gesellschaftliche Problem.

Conversación y discusión

1. ¿Qué piensa Vd. del boxeo, de las carreras de coches, de la corrida de toros, de las peleas de perros y de gallos? **2.** ¿Qué deportes le parecen a Vd. más sanos? ¿Cuáles contribuyen más a un armonioso desarrollo físico? **3.** Explique qué relaciones existen entre el deporte y la economía. **4.** ¿Qué papel desempeña la publicidad y la televisión en el deporte? **5.** ¿Qué propondría Vd. para favorecer la promoción del deporte entre todas las edades? **6.** ¿En qué argumentos se basan los defensores de las corridas de toros? **7.** ¿Son convincentes para Vd. esos argumentos? **8.** ¿Qué otros espectáculos con animales existen? **9.** ¿Cree Vd. que algunas figuras del deporte ganan demasiado? **10.** ¿Es el fútbol/ el tenis un deporte o un negocio?

33. La ciencia. Libros y bibliotecas

Glosario

la **ciencia**	die Wissenschaft
la investigación	die Forschung
la investigación básica	die Grundlagenforschung
el hombre de ciencia, el científico	der Wissenschaftler
el ser	das Sein; das Wesen
el ente	das Wesen; das Seiende
la esencia	das Wesen, das Sein; die Essenz
la sustancia	die Substanz; der Gehalt
el fenómeno	das Phänomen; die Erscheinung
la causa y el efecto	Ursache *f* und Wirkung *f*
la teoría	die Theorie
la hipótesis	die Annahme; die Hypothese
la tesis	die These
la antítesis	die Antithese
la síntesis	die Synthese
la prueba	der Beweis
la cultura general	die Allgemeinbildung
las ciencias exactas	die Mathematik
las ciencias naturales	die Naturwissenschaften *fpl*
las ciencias físicas	die Physik
las ciencias empíricas	die Empirik
las humanidades, las ciencias humanas	die Geisteswissenschaften *fpl*
las ciencias auxiliares	die Hilfswissenschaften *fpl*

la **biblioteca**	die Bibliothek
la hemeroteca	die Bibliothek für die Tagespresse
el volumen, el tomo	der Band, das Buch
el libro ilustrado/ de estampas	der Bildband
el libro de divulgación (científica)	*(etwa)* das Sachbuch
la enciclopedia	die Enzyklopädie, das Konversationslexikon
el bibliófilo	der Bücherliebhaber, der Büchersammler
el bibliómano	der Bibliomane, der Büchernarr
el códice	die Handschrift; der Kodex
el pergamino	das Pergament
la microficha	die Mikrokarte; das Mikrofiche
el microfilm(e)	der Mikrofilm
el almanaque	der Almanach, der Kalender
el calendario	der Kalender; das Kalendarium
la guía	der Führer, der Leitfaden
la colección	die Sammlung; die Reihe
el epistolario	die Briefsammlung; der Briefwechsel
la antología	die Anthologie; die Blütenlese
el florilegio	die Chrestomathie, die Anthologie
la miscelánea	Vermischtes
el audiolibro	das Audiobuch
el **alfabeto** latino/ griego	das lateinische/ griechische Alphabet
la escritura latina	die lateinische Schrift
el alfabeto cirílico	die kyrillische Schrift
la escritura gótica	die gotische Schrift
la escritura bastardilla	die Kursivschrift
la escritura negrilla	die (halb) fette Schrift
la (letra) redondilla	die Rundschrift
la grafía	die Graphie, die Schreibweise
el formato (de bolsillo)	das (Taschen-)Format
el **manuscrito**	das Manuskript
el incunable	der Wiegendruck, die Inkunabel *(frühes Werk der Druckkunst)*
la edición príncipe	die erste Ausgabe eines (alten) Werkes, die Editio princeps
el infolio	der Folioband, das Folioformat
el folio	das Blatt; das Großformat
el legajo	das Bündel; der Stoß *(Schriften)*
el folleto	die Broschüre
el opúsculo	das Bändchen; die Broschüre
el fascículo	das Heft; das Bündel; das Faszikel
el pliego	der Bogen *(Papier)*
la plana	die Seite
la carilla	die (Blatt-)Seite
la línea, el renglón	die Zeile

la columna	die Spalte; die Säule
el capítulo	das Kapitel
el párrafo	der Paragraph; der Abschnitt
el título	der Titel, die Überschrift
el subtítulo	der Untertitel
la entradilla	der Vorspann
el pie de imprenta	das Impressum
la dedicatoria	die Widmung
el imprimatur	das Imprimatur, die Druckerlaubnis
el índice (de libros prohibidos)	der Index (librorum prohibitorum)
el prólogo	der Prolog, das Vorwort
el preámbulo	die Präambel, die Vorrede
el epílogo	der Epilog, das Nachwort
el apéndice	der Anhang; der Nachtrag
el sumario	das Inhaltsverzeichnis
el índice de materias	das Sachregister
el índice onomástico	das Namenregister
la lámina	das Bild, die Abbildung
la estampa	der Abdruck; der (Kupfer-)Stich
la ilustración	die Abbildung, die Illustration
la miniatura	die Miniatur; der Zierbuchstabe
los monos *fam*	die Illustrationen *fpl*, die Bilder *npl*
la caricatura	die Karikatur
la orla	der Rand
el **borrador**	das Konzept; der Entwurf
el original	das Original
el fragmento	das Fragment
la llamada	der Fußnotenverweis (Fußnotenzahl)
la nota	die Anmerkung
la nota marginal	die Randbemerkung
la nota al pie de la página	die Fußnote
la cita	das Zitat
la glosa	die Glosse, der Vermerk, die Erläuterung
la signatura	die Signatur
la abreviatura	die Abkürzung
la interpolación	die Einschiebung; die Interpolation
el pasaje	die Stelle, der Passus
el corrector	der Korrektor
las galeradas	die (Korrektur-)Fahnen *fpl*
la errata	der Druckfehler
fe *f* de erratas	das Druckfehlerverzeichnis; der Erratazettel
la propiedad intelectual	das geistige Eigentum, das Urheberrecht
los derechos de autor	die Urheberrechte *npl*

la Sociedad de Autores Españoles	der Spanische Schriftstellerverband
la edición corregida y aumentada	die verbesserte und erweiterte Ausgabe
las obras completas	die gesammelten Werke *npl*
la copia/ edición pirata	die Raubkopie, der Raubdruck
el plagio	das Plagiat
el plagiario	der Plagiator

hablar como un libro abierto – wie ein Buch reden
devorar un libro – ein Buch verschlingen
pintar monigotes *fam* – herumkritzeln, schmieren
gramática parda *fam* – Mutterwitz; Bauernschläue
ser un pozo de ciencia – *umg* ein gelehrtes Haus sein
ser una biblioteca ambulante, ser una enciclopedia ambulante – eine wandernde Bibliothek sein, ein wanderndes Lexikon sein
un libro de siete sellos – ein geheimnisvoller/ verschwiegener Mensch
ahorcar los libros – das Studium aufgeben

Ejercicios de traducción

A. 1. La Filosofía requiere un horizonte que la hace posible. Grecia se ha planteado el problema de la Filosofía desde el movimiento que hay en el cosmos, preguntándose frente al cambio qué es lo que es, lo que permanece. La Filosofía cristiana en la Edad Media se hace desde la idea de la Creación. Para el idealismo moderno, el ámbito filosófico lo pone el pensar, esencia del hombre y realidad más inmediata. Pues bien, en Ortega y Gasset adquiere plenitud la idea de que mi vida es la realidad más próxima y radical de la cual tiene que partir la Filosofía. 2. El Renacimiento supone un cambio en las condiciones de vida; cambio iniciado en la baja Edad Media, que va a provocar una transformación radical en las estructuras materiales y espirituales de la sociedad y del comportamiento humano con respecto al mundo que lo rodea: cambios económicos, sociales, mentales y culturales. 3. Quizá el descubrimiento de América y la sustitución de la teoría ptolomaica por la heliocéntrica, según las investigaciones de Copérnico y Galileo, sean los hechos básicos del Renacimiento.

B. 1. Die westliche Metaphysik des 12. und 13. Jahrhunderts wurde weitgehend von den Streitigkeiten um die Lehre und die Kommentare des Cordobesen Ibn Rusd (Averroes, 1126-1198) beherrscht, der die ursprünglichen aristotelischen Gedanken aus dem seit Avicenna geläufigen neuplatonisierenden Verständnis herauslöste. 2. Der letzte große idealistische Philosoph, Georg Wilhelm Friedrich Hegel, hatte als Ursache alles Geschehens einen Weltgeist angenommen, der sich in Natur und Geschichte offenbarte. Seine Entfaltung vollzieht sich nach den Gesetzen des dialektischen Denkens. Jeder Denkbegriff (Thesis) weist auf einen anderen entgegengesetzten Begriff (Antithesis). Die Spannung der zwei Begriffe wird schließlich in der Synthesis aufgelöst, die nun wieder Ausgangspunkt für einen weiteren Denkvorgang wird. Hegel hatte das letzte große spekulative System in der Philosophiegeschichte geschaffen. 3. Johannes Gutenberg (1398-1468) erfand den Buchdruck mit beweglichen, auswechselbaren Lettern, die die Herstellung von Büchern verbilligten. Sein bedeutendstes Druckwerk ist die 42-zeilige Bibel. Sie gilt als das schönste Druckwerk der Welt.

Conversación y discusión

1. ¿Cuáles son las principales bibliotecas del mundo? 2. ¿Y las de Alemania y España? 3. ¿Qué servicios ofrecen las bibliotecas y cómo se puede buscar bibliografía sobre un tema? 4. Explique qué es el Duden. 5. ¿Cuál es la autoridad lingüística del idioma español? 6. ¿Cuáles son sus principales publicaciones? 7. Enumere las enciclopedias más conocidas. 8. ¿Dónde se puede encontrar información actual más completa que en los diarios? 9. Explique qué es una hemeroteca y qué servicios ofrece. 10. ¿Cuáles son los filósofos alemanes más importantes?

34. Lengua y literatura

Glosario

el **habla**	die Sprache; die Sprechweise
el hablante	der Sprecher
el hispanohablante, el hispanoparlante	der Spanischsprachige
el germanohablante	der Deutschsprachige
el vocabulario, el léxico	der Wortschatz
el tesoro idiomático	der Wortschatz
el vocabulario especializado	der Fachwortschatz
el bilingüismo	die Zweisprachigkeit
el políglota, el poligloto	das Sprachgenie
la elocuencia	die Beredsamkeit
el manual de conversación	der Sprachführer
la Real Academia Española	die Königlich Spanische Akademie
la **lengua** materna/ nativa	die Muttersprache
el hablante nativo	der Muttersprachler
la lengua oficial	die Amtssprache
la "lingua franca"	die Verkehrssprache
las lenguas vivas/ muertas	die lebenden/ toten Sprachen *fpl*
la lengua popular	die Volkssprache
la lengua vulgar	die Volkssprache
la lingüística	die Sprachwissenschaft
el lingüista, la lingüista	der/ die Sprachwissenschaftler(in)
la filología	die Philologie, die Sprachforschung
el filólogo	der Philologe

la filosofía del lenguaje	die Sprachphilosophie
la geografía lingüística, la geolingüística	die Sprachgeographie
la gramática histórica	die historische Grammatik
la morfología	die Morphologie, die Wortbildungslehre
la ortografía	die Orthographie, die Rechtschreibung
la tilde	der Akzent, die Tilde
la prosodia	die Prosodie
el diccionario monolingüe/ bilingüe	das ein-/ zweisprachige Wörterbuch
la **entonación**	der Tonfall
la fonación	die Lautbildung
la fonética	die Phonetik
la fonología	die Phonologie
la sintaxis	die Syntax
la poética	die Poetik; die Dichtkunst
la retórica	die Rhetorik
la estilística	die Stilistik
la fraseología	die Phraseologie
la lexicología	die Lexikologie, die Wortkunde
la lexicografía	die Lexikographie
la etimología	die Etymologie/ Wortherkunftsforschung
el grupo etimológico	die Wortfamilie
la analogía	die Analogie
la semántica	die Semantik, die Wortbedeutungslehre
el campo semántico	das Wortfeld
la toponimia	die Ortsnamen; die Ortsnamenkunde
el monosílabo, la palabra monosílaba	das einsilbige Wort, der Einsilber
el radical	der Wortstamm
la raíz (de la palabra)	die Wortwurzel
la terminación	die Endung
el prefijo	das Präfix, die Vorsilbe
el sufijo	das Suffix, die Nachsilbe
se expresa con facilidad	er/ sie ist sprachgewandt
no siente el idioma	er/ sie hat kein Sprachgefühl
españolizar una palabra	ein Wort hispanisieren
el hipocorístico	der Kosename
el apodo	der Spitzname
el sobrenombre	der Beiname; der Spitzname
el mote	der Spottname
la frase hecha	das geflügelte Wort
el proverbio	der Denkspruch
la sentencia	die Sentenz, der Lehrspruch
el aforismo	der Aphorismus, der Lehrspruch

el dicho	der Spruch, die Sentenz
el refrán	das Sprichwort
el refranero	die Sprichwörtersammlung
el modismo	die Redewendung
el giro	die Wendung
el coloquialismo	der umgangssprachliche Ausdruck
la expresión idiomática	der idiomatische Ausdruck
el lema	das Motto
el tópico, el cliché	der Gemeinplatz; das Klischee
el préstamo lingüístico	das Lehnwort
la palabra de doble sentido	das zweideutige Wort
la ambigüedad	die Zweideutigkeit; der Doppelsinn; die Mehrdeutigkeit
el juego de palabras	das Wortspiel
el retruécano	der Kalauer
la **norma lingüística**	die Sprachnorm
el nivel lingüístico	das Sprachniveau; die Sprachebene
el casticismo	die Sprachreinheit
el purismo	der Purismus
el vulgarismo	der vulgäre Ausdruck
el arcaísmo	das veraltete Wort, der Archaismus
el neologismo	die Neuwortbildung, der Neologismus
el extranjerismo	das Fremdwort
el solecismo, la falta gramatical	der Sprachfehler, der Sprachverstoß
el barbarismo	die Sprachwidrigkeit, der Barbarismus
la palabra malsonante	das anstößige/ unanständige Wort
la palabrota, *Sp* el taco	das Schimpfwort, das Fluchwort
el tonillo, el deje, el dejo	die Sprachfärbung
el regionalismo	der Regionalismus
el americanismo	der Amerikanismus
la jerga	der Jargon; das Kauderwelsch
el caló	die Zigeunersprache; die Gaunersprache
el lunfardo	der Lunfardo *Arg (Rotwelsch)*

bisílabo – zweisilbig, **castizo** – sprachrein, **cómico** – komisch, **comparado** – sprachvergleichend, **conciso** – kurz(gefasst), bündig, konzis, **contrastivo** – kontrastiv, **de lingüística comparada** – sprachvergleichend, **dialectal** – mundartlich, **dramático** – dramatisch, **elocuente** – beredt, **épico** – episch, **equívoco** – doppelsinnig; mehrdeutig, **filológico** – philologisch, **fonético** – phonetisch, **fonológico** – phonologisch, **gramatical** – grammatikalisch, **idiomático** – spracheigen, **incorrecto** – sprachwidrig; ungrammatisch, **jergal** – Jargon-, **lírico** – lyrisch, **literal** – wörtlich, **plebeyo** – pöbelhaft; gemein, **pobre de léxico/ expresión** – wortarm, **poético** – poetisch, dichterisch, **polisílabo** – mehrsilbig, **propio del idioma** – spracheigen, **prosódico** – prosodisch, **rico en voces/ expresiones** – wortreich, **semántico** – semantisch, **textual** – Text-, **toponímico** – Ortsnamen-, **trágico** – tragisch, **trisílabo** – dreisilbig, **unívoco** – eindeutig

perder el habla – die Sprache verlieren
hablar por hablar – ins Blaue hinein reden
hablar por los codos – schwätzen
dar que hablar – Anlass zu Gerede geben
hablar en cristiano *fam* – Klartext reden; Tacheles reden
hablar claro – deutlich werden
hablar entre dientes – brummeln
hablar disparates – Unsinn reden
morderse la lengua – den Mund halten
tirar a alguien de la lengua – jemandem die Würmer aus der Nase ziehen
se le va la lengua – er hat eine lockere Zunge
tener la lengua larga – ein loses Mundwerk haben
no tener pelos en la lengua – kein Blatt vor den Mund nehmen
lo tengo en la punta de la lengua – es liegt mir auf der Zunge
hacerse lenguas de alguien – jemanden außerordentlich loben, jemanden über den grünen Klee loben
al buen callar llaman Sancho – Schweigen ist Gold
quien calla, otorga – wer schweigt, stimmt zu

Ejercicios de traducción

A. 1. El sánscrito, que algunos llaman indio antiguo, es esencialmente una lengua sabia, que nunca se habló tal como se nos ofrece en los documentos y que utilizan hoy en la India sólo los sacerdotes y gentes cultas. 2. La antigüedad de los himnos védicos y la regularidad gramatical del sánscrito hicieron creer algún tiempo que era ésta la lengua indoeuropea mejor conservada. 3. El actual francés literario es la lengua de la buena sociedad de París, regulada desde principios del siglo XVI por preceptistas y gramáticos, así como por escritores de nota, y perfeccionada en las sucesivas generaciones. El provenzal era la lengua literaria de los trovadores medievales del sur de Francia. 4. El castellano arranca en sus orígenes del dialecto hablado en la marca fronteriza cántabra, que linda con el País Vasco, y que nunca estuvo en poder de los árabes. 5. "Las mil y una noches" es una colección árabe de cuentos orientales, compilada sobre bases más antiguas; se han señalado temas indios, persas, árabes, judíos, elementos caballerescos y reminiscencias clásicas.

B. 1. Japaner, sagt man, haben 23 verschiedene Formen der Anrede, Italiener haben drei, Engländer und Amerikaner nur eine. 2. Auf der Welt leben etwa 6,6 Milliarden Menschen, die 9000 verschiedene Sprachen und Dialekte sprechen. Die zwölf meistgesprochenen Sprachen sind Muttersprache von 2,5 Milliarden Menschen. Mehr als 1,5 Milliarden Menschen sprechen Chinesisch, wenn man die verschiedenen chinesischen Dialekte zusammenrechnet. Hochchinesisch (auch Mandarin genannt) ist die offizielle Sprache in der Volksrepublik China, Republik China (Taiwan) und Singapur, und wird von über 880 Millionen Menschen auf dem Festland und auf Taiwan gesprochen. 3. Die Brüder Jacob und Wilhelm Grimm sind durch ihre Sammlung „Kinder- und Hausmärchen" weltweit berühmt geworden. Das größte Unternehmen der beiden Sprachwissenschaftler war aber das von ihnen 1838 begründete „Deutsche Wörterbuch". Mit seinen 34824 Seiten in 33 Bänden ist es die umfassendste Darstellung des deutschen Sprachschatzes überhaupt.

Conversación y discusión

1. ¿Por qué en el mundo actual es cada vez más importante el conocimiento de las lenguas? **2.** Enumere algunos dialectos españoles y alemanes. **3.** ¿Cree usted que actualmente están desapareciendo algunas lenguas? ¿A qué se debe? **4.** Según su parecer, ¿son muchos los bilingües en todo el mundo? **5.** ¿Cuál es la obra más importante de la literatura española? ¿Quién la escribió? ¿Cuáles son los personajes más importantes? **6.** ¿Conoce algún episodio de esa obra? **7.** ¿Conoce otros autores españoles e hispanoamericanos? **8.** ¿Puede mencionar algunos Premios Nobel de Literatura españoles, hispanoamericanos y alemanes? **9.** Mencione algunas obras literarias importantes de Grecia, Italia, Alemania, Francia, Gran Bretaña, Portugal. **10.** ¿Cuáles son las ventajas y desventajas del bilingüismo? **11.** ¿Cree usted que es posible dominar por completo una lengua extranjera?

35. La historia

Glosario

la **historia**	die Geschichte
la prehistoria	die Vorgeschichte
la protohistoria	die Frühgeschichte
la historia natural	die Naturkunde
la historia de la civilización	die Kulturgeschichte
la historia sagrada	die biblische Geschichte
la historia eclesiástica	die Kirchengeschichte
la **edad** de la piedra	die Steinzeit
el paleolítico	das Paläolithikum, die Altsteinzeit
el mesolítico	das Mesolithikum, die Mittelsteinzeit
el neolítico	das Neolithikum, die Jungsteinzeit
la edad de los metales	das Metallikum
la edad del bronce	die Bronzezeit
la edad del hierro	die Eisenzeit
la edad del cobre	die Kupferzeit
la historia antigua	die alte Geschichte
la edad antigua	das Altertum
la Antigüedad	die Antike; das Altertum
la Edad Media, el medi(o)evo	das Mittelalter
la Alta Edad Media	das Hochmittelalter
la Baja Edad Media	das Spätmittelalter

la Edad Moderna	die Neuzeit
la Edad Contemporánea	die Neuzeit (ab 1789)
la era	die Ära, die Zeitrechnung
la era cristiana	das christliche Zeitalter, die christliche Ära
la era hispánica	die hispanische Ära
el **historiador**	der Geschichtsschreiber/ -wissenschaftler, der Historiker
el medievalista	der Mediävist
las fuentes	die Quellen *fpl*
los documentos	die Dokumente *npl*
la inscripción	die Inschrift
la tradición	die Tradition, die Überlieferung
la crónica, el cronicón	die Chronik
los fastos	die Chronik, die Jahrbücher *npl*
los anales	die Annalen *pl*
el fuero	das Gesetzbuch, die Sammlung von Rechtsgewohnheiten
los **fueros**	die Sonderrechte *npl*
el fuero municipal	das Stadtrecht
los privilegios	die Privilegien *npl*
la carta puebla	der Stadtbrief
el diploma	das Diplom
el epistolario	die Briefsammlung
la bula	die päpstliche Bulle
el cartulario	das Kopialbuch *(historische Sammlung von Urkundenabschriften)*
el libelo	die Schmähschrift; das Libell
las efemérides	die Ephemeriden *fpl*, das Tagebuch
las décadas	die Dekaden *fpl*
la hagiografía	die Hagiographie *(Heiligenbeschreibung)*
la necrología	der Nachruf
el necrologio	das Nekrologium

los sumerios – die Sumerer, **los egipcios** – die Ägypter, **el faraón** – der Pharao, **los jeroglíficos** – die Hieroglyphen, **los hetitas** – die Hethiten, **los asirios** – die Assyrer, **los etruscos** – die Etrusker, **los israelitas** – die Israeliten, **el imperio babilónico** – das babylonische Reich, **los caldeos** – die Chaldäer, **los medas** – die Meder, **los persas** – die Perser, **los celtas** – die Kelten, **los griegos** – die Griechen, **el imperio macedónico** – das makedonische Großreich, **los tartesios** – die Tartesser, **los fenicios** – die Phönizier, **los iberos** – die Iberer, **los celtíberos** – die Keltiberer, **los lusitanos** – die Lusitaner, **los cartagineses** – die Karthager, **la invasión de los bárbaros, las migraciones de pueblos** – die Völkerwanderung, **los hunos** – die Hunnen, **las tribus germánicas** – die germanischen Stämme, **los suevos** – die Sueben, **los alanos** – die Alanen, **los vándalos** – die Vandalen, **los godos** – die Goten, **los visigodos** – die Westgoten, **los ostrogodos** – die Ostgoten, **los mo(n)goles** – die Mongolen, **los vikingos** – die Wikinger, **los normandos** – die Normannen, **los longobardos** – die Langobarden, **los francos** – die Franken,

los merovingios – die Merowinger, **los carolingios** – die Karolinger, **los anglosajones** – die Angelsachsen, **los güelfos** – die Welfen, **los gibelinos** – die Ghibellinen, **los árabes** – die Araber, **los moros** – die Mauren, **los bereberes, los berberiscos** – die Berber, **los turcos** – die Türken

el monacato	das Mönchtum
el abad	der Abt
la caballería	das Rittertum
las órdenes de caballería	die Ritterorden *mpl*
el gran maestre	der Großmeister
el emperador	der Kaiser
el rey	der König
el virrey	der Vizekönig
el príncipe (de sangre)	der Prinz
el príncipe (territorial)	der Fürst
el príncipe elector	der Kurfürst
el príncipe heredero	der Thronfolger, der Kronprinz
el duque	der Herzog
el archiduque	der Erzherzog
el marqués	der Markgraf, der Marquis
el conde	der Graf
el vizconde	der Vicomte
el margrave	der Markgraf
el landgrave	der Landgraf
el barón	der Baron; der Freiherr
el zar	der Zar
el califa	der Kalif
el emir	*(der Statthalter)*
el visir	der Wesir
el valido, el favorito	der Günstling
el regente	der Regent
la elección	die Wahl
la proclamación	die Ausrufung, die Proklamation
la sucesión hereditaria	die Erbfolge
la coronación	die Krönung
la entronización	die Thronbesteigung
el ungimiento	die Salbung
la abdicación	die Abdankung
el destronamiento	die Enthronung
la restauración	die Restauration, die Wiederherstellung (der Monarchie)
la regencia	die Regentschaft
el **feudalismo**	das Lehenswesen
el feudo	das Lehen
el señor feudal	der Lehensherr
el vasallo	der Vasall

el vasallaje	die Lehnspflicht
el siervo de la gleba	der Leibeigene
la nobleza	der Adel
el infanzón	der Landedelmann
el hidalgo	der Edelmann, der Landjunker
el mayorazgo	das Majorat; der Majoratsherr
el cortesano	der Höfling
los estamentos	die Stände *mpl*

los mozárabes – die Mozaraber *(die im islamischen Spanien lebenden Christen)*
los mudéjares – die Mudejaren *(die im christlichen Spanien lebenden Moslems)*
los muladíes – die Renegaten *(zum Islam übergetretene Christen)*
los moriscos – die Morisken *(zum Christentum übergetretene Mudejaren)*
los reinos de taifas – die Teilreiche *(nach dem Zerfall des Kalifats, 1031)*
los almorávides – die Almoraviden *(Dynastie aus Nordafrika und Spanien)*
los almohades – die Almohaden *(spanisch-nordafrikanische Dynastie)*
la judería – das Judenviertel
la morería – das Maurenviertel
la aljama – das Juden- bzw. Maurenviertel
la limpieza de sangre – die „Blutreinheit"
los cristianos viejos/ nuevos – die „alten Christen"/ die „Neuchristen" *(ohne/ mit jüdischen/ maurischen Vorfahren)*
los conversos – die bekehrten Juden
los marranos, los judaizantes – die Marranen, die Scheinchristen
el sambenito – das Bußgewand
los comuneros – die Anhänger der "Comunidades de Castilla" *(Städteaufstand gegen Karl I.)*

los mercenarios	die Söldner *mpl*
los lansquenetes	die Landsknechte *mpl*
la guerra santa	der heilige Krieg
la cruzada	der Kreuzzug
los cruzados	die Kreuzritter *mpl*
los erasmistas	die Erasmianer *pl*
los alumbrados	die Illuminaten *pl*
los letrados	die Akademiker *pl*
los ilustrados	die kritischen Reformer *pl*
los afrancesados	die Frankophilen, die Anhänger Napoleons
los enciclopedistas	die Enzyklopädisten *pl*
los carlistas	die Anhänger Don Carlos' *(19. Jh.)*
los tupamaros	die „Stadtguerilla"

antiguo – alt, antik, **caballeresco** – ritterlich, Ritter-, **eclesiástico** – kirchlich, Kirchen-, **feudal** – feudal, Lehns-, **grecorromano** – griechisch-römisch, **hegemónico** – hegemonisch, **humanístico** – humanistisch, **legendario** – legendär, sagenhaft, **mahometano** – mohammedanisch, **medieval** – mittelalterlich, **monástico** – Kloster-, Mönchs-, **musulmán** – muselmanisch, **precolombino** – vor-/ präkolumbianisch, altamerikanisch, **prehistórico** – prähistorisch, vorgeschichtlich, **preincaico** – vorinkaisch, **renacentista** – Renaissance-, **sarraceno** – sarazenisch, **secular** – weltlich, Welt; hundertjährig, **tributario** - tributpflichtig

las fuentes se remontan al siglo V – die Quellen gehen auf das 5. Jahrhundert zurück
a la grupa de los siglos XVIII y XIX – an der Wende vom 18. zum 19. Jahrhundert
pasar a la historia – in die Geschichte eingehen
hacer historia – Epoche machen
¡así se escribe la historia! – und das nennt man Wahrheit!
la historia de siempre – immer das gleiche Lied
¡déjate de historias! – mach doch keine Geschichten!
eso ya ha pasado a la historia – das ist ein alter Hut, das ist schon längst gegessen
no me vengas con (esas) historias – komm mir nicht mit solchen Geschichten!

Términos, hechos, históricos

la historia antigua, la Antigüedad

Micenas – Mykenä, **Mesopotamia** – Mesopotamien, **el Imperio Egipcio** – das Ägyptische Reich, **el Imperio Babilónico** – das Babylonische Reich, **Esparta** – Sparta, **Atenas** – Athen, **Alejandro Magno** – Alexander der Große, **Aníbal** – Hannibal, **las Guerras Púnicas** – die Punischen Kriege *mpl*, **Julio César** – Julius Cäsar, **Octavio Augusto** – Oktavian Augustus, **la destrucción de Jerusalén** – die Zerstörung Jerusalems, **Escipión el Africano** – Scipio Africanus, **Trajano** – Trajan, **Marco Aurelio** – Mark Aurel, **Diocleciano** – Diokletian, **Constantino** – Konstantin, **Constantinopla/ Bizancio** – Konstantinopel/ Byzanz

el Edicto de Milán	das Toleranzedikt von Mailand
el Imperio Romano de Oriente	das Oströmische Reich
el Imperio Romano de Occidente	das Weströmische Reich

la Edad Media

la Caída del Imperio Romano	der Zerfall des Römischen Reiches
la Invasión de los Bárbaros	die Völkerwanderung
Alarico	Alarich
el Imperio Visigótico	das Westgotenreich
la batalla de los Campos Cataláunicos	die Schlacht auf den Katalaunischen Feldern
Atila	Attila
el Gran Mogol	der Großmogul
Clodoveo	Chlodwig
Teodorico	Theoderich
el Imperio Bizantino	das Byzantinische Reich
el emperador Justiniano	Kaiser Justinian
Mahoma	Mohammed
La Meca	Mekka
el rey Don Rodrigo	König Roderich

Carlos Martel	Karl Martell
el emperador Carlomagno	Kaiser Karl der Große
la Reconquista	die Wiedereroberung (Spaniens)
el Sacro Imperio Romano Germánico	das Heilige Römische Reich Deutscher Nation
el Cisma de Oriente	das Große Schisma *(die Spaltung der Ostkirche)*
el Papado	das Papsttum
el Imperio	das Kaisertum
los Estados Pontificios	die Kirchenstaaten *mpl*
la Querella de las Investiduras	der Investiturstreit
la reforma cluniacense	die cluniacensische Reformbewegung
las Cruzadas	die Kreuzzüge *mpl*
el emperador Federico Barbarroja	Kaiser Friedrich Barbarossa
Ricardo Corazón de León	Richard Löwenherz
Saladino	Saladin
las Vísperas Sicilianas	die Sizilianischen Vesper *fpl*
las Órdenes Militares (Calatrava, Alcántara, Santiago, Montesa)	die Ritterorden *mpl*
la Orden Teutónica	der Deutsche Orden
los Templarios	die Tempelritter *mpl*
las órdenes mendicantes	die Bettelorden *mpl*
la Confederación Helvética	die Schweizerische Eidgenossenschaft
Gengis Kan	Dschingis Khan
el Cisma de Occidente	das Schisma *(die Spaltung der Westkirche)*
el antipapa	der Gegenpapst
la Caída de Constantinopla	die Eroberung Konstantinopels durch die Türken

la Edad Moderna

las guerras de las Dos Rosas	die Rosenkriege *mpl (in England)*
el Ducado de Borgoña	das Herzogtum Burgund
el Toisón de Oro *(orden)*	das Goldene Vlies
el Humanismo	der Humanismus
el Camino de Santiago	der Jakobsweg *(Pilgerstraße)*
la guerra de los Cien Años	der Hundertjährige Krieg
la Peste Negra	der Schwarze Tod
los Reyes Católicos *(Isabel y Fernando)*	die Katholischen Könige *mpl*
la Conquista de Granada	die Eroberung Granadas
el Descubrimiento de América	die Entdeckung Amerikas
Cristóbal Colón	Christoph Kolumbus
las Indias Occidentales	Westindien, die westindischen Inseln *fpl*
la Expulsión de los Judíos	die Vertreibung der Juden
el Renacimiento	die Renaissance
Felipe el Hermoso	Philipp der Schöne
Juana la Loca	Johanna die Wahnsinnige
Carlos V	Karl V.

la Reforma	die Reformation
Martín Lutero	Martin Luther
la Casa de Austria (la Dinastía de los Habsburgo)	die Habsburgerdynastie
los Fúcares	die Fugger *pl*
la Dieta de Spira	der Speyerer Reichstag
la Liga de Esmalcalda	der Schmalkaldische Bund
la Contrarreforma	die Gegenreformation
la Defenestración de Praga	der Prager Fenstersturz
la Guerra de los Treinta Años	der Dreißigjährige Krieg
el Siglo de Oro	das Goldene Jahrhundert
las Comunidades de Castilla	*(Aufstand der Städte in Kastilien unter Karl V.)*
el Concilio de Trento	das Konzil von Trient
San Ignacio de Loyola	Ignatius von Loyola
la Compañía de Jesús (los jesuitas)	die Gesellschaft Jesu (die Jesuiten *mpl*)
la Paz de Westfalia	der Westfälische Friede
Solimán el Magnífico	Suleiman der Prächtige
el Imperio Otomano	das Osmanische Reich
los jenízaros	die Janitscharen *mpl*
la Derrota de la Armada Invencible	der Untergang der Großen Armada
los Tercios de Flandes	*(Truppen, die in den Niederlanden kämpften)*
Guillermo de Orange	Wilhelm von Oranien
los Hugonotes	die Hugenotten *pl*
la Noche de San Bartolomé	die Bartholomäusnacht
el Rey Sol (Luis XIV)	der Sonnenkönig (Ludwig XIV.)
la Guerra de Sucesión	der Erbfolgekrieg
los Borbones	die Bourbonen *pl*
la Ilustración	die Aufklärung
la Guerra de los Siete Años	der Siebenjährige Krieg
el Despotismo ilustrado	der Absolutismus
la expulsión de los jesuitas	die Verbannung der Jesuiten
los Pactos de Familia	*(Beistandpakt der Bourbonen Frankreichs und Spaniens)*

la Edad Contemporánea

la Revolución Francesa	die Französische Revolution, die Große Revolution
el asalto de la Bastilla	der Sturm auf die Bastille
la invasión francesa (la francesada)	die französische Invasion
el motín de Aranjuez	der Volksaufstand in Aranjuez
la sublevación del 2 de mayo	die Erhebung des Volkes gegen die Franzosen
la Guerra de la Independencia	der Freiheitskampf gegen die französische Herrschaft
las Cortes de Cádiz y la Constitución	die Versammlung der Cortes *(Reichstände)* und die Verfassung von Cádiz
el Congreso de Viena	der Wiener Kongress

la Santa Alianza	die Heilige Allianz
los Cien Mil Hijos de San Luis	*(eine Französische Armee will Fernando VII. im Auftrag der Heiligen Allianz helfen)*
la emancipación de las colonias	die Befreiungsbewegung der spanischen Kolonien
el libertador	der Befreier
la Ley Sálica	das Salische Gesetz (lex salica)
los carlistas	die Karlisten *pl (Anhänger des Thronprätendenten Don Carlos)*
los cristinos	*(die Anhänger der Regentin Maria Cristina)*
la desamortización	die Säkularisation
las guerras carlistas (la Carlistada)	die Karlistischen Kriege *mpl*
el pronunciamiento militar	der Militärputsch
los "espadones"	*(die „Haudegen")*
la Gloriosa	die Spanische Revolution 1868
la Guerra Franco-Prusiana	der Deutsch-Französische Krieg
la Restauración (de los Borbones)	die Restauration (der Monarchie)
el Manifiesto Comunista	das Kommunistische Manifest
el desastre colonial	*(die Niederlage im Spanisch-Amerikanischen Krieg und Ende des spanischen Kolonialreiches 1898)*
la Semana Trágica	*(blutiger Volksaufstand in Barcelona 1909)*
la Guerra Europea	der Erste Weltkrieg
la Primera Guerra Mundial	der Erste Weltkrieg
la Sociedad de Naciones	der Völkerbund
la Dictadura de Primo de Rivera	die Diktatur des Generals Miguel Primo de Rivera
la Segunda República	die Zweite Republik
la Falange Española	*(unter dem Einfluss des italienischen Faschismus, von José Antonio Primo de Rivera gegründete Partei)*
el Frente Popular	die Volksfront
la Guerra Civil Española	der Spanische Bürgerkrieg
las Brigadas Internacionales	die Internationalen Brigaden *fpl*
el Movimiento Nacional	die Nationale Bewegung *(Einheitspartei des Franco-Regimes)*
el Franquismo	das Francoregime
la Transición Democrática	die Übergangszeit (zur Demokratie)
la Segunda Guerra Mundial	der Zweite Weltkrieg
la Guerra Fría	der Kalte Krieg
el Telón de Acero *Sp*	der Eiserne Vorhang
la Cortina de Hierro *Am*	der Eiserne Vorhang
el Bogotazo	*(anarchistischer Aufstand in Bogotá, 1948)*
la guerra del Golfo	der Golfkrieg
la Guerra de los Seis Días	der Sechs-Tage-Krieg
la guerra de las Malvinas	der Falklandkrieg

Ejercicios de traducción

A. 1. Entre los años 750-550 a.C. tuvo lugar en todo el ámbito del Mediterráneo la llamada gran colonización griega, que es uno de los hechos culturales más importantes del mundo antiguo. Se llama helenismo el período de influjo de la cultura griega sobre los pueblos del Mediterráneo, que se intensifica a partir de Alejandro Magno (siglo IV a.C.). **2.** Al Renacimiento, o resurgimiento de la cultura y del arte clásicos, contribuyó mucho la caída de Constantinopla y la emigración de los sabios griegos, conservadores de la tradición clásica grecorromana, a Occidente. **3.** Turquía, bajo Solimán el Magnífico, coetáneo del emperador Carlos V, alcanza su apogeo y se halla en vías de incesante expansión por los Balcanes y por el Mediterráneo, del cual, en alianza con los berberiscos, se había enseñoreado su escuadra. **4.** La época contemporánea comienza en 1789 con la Revolución Francesa, y comprende las guerras napoleónicas, la Restauración, la independencia de las colonias americanas, las revoluciones liberales, el surgimiento del socialismo y de los movimientos obreros, la unidad italiana y alemana, el colonialismo y el imperialismo, la Revolución Rusa, el fascismo, el nazismo y el comunismo, las guerras mundiales, la era atómica y la de los viajes espaciales.

B. 1. Deutschen Archäologen ist es jetzt gelungen, die Existenz der Schrift im antiken Troja nachzuweisen. Bei den Ausgrabungen fand man in der Ruinenstadt ein 3000 Jahre altes Bronzesiegel, das auf beiden Seiten hethitische Hieroglyphen aufweist. **2.** Bereits 771 konnte Karl der Große vom gesamten Reich Besitz ergreifen, 774 übernahm er die Königswürde im langobardischen Reich. Weniger erfolgreich war Karls Intervention gegen die Herrschaft des Emir von Córdoba in Spanien. Das Heer erlitt auf dem Rückweg in den Pyrenäen im Kampf mit den Basken schwere Verluste, die später im altfranzösischen Rolandslied als heldenhafter Kampf der Nachhut unter Roland gegen eine sarazenische Übermacht bei Roncesvalles verklärt wurden. **3.** Der Unabhängigkeitskampf der Spanier wurde von einem britischen Heer, das in Portugal gelandet war, unterstützt. Gegen die von Adel und Klerus geführten spanischen Aufständischen und den von ihnen meisterhaft beherrschten Guerillakrieg mussten die französischen Truppen schwere Niederlagen hinnehmen.

Conversación y discusión

1. ¿Cree que es cierto el proverbio latino "La Historia es maestra de la vida"? **2.** ¿A qué atribuye el actual auge de las publicaciones de tema histórico? **3.** ¿Tiene predilección por alguna época histórica? **4.** Se habla de la Edad Media despectivamente como de una época tenebrosa; ¿no cree que ofrecen también aspectos brillantes y hasta casi increíbles vistos desde la actualidad? **5.** ¿Qué piensa de los ideales caballerescos medievales? **6.** ¿Le interesan más los hechos espectaculares, los príncipes y las guerras que p.ej. la vida cotidiana de la población anónima? **7.** ¿Qué naciones ofrecen una historia especialmente brillante? **8.** ¿Qué pueblos influyeron en la historia europea?

36. El reino de la fantasía

Glosario

la imaginación	die Einbildungskraft
la fantasía	die Phantasie
la literatura fantástica	die phantastische Literatur
la utopía	die Utopie
la saga	die Sage
la tradición	die Tradition
el cuento infantil	das Kindermärchen
el hada	die Fee
el cuento (de hadas)	das Märchen
los dibujos animados	die Zeichentrickfilme *mpl*
el tebeo *Sp*	der Comic *(Kinder)*
la tira cómica	der Comicstrip
la ciencia ficción	die Sciencefiction
el adivino	der Wahrsager
el vidente	der (Hell-)Seher
el zahorí	der (Wünschel-)Rutengänger
el agorero	der Zeichendeuter
el oráculo	das Orakel
la pitonisa	die Wahrsagerin
la quiromancia	die Handlesekunst
la cartomancia	das Kartenlegen, das Kartenmischen
la nigromancia	die Nekromantie
la superstición	der Aberglaube
la superchería	der Betrug
el maleficio	die Verwünschung; das Unheil
el elixir	das Elixier, der Heiltrank
el filtro (mágico)	der (Liebes-, Zauber-)Trank
la magia	die Magie
el mago	der Magier; der Zauberer
la varita mágica	der Zauberstab
la hechicería	die Zauberei
el hechicero	der Zauberer, der Hexenmeister
el brujo	der Hexenmeister; der Medizinmann
el aprendiz de brujo	der Zauberlehrling
la bruja	die Hexe
el aquelarre	der Hexensabbat
el mal de ojo	der böse Blick
el gafe *fam*	der Unglücksbringer
las fuerzas sobrenaturales	die übernatürlichen Kräfte *fpl*
la para(p)sicología	die Parapsychologie
la telepatía	die Telepathie
la telequinesia	die Telekinese

el espiritismo	der Spiritismus
el médium, la médium	das Medium
la sesión de espiritismo	die spiritistische Sitzung
la mascota	das Maskottchen
el amuleto	das Amulett
el talismán	der Talisman
la astrología	die Astrologie, die Sterndeutung
el astrólogo	der Astrologe
el horóscopo	das Horoskop
bajo el signo de	unter dem Sternzeichen

los signos del Zodíaco/ Zodiaco – die Tierkreiszeichen: **Aries** – Widder, **Tauro** – Stier, **Géminis** – Zwillinge, **Cáncer** – Krebs, **Leo** – Löwe, **Virgo** – Jungfrau, **Libra** – Waage, **Escorpio** – Skorpion, **Sagitario** – Schütze, **Capricornio** – Steinbock, **Acuario** – Wassermann, **Piscis** – Fische

el espejismo	die Luftspiegelung; die Fata Morgana
la aparición	die Erscheinung; das Gespenst
el fantasma	das Gespenst
el espectro	das Gespenst; das Spektrum
el espíritu	der Geist; das Gespenst
el fuego fatuo	das Irrlicht
el platillo volante/ Am volador	die fliegende Untertasse
los extraterrestres	die Außerirdischen pl
los marcianos	die Marsbewohner pl
la quimera	die Chimäre; das Hirngespinst
la ninfa	die Nymphe
la sirena	die Sirene
el duende	der Kobold
el gnomo	der Gnom
el ogro	der Menschenfresser
el vampiro	der Vampir
el dragón	der Drache

espiritista – spiritistisch, **fabuloso** – fabelhaft, Fabel-, **fantasmal** – gespenstisch, Gespenster-, **mágico** – magisch; zauberhaft, **mediúmnico** – Medium-, **mitológico** – mythologisch, **para(p)sicológico** – parapsychologisch, **telepático** – telepathisch, **utópico** – utopisch

traer a cuento – zur Sprache bringen
son cuentos chinos para mí – das sind für mich böhmische Dörfer
todo eso son cuentos – das ist alles Quatsch!
el cuento de nunca acabar – die unendliche Geschichte
Érase una vez/ Érase que se era ... – Es war einmal ...
Y colorín colorado, este cuento se ha acabado. – Und damit wäre die Geschichte zu Ende.
Y fueron felices, y comieron muchas perdices. – Und wenn sie nicht gestorben sind, so leben sie noch heute.

el príncipe azul *fig* – der Märchenprinz
la hora de las brujas – um Mitternacht
tener mucho duende – das gewisse Etwas haben, Pfiff haben
ser un fantasma – ein Angeber sein

Ejercicios de traducción

A. 1. Existen dos versiones del cuento de la Cenicienta: la de los hermanos Grimm y la de Perrault. En ambas, Cenicienta se casa con el hijo del rey; sin embargo, Perrault hace que las malvadas hermanastras se casen con gentilhombres de la corte, mientras que en la versión de los Grimm las palomas – amigas de Cenicienta – les sacan los ojos. **2.** Los cuentos de Grimm son famosos por su violencia; no obstante, algunos pedagogos señalan que en ese tiempo los cuentos no estaban destinados directamente a los niños; los padres y educadores los utilizaban purgándolos de los detalles más escabrosos o violentos. **3.** En la mitología griega se pueden distinguir tres grupos: las grandes divinidades de los cielos y de los infiernos, las deidades menores y los héroes o semidioses. Pero todo está dominado por el Hado o Destino, que hasta los dioses deben acatar. **4.** Las ninfas eran deidades de las aguas, de los bosques y de las selvas. Las nereidas eran ninfas del mar, y las sílfides, del aire. Las sirenas eran ninfas marinas con busto de mujer y cuerpo de ave, que extraviaban a los navegantes atrayéndolos con la dulzura de su canto; posteriormente se les atribuyó medio cuerpo de mujer y cola de pez.

B. 1. Im Märchen ist die Welt voller Wunder und Zauber. Es passieren Dinge, die im wirklichen Leben gar nicht möglich sind. Da früher die meisten Menschen nicht lesen und schreiben konnten, wurden die Märchen weitererzählt. Jedes Volk hat seine eigenen Märchen, und es gibt viele Märchensammlungen. In Deutschland haben die Brüder Grimm die alten deutschen Märchen aufgeschrieben und als Buch herausgebracht. **2.** Die Nacht vor dem 1. Mai wurde zur Hexennacht, wobei die Heilige Walpurgis, eine der ersten Schutzheiligen auf deutschem Boden, der Nacht ihren Namen gibt: Walpurgisnacht. **3.** In dieser magischen Nacht waren die Hexen darauf aus, der Frühjahrsgöttin den Einzug zu verderben. Um Haus, Hof, Feld, Vieh und Mensch zu schützen, griff man zu einer Fülle von Abwehrmaßnahmen. **4.** Die Hexen personifizierten alles unerklärliche Übel. Sie streiften nachts den Tau von den Wiesen, um das Gras zu verderben. Sie schickten Feuerbrünste, Gewitter, Orkane und Hagel, um die Ernte zu vernichten. Durch den bösen Blick konnten sie die Glieder brechen, Krankheiten auslösen, Hühner, Gänse und kleine Kinder töten.

Conversación y discusión

1. ¿Cuáles son los autores de cuentos más conocidos en todo el mundo? **2.** ¿Cree Vd. que ellos mismos inventaron todos esos cuentos? **3.** ¿Cuál es la importancia pedagógica de los cuentos infantiles? **4.** ¿Cuáles son las temáticas más frecuentes en los dibujos animados? **5.** Algunos pedagogos critican severamente la lectura de tebeos. ¿Qué piensa Vd. al respecto? **6.** ¿Cree Vd. que todos los tebeos tienen un nivel lingüístico inobjetable? **7.** ¿Le atrae a Vd. la ciencia ficción?

37. Las artes plásticas

Glosario

las **bellas artes**	die schönen Künste *fpl*
las artes plásticas/ figurativas	die bildende Kunst
las artes menores	die Kleinkunst
el arte decorativo	das Kunstgewerbe
la ornamentación	die Ornamentierung, die Verzierung
el arte abstracto	die abstrakte Kunst
el arte popular	die Volkskunst
las artes gráficas	die Buchdruckerkunst
la figurilla, la estatuilla	die Statuette, die kleine Statue
la réplica	die Replik, die Nachbildung
la restauración de obras de arte	die Restaurierung von Kunstschätzen
la conservación de monumentos	die Denkmalpflege
la protección de monumentos	der Denkmalschutz
el patrimonio cultural de la Humanidad	das Kulturerbe der Menschheit
la **escultura**	die Bildhauerei; die Skulptur; die Plastik
la estatua	die Statue, das Standbild
la estatua ecuestre	das Reiterstandbild
la estatua sedente/ sentada	die Statue in sitzender Stellung
la estatua yacente/ echada	die ruhende Statue
la estatua orante	der Orant *(Gestalt in Gebetshaltung)*
la **arquitectura**	die Architektur
el monolito	der Monolith
la cultura megalítica	die Megalithkultur
el dolmen	der Dolmen
el menhir	der Menhir
la pirámide	die Pyramide
la esfinge	die Sphinx
el laberinto, el dédalo	das Labyrinth
la ciudadela	die Zitadelle
la muralla	die (Stadt-)Mauer
el acueducto	der Aquädukt
el arco de triunfo	der Triumphbogen
el castillo	die Burg
el palacio	der Palast, das Palais
el castillo-palacio	das Schloss
el palacete	das Jagdschlösschen, das Lustschlösschen
el alcázar	die Burg, das (maurische) Schloss
la alcazaba	die (maurische) Festung
el sarcófago	der Sarkophag; die Gruft
el mausoleo	das Mausoleum

la planta	der Bauplan, der Grundriss
el ala	der Flügel
el pedestal	der Sockel
el ábside	die Apsis
la bóveda	das Gewölbe; die Wölbung
la clave (de bóveda)	der Schlussstein
la bóveda de cañón/ crucería	das Tonnen-/ Kreuzgewölbe
la cúpula	die Kuppel
el artesonado	die Deckentäfelung
el frontón	der Giebel
el frontis, el frontispicio	das Frontispiz; die Giebelseite
el portal	das Portal; der Haupteingang
la puerta (monumental)	das Tor
el atrio	das Atrium; die Vorhalle
el vestíbulo	die Vorhalle; die Diele
la escalinata, la escalera monumental	die Freitreppe, die Vortreppe
el arco	der Bogen
el arco románico/ de medio punto	der Halbkreisbogen
el arco ojival/ gótico	der Spitzbogen, der gotische Bogen
el arco de herradura	der Hufeisenbogen
la columna	die Säule
el capitel	das Kapitell
el fuste	der (Säulen-)Schaft
el orden (dórico/ jónico/ corintio)	die (Säulen-)Ordnung (dorisch/ ionisch/ korinthisch)
la columnata	die Kolonnade, der Säulengang
el pilar	die Säule, der Pfeiler
la arcada	die Arkade, der Säulengang
el pórtico	der Portikus; der Säulengang
el friso	der Fries
la vidriera	das Glasfenster, das Farbfenster
el rosetón	die Rosette
el arbotante	der Strebepfeiler, der Strebebogen
el sillar	der Quaderstein
la piedra de sillería	der Quaderbau
la fuente (monumental)	der Springbrunnen, die Fontäne
la **pintura**	die Malerei; das Gemälde
el cuadro	das Gemälde
el impresionismo	der Impressionismus
el expresionismo	der Expressionismus
el cubismo	der Kubismus
el taller	das Atelier, das Studio
la modelo, el modelo	das Modell
el pincel	der Pinsel
la pincelada	der Pinselstrich

el lienzo	die Leinwand
el caballete	die Staffelei
la paleta	die Palette
la caja de pinturas	der Farbenkasten
el tubo de color	die Tube
el barniz	der Firnis
el carboncillo	die Zeichenkohle, der Kohlenstift
el lápiz pastel	der Pastellstift
el color pastel	die Pastellfarbe
la creta, la tiza	die Kreide
la miniatura	das Miniaturbild
la iluminación	die Ausmalung (von Handschriften und Büchern)
el tríptico	das Triptychon, das Dreiflügel-Altarbild
el retrato	das Porträt
el autorretrato	das Selbstbildnis
el bodegón, la naturaleza muerta	das Stillleben
el paisaje	das Landschaftsbild
el paisajista	der Landschaftsmaler
la marina	die Meerlandschaft
el desnudo	der Akt
el cuadro de historia	das Historienbild
el cuadro de género	das Genrebild
la tabla	die Tafelmalerei
la pintura ingenuista/ naïf	die naive Malerei
la pintura al óleo	die Ölmalerei, das Ölbild
la pintura a la acuarela	die Aquarellmalerei
el acuarelista	der Aquarellmaler
el fresco	das Fresko, die Freske
la pintura al fresco	die Freskomalerei
la pintura al temple	die Temperamalerei
la pintura al pastel	das Pastell; die Pastellmalerei
la pintura sobre madera	die Holzmalerei
el aguafuerte	die Radierung
la aguatinta	die Tuschzeichnung
la tinta china	die Tusche
la aguada	die Gouache
el mural	das Wandbild; das Wandgemälde
pintores con la boca y el pie	mund- und fußmalende Künstler *pl*
el **grabado**	der Stich
el grabado (en cobre)	der (Kupfer-)Stich
el pirograbado, el encausto	die Brandmalerei
el linograbado, el grabado en linóleo	der Linoleumschnitt

el dibujo de creta/ tiza	die Kreidezeichnung
el dibujo a pluma	die Federzeichnung
el dibujo a plumilla	die Tuschezeichnung
el dibujo a carbón/ carboncillo	die Kohlezeichnung
el dibujo publicitario	die Graphik
la litografía	die Lithographie, der Steindruck
el diseño	der Entwurf; das Muster; das Design
el tapiz	der Wandteppich, der Gobelin
el perfil	der äußere Umriss; das Profil
el esbozo	die Skizze
el bosquejo, el boceto	die Skizze, die Entwurfzeichnung
el matiz	die Schattierung; die Nuance
el sombreado	die Schattierung
el claroscuro	das Halbdunkel
el grafismo	die Graphik
el grafista	der Graphiker
la estampa	der Farbendruck
el gabinete de estampas	das Kupferstichkabinett
la lámina	die Abbildung
clásico	klassisch
romano	römisch
románico	romanisch
gótico	gotisch
ojival	spitzbogig, gotisch
(gótico) florido	Schnörkel- *(Gotik)*
(gótico) flamígero	spätgotisch
visigótico	westgotisch
mozárabe	mozarabisch
mudéjar	Mudejarstil
clasicista, neoclásico	klassizistisch
renacentista, renacimiento	Renaissance-
herreriano	Herrera- *(nach Juan de Herrera, dem Baumeister des Escorial im 16. Jh.)*
barroco	barock
plateresco	plateresk, geschnörkelt
churrigueresco *Sp*	überladen barock
rococó	Rokoko
modernista	modernistisch, Jugendstil-
hecho a mano	handgemacht
apaisado	im Querformat *(Bild)*
florecer	blühen
inspirarse	sich inspirieren; Anregungen *fpl* schöpfen
calcar	durchzeichnen
pintar	malen
pintar del natural	nach der Natur malen
posar	posieren; Modell stehen

esculpir — hauen, meißeln
cincelar — ziselieren; stechen; eingraben
repujar — treiben; punzen
declarar monumento nacional — unter Denkmalschutz stellen

por amor al arte – gratis, umsonst
por arte del diablo – mit Hilfe des Teufels
no tener arte ni parte – nichts zu tun haben mit etwas
verlo todo de color de rosa – alles durch die rosarote Brille sehen
pintar con negros colores – schwarzsehen
ponerse de mil colores – tief erröten
sacarle a uno los colores – jemanden zum Erröten bringen
subírsele/ salirle a uno los colores – schamrot werden
es pura forma – es ist reine Formsache
guardar las formas – die Form wahren; Haltung bewahren
eso viene (como) pintado – das kommt wie gerufen
no poder ver a uno ni pintado – jemanden nicht ausstehen können
no poder ver a uno ni en pintura – jemanden nicht riechen können
¡tú aquí no pintas nada! – Du hast hier gar nichts zu suchen!
para eso se pinta solo – darin ist er ein wahrer Meister
pintor de brocha gorda *fam* – Anstreicher
dar la última pincelada – die letzte Hand anlegen
al natural – ganz natürlich, ungekünstelt
merecer una estatua – sich große Verdienste erworben haben
un monumento nacional *fam* – ein bildhübsches Mädchen

Ejercicios de traducción

A. 1. Los árabes que vivían en territorio cristiano durante la Reconquista – llamados mudéjares – crearon un arte peculiar en el que se mezclan elementos arquitectónicos cristianos y ornamentación árabe. El llamado estilo mudéjar muestra preferencia por materiales modestos – ladrillo, alfarería, madera –, pero el efecto que producen es de gran vistosidad. 2. El Greco (Doménikos Theotokopulos, 1541-1614), pintor greco-español, es el representante del manierismo español. Pintó retablos, retratos y paisajes. Sobre su estilo peculiar existen muchas teorías. 3. Diego Velázquez (1599-1660) es el máximo representante del barroco español; pintó escenas de tema religioso y mitológico. Cuadros famosos de Velázquez son "La rendición de Breda", "Las Meninas", "Las Hilanderas", así como numerosos retratos. 4. Francisco José de Goya y Lucientes (1746-1828) tiene no sólo espléndidos retratos y magníficos cuadros, sino también numerosos aguafuertes. Son muy famosas sus obras "Desastres de la guerra" y "Tauromaquia". Goya pintó también numerosos cartones o modelos para tapices. 5. Un estilo típicamente español es llamado plateresco, voz derivada de platero, por la rica ornamentación de la piedra. En los comienzos fue llamado isabelino, y predominan elementos del gótico florido y del arte árabe.

B. 1. Gegen Ende des Mittelalters wurden zahlreiche Burgen gebaut. Die Burgen standen meist auf einer Anhöhe im Gelände und waren von starken Mauern umgeben. **2.** Die flämische Kunst wird vor allem durch den Glanz der Farbe gekennzeichnet. Lange Zeit wurden die Brüder van Eyck als Erfinder der Ölmalerei angesehen. **3.** Als eines der kostbarsten Kunstmuseen der Welt gelten die Prunkräume der Münchner Residenz. Darin untergebracht sind eine nicht minder sehenswerte Schatzkammer, eine Münzsammlung und eine Sammlung ägyptischer Kunstwerke. Der im 16. bis 19. Jahrhundert entstandene Gebäudekomplex ist ein einzigartiges Dokument europäischer Kulturentwicklung, in dem sich die Stilepochen der Renaissance, des Barock, des Rokoko und des Klassizismus widerspiegeln. **4.** Der Jugendstil – modernismo (Spanien) – richtet sich gegen den um die Jahrhundertwende immer noch lähmend wirkenden Historismus, wie auch gegen das Vordringen der Industrie mit ihren standardisierten Massengütern.

Conversación y discusión

1. ¿Cuáles son los monumentos arquitectónicos más conocidos en todo el mundo? **2.** Enumere los monumentos más conocidos de Alemania, España y de los países latinoamericanos. **3.** ¿Qué relaciones existen entre la construcción de las pirámides y la economía egipcia del tiempo? **4.** ¿Qué regímenes tienden a construir obras monumentales? **5.** ¿Cuáles son las características diferenciales del arte románico y gótico? **6.** Caracterice los estilos típicos de España: mozárabe, mudéjar, plateresco, herreriano, churrigueresco. **7.** Nombre algunos escultores que conozca. ¿Cuáles son las esculturas más famosas? **8.** ¿A quiénes representan por lo general las estatuas ecuestres? **9.** ¿Cuáles son los principales pintores españoles? ¿Conoce algún cuadro de esos pintores? **10.** Nombre los principales museos de arte de todo el mundo.

38. La música y su reproducción

Glosario

la **música** clásica	die klassische Musik
la música sinfónica	die symphonische Musik
la música de cámara	die Kammermusik
la música instrumental	die Instrumentalmusik
la música vocal	die Vokalmusik
la música polifónica	die polyphone Musik
la música sagrada/ sacra	die Kirchenmusik
la música moderna	die moderne Musik
la música ligera	die Unterhaltungsmusik
la música dodecafónica	die Zwölftonmusik
la música electrónica	die elektronische Musik
la música de fondo	die Untermalungsmusik
la música alternativa	die alternative Musik

la música andina	die Andenmusik
la musicología	die Musikwissenschaft
el **sonido**	der Klang
el tono	der Ton; die Tonart
el tono mayor/ menor	das Dur/ Moll
la tonalidad	die Tonart
la tónica	die Tonika
el ritmo	der Rhythmus
la armonía	die Harmonie
la melodía	die Melodie
el compás	der Takt
el tiempo	das Tempo, der Takt
el movimiento	der Satz
el final	das Finale
el contrapunto	der Kontrapunkt
el fraseo	die Phrasierung
el solfeo	die Musiklehre; das Singen nach Noten
la variación	die Variation
el hilo musical	der musikalische Hintergrund
el **músico**	der Musiker; der Musikant
el compositor	der Komponist
el melómano	der Musikliebhaber
el cantautor	der Liedermacher
el letrista	der Texter
el director (de orquesta)	der (Orchester-)Dirigent
la batuta	der Taktstock
el atril	das Notenpult
el intérprete, la intérprete	der Interpret, die Interpretin
la interpretación	die Interpretation
la ejecución	das Spiel, der Vortrag
el ejecutante	der (vortragende) Künstler
el virtuoso	der Virtuose
el virtuosismo	die Virtuosität; meisterhafte Beherrschung
el afinador	der (Klavier-)Stimmer; der Stimmschlüssel
la afinación	das Stimmen
el maestro **cantor**	der Meistersinger
el niño cantor	der Sängerknabe
la escolanía	der Knabenchor
la tesitura	die Stimmlage
el timbre	die Klangfarbe, das Timbre
la cadencia	die Kadenz
el gallo *fam*	falscher Ton; mit der Stimme umkippen
la soprano	die Sopranistin
la contralto	der Alt
el tenor	der Tenor

el barítono	der Bariton
el bajo	der Bass, die Bassstimme
la coloratura	die Koloratur, „Verzierung" einer Melodie
la soprano ligera/ de coloratura	die Koloratursängerin/ -sopranistin

las **notas** – die Noten: el **do** – das C, el **do de pecho** – das hohe C, el **re** – das D, el **mi** – das E, el **mi bemol** – das Es, el **fa** – das F, el **fa sostenido** – das Fis, el **sol** – das G, el **la** – das A, el **si** – das H, el **si bemol** – das B
la **redonda** – die ganze Note, la **blanca** – die halbe Note, la **negra** – die Viertelnote, la **corchea** – die Achtelnote, la **semicorchea** – die Sechzehntelnote, la **fusa** – die Zweiunddreißigstelnote, la **semifusa** – die Vierundsechzigstelnote

la **escala**	die Tonleiter
el semitono	der halbe Ton
la notación musical	die Notenschrift
el pentagrama	das Pentagramm, die fünf Notenlinien *fpl*
el papel pautado/ de música	das Notenpapier
la partitura	die Partitur
la clave	der Notenschlüssel
la clave de fa/ sol	der Bass-/ Violinschlüssel
el becuadro	das Auflösungszeichen
el bemol/ sostenido	das Erniedrigungs-/ Erhöhungszeichen
la ligadura	die Ligatur
el calderón	die Fermate
la pausa, el silencio	die Pause
el intervalo	das Intervall
el compás de espera	der leere Takt
el tresillo	die Triole
la tercera	die Terz
la quinta	die Quint(e)
el puente	der Steg
la **composición**	das Musikstück; die Komposition
el acorde	der Akkord, der Einklang
la disonancia	die Dissonanz; der Missklang
la entonación	die Intonation, der Tonfall
la frase musical	die musikalische Phrase
el tema, el motivo	das Thema, das Motiv
el registro	das Register
el diapasón	die Stimmgabel
la digitación	der Fingersatz
el conjunto	das Ensemble
el acompañamiento	die Begleitung
el arreglo	das Arrangement
el arreglista	der Arrangeur
la canción	der Schlager
la canción protesta	das Protestlied
el karaoke	der Karaoke

instrumentos musicales – Musikinstrumente: el **acordeón** – die (Zieh-)Harmonika, el **armonio** – das Harmonium, el **arpa** *f* – die Harfe, el **bandoneón** – das Bandoneon, das Bandonion, la **batería** – das Schlagzeug, las **castañuelas** – die Kastagnetten *fpl*, la **cítara** – die Zither, el **clarinete** – die Klarinette, el **contrabajo** – der Kontrabass, el **cuerno** – das Horn, el **fagot** – das Fagott, la **flauta** – die Flöte, la **flauta de Pan** – die Panflöte, la **flauta travesera** – die Querflöte, el **flautín**, el **píccolo** – die Piccoloflöte, la **gaita** – der Dudelsack, die Sackpfeife, la **guitarra** – die Gitarre, el **laúd** – die Laute, la **mandolina** – die Mandoline, las **maracas** – Maracas *pl*, die Rumba-Rasseln *fpl*, die Rumba-Kugeln *fpl*, el **oboe** – die Oboe, el **órgano** – die Orgel, la **pandereta** – das Tamburin, das Tambourin, el **piano** – das Klavier, el **piano de cola** – der Flügel, los **platillos** – das Becken, la **quena** – die Quena, die Andenflöte, el **saxófono**, el **saxo(fón)** – das Saxophon, el **tambor** – die Trommel, el **triángulo** – der Triangel, el **trombón** – die Posaune, la **trompeta** – die Trompete, la **tuba** – die Tuba, la **vihuela** – die Vihuela, la **viola** – die Viola, el **violín** – die Geige, el **violoncelo**, el **violonchelo**, el **chelo** – das Violoncello/ *umg* Cello, el **xilófono** – das Xylophon, das Xylofon

el **instrumento musical**	das Musikinstrument
el instrumento de arco	das Streichinstrument
el instrumento de cuerda	das Saiteninstrument
el instrumento de viento	das Blasinstrument
el instrumento de percusión	das Schlaginstrument
la instrumentación	die Instrumentierung
el instrumentista	der Instrumentalist
el trovador	der Troubadour; der Minnesänger
el juglar	der Spielmann, der fahrende Sänger
el toque de campana	das Glockengeläute
el toque de trompeta	der Trompetenstoß
la monodia	die Monodie, der einstimmige Gesang; die Arie
el canto gregoriano/ llano	der gregorianische Gesang
la polifonía	die Polyphonie, die Mehrstimmigkeit
el coro	der Chor
la coral de cámara	der Kammerchor
el coral	der Choral, das Kirchenlied
la orquesta sinfónica/ de cámara	das Symphonie-/ Kammerorchester
el orfeón	der Gesangverein, der Chor
la banda (de música)	die Blaskapelle, der Musikzug
la tuna, la estudiantina	die (Studenten-)Kapelle *(in historischer Tracht)*
la charanga	die Blasmusik(kapelle)

el **acid**, el **bacalao**, el **bakalao** *(Techno)*, el **blues**, la **bossanova**, el **breakbeat**, el **calipso**, el **chill out**, la música **country**, la música **disco**, el **espiritual**, el **folk**, la música folk, el **funk**, el **gospel**, el **heavy metal**, el **hip hop**, el **house**, el **indie**, el **jazz**, el **lounge**, el **pop**, la música pop, el **punk**, el **R&B** (Rhythm & Blues), el **rap**, el **rave**, el **reggae**, el **soul**, el **tecno**

la reproducción	die (Ton-)Wiedergabe

la audición	die Anhörung; das Vorspielen
la grabación	die (Ton-)Aufnahme
la amplificación	die Verstärkung
el amplificador	der Verstärker
la caja de música	die Spieldose
la pianola	die Pianola, das mechanische Klavier
la radiogramola	die Musiktruhe
el gramófono	das Gramophon
el transistor	der Transistor
el disco	die Schallplatte
el disco compacto	die CD
el tocadiscos	der Plattenspieler
el magnetófono	das Tonbandgerät
el casete	der Kasettenrecorder
el equipo de alta fidelidad	die Hi-Fi-Anlage
el altavoz	der Lautsprecher
el MP3 *(pr. emepetrés)*	der MP3-Player
la gira	die Tournee
el álbum, la discografía de un cantante	das Album

desafinado – verstimmt, **discográfico** – Schallplatten-, **dodecafónico** – Zwölfton-, **estereofónico** – stereophon(isch), **musical** – musikalisch, Musik-, **pegadizo** – leicht ins Ohr gehend; klebrig, **polifónico** – polyphonisch, mehrstimmig, **sostenido** – erhöht, **tónico** – tonisch

hacer/ (cultivar la) música	musizieren
tararear, canturrear	trällern
tener buen oído	ein gutes Gehör haben, musikalisch sein
tocar de oído	nach dem Gehör spielen
cantar a coro	im Chor singen
cantar al compás de un instrumento	mit Instrumentalbegleitung singen
acompañar a alguien al piano	jemanden am Klavier begleiten
tocar un instrumento	ein Instrument spielen
teclear/ *fam* aporrear	die Tasten anschlagen; *umg* klimpern
interpretar una pieza musical	ein Musikstück interpretieren
solfear	die Tonleiter üben
desafinar	unsauber singen/ spielen
componer	komponieren
dirigir	dirigieren
llevar el compás/ el tiempo	den Takt angeben
marcar el compás	den Takt schlagen
tañer	(Zupf- od. Schlaginstrument) spielen; *(Glocken)* läuten
redoblar	Trommelwirbel schlagen
trasportar	transponieren
echar/ soltar un gallo	umschlagen

un escritor de nota – ein bekannter Schriftsteller
dar la nota – tonangebend sein
forzar la nota – zu weit gehen, übertreiben
bajar el tono – den Ton mäßigen
darse tono – sich wichtig machen
eso no es de tono – es gehört sich nicht
mudar de tono – einen anderen Ton anschlagen
ponerse a tono – *umg* in Stimmung kommen
subir de tono – andere Saiten aufziehen
cantar victoria – hurra schreien
eso/ esto es coser y cantar – das ist kinderleicht
cantarlas claras – kein Blatt vor den Mund nehmen
cantarle a uno las cuarenta – jemandem den Kopf waschen
irse con la música a otra parte – verschwinden; abhauen
llevar la batuta – das Regiment führen, das Sagen haben
llevar la voz cantante – den Ton angeben
eso tiene sus bemoles – das ist schwierig
a bombo y platillo – mit Pauken und Trompeten
apretar las clavijas a alguien – jemanden unter Druck setzen
tocar la vihuela – faulenzen, nichts Nützliches tun
pegarse al oído – ins Ohr gehen; ein Ohrwurm sein

Ejercicios de traducción

A. 1. La zarzuela es una obra escénica, intermedia entre el drama y la ópera, o sea en la que la parte declamada alterna con el canto. Constituye en los países de habla hispana un género teatral muy similar a la *opera comique* francesa, a la *operetta* italiana, al *singspiel* alemán y al *musical play* inglés. Sin embargo, conserva a través de su evolución sello propio. **2.** El fin de semana flamenco se presenta con una convocatoria sumamente destacada, para mañana, sábado, a las diez de la noche: el recital que ofrecerá el cantaor jerezano José Mercé. Estará acompañado por la guitarra de su paisano Moraíto, triunfadora días atrás en Granada. **3.** No se conoce exactamente el origen de la guitarra. Algunos expertos opinan que procede de Mesopotamia y fue traída por los árabes en su forma primitiva, llamada "gitara", y luego se desarrolló formando parte de la familia del laúd y la vihuela. Otros creen que es de origen europeo y se deriva de la "cítara" griega y romana. **4.** La inspiración de Joaquín Rodrigo es de ámbito universal y puede ser traducida a todos los géneros e instrumentos. Para guitarra y orquesta escribió varias obras, aparte del conocidísimo "Concierto de Aranjuez".

B. 1. Neben der kirchlichen dominierten einstimmigen Musik bildet sich vom 11. Jahrhundert an eine einstimmige weltliche Liedkunst aus, die in Frankreich mit den Weisen der nordfranzösischen Trouvères und der provenzalischen Troubadours ihren Ursprung hat. Zur Zeit der Blüte des Rittertums entsteht eine eigene höfische Kunst, deren musikalische Formen das Liebeslied, das politische Lied, das Klagelied, verschiedene Tanzlieder, das Frühlingslied und das epische Lied sind. In deutschen Landen entwickelt sich eine der Troubadourlyrik verwandte Kunst, der Minnesang (12.-14. Jahrhundert). **2.** Wie für Händel das Oratorium, so ist für Bach die Kantate zentrale Ausdrucksform seines Bekenntnisses. Wenn auch die Kantate bei katholischen Musikern eine bedeutende Rolle spielt, so ist sie doch eigentlich eine Hauptform des evangelischen Chorals. **3.** Das moderne Orchester umfasst Streich-, Blechblas-, Holzblas- und Schlaginstrumente.

Conversación y discusión

1. ¿A qué se debe el creciente interés por la música en el mundo actual? **2.** ¿Cree Vd. que la juventud actual no aprecia la música clásica? **3.** La ópera desempeña un gran papel en la vida cultural alemana. Nombre los principales teatros de ópera de Alemania, de España y de otros países. **4.** ¿Conoce algunas zarzuelas? **5.** ¿Qué piensa Vd. de los tipos de música moderna más recientes? **6.** ¿Qué ventajas e inconvenientes tiene la reproducción (cada vez más perfecta) de la música?